Die schönsten Mariengeschichten

Band 2

Weil Maria auserkoren war

zur Mutter des Gottessohnes, wurde sie um dieser Gotteswürde willen in ganz besonderer Weise von Gott begnadigt. Die allerseligste Jungfrau wurde gleich im ersten Augenblick ihrer Empfängnis durch eine besondere Gnade Gottes im Hinblick auf die Verdienste Jesu Christi vor aller Erbschuld bewahrt.

1. Vatikanische Konzil

Die schönsten Marien-geschichten

2

zusammengestellt

von

Stadtpfarrer

Karl Maria Harrer

München

MIRIAM-VERLAG

Mit kirchlicher Druckerlaubnis

Titelbild: Spätgotische Madonna
aus der ehemaligen Stiftskirche
Rottenbuch

Umschlaggestaltung und Illustrationen:
Rita Schwilgin, 8011 Anzing

Gesamtherstellung:
Miriam-Verlag, D-7893 Jestetten

Band 2

Inhalt: Heft 9-16
als 16 Einzelhefte erschienen im
Miriam-Verlag

2. Auflage, Mai 1985

ISBN 3-87449-137-4

Vorwort

,,Auf vieles lernt der Mensch verzichten; doch was ihm bis zuletzt gefällt, sind Bilder und Geschichten.''

Damit hatte ich das Vorwort zum 1. Heftchen meiner Schriftreihe: »Die schönsten Mariengeschichten« im Jahre 1963 eingeleitet. Inzwischen sind schon 16 Heftchen daraus geworden und immer öfter ist der Wunsch nach einem 2. Sammelband laut geworden, denn gerade als Geschenk ist ein geschmackvoll aufgemachtes Buch besser geeignet, als eine Reihe von Einzelschriften.

Viel Freude durfte ich mit diesen »Mariengeschichten« schon vielen Lesern schenken, und viel Freude bereiten soll auch dieser 2. Sammelband und zugleich die Liebe und das Vertrauen zur Gottesmutter in Ihnen mehren und stärken. Diese Geschichten, die seit Jahren gesammelt wurden aus Büchern und Zeitschriften und auch aus eigenem Erleben, sind nicht erdacht, sondern beruhen auf wahren Begebenheiten. Wenn wir auch diesem Buch den Titel ,,Die schönsten Mariengeschichten'' gaben, so auch deshalb, weil nach unserem Ermessen in diesen geschilderten Ereignissen in ganz besonderer Weise die wunderbare Hilfe unserer himmlischen Mutter in den verschiedensten menschlichen Nöten und Schwierigkeiten sichtbar wird.

Eine kurze Inhaltsangabe und ein Hinweis auf die Lesedauer soll für alle, die schnell eine geeignete Geschichte zum Vorlesen suchen, eine kleine Hilfe sein.

Wenn durch dieses Buch das Lob Mariens ein wenig mehr verbreitet wird, so hat es seinen Zweck voll erfüllt.

Stadtpfarrer Karl-Maria Harrer, München

INHALTSVERZEICHNIS

Die Mariengeschichte eines Pfarrers

Gegen Ende des letzten Krieges, Anfang 1945, wurde es im Osten für das Bodenpersonal der deutschen Luftwaffe, bei dem ich diente, immer mulmiger (wie es in der Soldatensprache anstelle von »gefährlicher« hieß). Viele von uns, darunter auch ich, wurden der Infanterie zugeteilt und mußten im vordersten Graben Dienst tun. Es war in Ostpreußen, wo wir an einem Waldrand im vordersten Graben die Stellung gegen den Russen hielten. Ich trug mich mit dem Gedanken, nach einer glücklichen Heimkehr aus dem Krieg das Priesterstudium aufzunehmen und hatte deshalb immer eine handliche Bibel, einen Rosenkranz und Mutter-Gottes-Medaillen bei mir.

Nach der jeweiligen Ablösung vom Grabendienst erholten wir uns in einem Erdbunker, der etwa 100 Meter rückwärts im Wald gelegen war. Eines Tages nun wurden uns fünf Reservisten zugeteilt, die neu aus der Heimat zu uns stießen. Doch darauf war unser Erdbunker nicht vorbereitet — es wurde nun darin zu eng, um sich erholen zu können. Wir entschlossen uns also, in der Nähe einen zweiten Erdbunker zu bauen.

Als wir am Nachmittag mit unserer Bauarbeit eben zu Ende waren, setzte plötzlich russischer Artilleriebeschuß gegen uns ein. Jeder suchte Deckung in einem unserer beiden Erdbunker. Ich entschied mich für den näher gelegenen neuen Erdbunker, in den schon ein paar meiner Kameraden hinabgeeilt waren. Als ich mich eben als letzter (die anderen waren alle in den älteren Erdbunker geeilt) hinunterbücken wollte, um darin Deckung zu suchen, vernahm ich hinter mir deutlich hell und eindringlich eine Stimme, die sagte: *„Nicht darein! Geh in den anderen!"*

Ich blickte mich um, ob da jemand wäre, doch weit und breit war niemand zu sehen, obwohl mir die Stimme als ganz nah gegenwärtig vorgekommen war. Mir kam es ein wenig unheimlich vor, aber ein zweites Mal wollte ich es mir nicht sagen lassen und so eilte ich mitten durch das Krachen der einschlagenden Granaten zu unserem alten Erdbunker, der ungefähr 30 Meter entfernt war.

Nach etwa drei Minuten hörte das Schießen der Russen auf und bald danach verließ einer der Kameraden den alten Bunker, kam aber bald eilends zurück und verkündete die Schreckensbotschaft, daß der neue Erdbunker einen Volltreffer erhalten habe und alle seine Insassen tot seien. Ein kalter Schauder berührte mich, dann aber überquoll mich ein unaussprechbares Gefühl der Dankbarkeit und Geborgenheit. Hatte die Gottesmutter selbst oder ein von ihr gesandter Engel mich im letzten Augenblick vom sicheren Tod errettet? Bis heute bin ich mit dem Staunen und Danken darüber nicht zu Ende gekommen, obwohl schon fast 32 Jahre seitdem vergangen sind.

Etwas über 25 Jahre wirke ich schon als Priester und werde nicht müde, das Lob der mächtigen Himmelsmutter zu künden.

F. H., Pfarrer

»Unsere Liebe Frau von den Königen« erobert Spanien zurück

Während die Kirche in Frankreich am 30. Mai das Andenken der hl. Jeanne d'Arc feiert, begeht Spanien das Fest des großen Marienverehrers und Befreiers vom Joch des Islam: Ferdinand III., des hl. Königs von Castilien, der durch seine Mutter, ein Cousin des hl. Ludwig, des Königs von Frankreich war.

Als er König geworden war, beschloß er, Spanien für Gott und Maria wieder zu erobern, und vom Joch der Ungläubigen zu befreien, von den Greueln des Mohammedanismus zu reinigen, und die christliche Religion in demselben wieder aufblühen zu lassen.

Er benützte als Hilfs- und Schutzmittel zur Ausführung seines Unternehmens die eifrige Verehrung der Himmelskönigin. Bei seinem Heer befand sich immer ein Bildnis der heiligsten Jungfrau, um allen Soldaten Vertrauen auf ihren Beistand und Mut einzuflößen. Ein kleineres Bild der Gottesmutter trug er selbst auf seiner Brust, und hing es, wenn er in die Schlacht ging, an den Sattelknopf seines Pferdes. So waren seine Waffen immer siegreich.

Er eroberte die Reiche Banza und Cordova und verwandelte die große Moschee dieser Stadt, die tausend Säulen, hundert Kapellen und sechzehn Türme zählte, in eine christliche Kirche zu Ehren der Gottesmutter.

Nachdem er noch viele andere Städte den Händen der Mohammedanern entrissen hatte, ging er an die Eroberung der Stadt Sevilla, welche der festeste Platz der Mohammedaner war, und hier stand ihm der Herr durch Wunder bei.

Lange blieb der Kampf unentschieden. Endlich wurde der Feind zum Weichen gebracht, und in die Flucht getrieben; aber der Tag neigte sich zum Ende, und der Feind hätte mit Eintreten der Nacht nicht verfolgt und der volle Sieg nicht gesichert werden können. Ferdinand hatte während der Schlacht gebetet und betete noch. Jetzt fiel auch Peleyo auf die Knie, erhob Augen und Hände zum Himmel und rief: *„Heilige Maria, halte deinen Tag auf!“* Maria erhörte das Gebet des Königs und den Ruf seines Feldherrn, der dem Feinde die volle Niederlage beibrachte, und zum Andenken an dieses Wunder eine Kirche baute, die den Titel erhielt: „Zur heiligen Maria de Tudia“.

Ein zweites Wunder wirkte die allerseligste Jungfrau, indem sie den müden und vom Durst gequälten Soldaten nach der Schlacht auf die Anrufung Peleyo’s reichliches frisches Wasser aus einem Felsen hervorströmen ließ.

Die Belagerung von Sevilla zog sich durch ein ganzes Jahr hin. Das Lager des Königs glich selbst einer Stadt. In diesem Lager ließ der König drei Kirchen erbauen, und in jeder ein Bild der Himmelskönigin aufstellen, damit die Soldaten dem heiligen Meßopfer beiwohnen, und die Hilfe Mariä anrufen konnten. Eines abends betete der König in einer dieser Kirchen vor dem Bild Mariens, welches unter dem Titel: »Unsere liebe Frau von den Königen« hoch verehrt wurde. Er beweinte seine und des Kriegsheeres Sünden mit bitteren Tränen, weil er meinte, daß ihrer Sünden wegen die Stadt nicht eingenommen werden könne. Da vernahm er deutlich eine Stimme, die zu ihm sprach: *„In meinem Bild, das — Alte — genannt, welches du so sehr verehrst, wirst du Hilfe finden, vorrücken und siegen."*

Dieses Bild aber befand sich in Sevilla in einer Kirche, welche in den Händen der Mohammedaner war, verborgen. Es war bereits Nacht geworden und Ferdinand betete noch. Plötzlich fühlte er sich von einer unsichtbaren Macht ergriffen und bis an die Mauern der Stadt geführt, wo er vor dem Tore von Sevilla stand. Hier erwartete ihn ein Jüngling von wunderbar schöner Gestalt und winkte, ihm zu folgen. Er öffnete das Tor, führte ihn durch die Gassen der Stadt zur Kirche, wo das Bild sich befand. Der König fiel vor demselben auf die Knie, flehte zu Maria um Hilfe gegen die Feinde ihres göttlichen Sohnes, und kam unter dem Schutz des Engels unversehrt in sein Lager zurück.

Jetzt begann Ferdinand einen neuen Angriff auf die Stadt, und eroberte dieselbe im Sturme. Der feindliche Kommandant der Stadt, Axataf, bekannte nachher unter Tränen: „Nur ein Heiliger konnte mit einer so kleinen Mannschaft eine so feste und volkreiche Stadt erobern. Es kann nur mit Hilfe des Himmels geschehen sein, daß sie unsern Händen entrissen wurde."

Der Erzbischof von Toledo weihte den großen Tempel der Mohammedaner zu einer katholischen Kirche. Ferdinand ließ einen silbernen Wagen in der Form eines Altares erbauen, das Bildnis »Unserer lieben Frau von den Königen« auf denselben setzen, und führte dasselbe in feierlichem Triumphzug von dem Lager durch die Stadt in dieses neugeweihte Heiligtum ein, wo es der Verehrung des Volkes übergeben wurde.

Der Strohhalm der Schmerzensmutter

Die weise und tugendhafte Barholomäa Capitanio (später Mitstifterin einer Erziehungsanstalt unter dem Titel: »Töchter der christlichen Liebe«, war zu Lovere, einem Dorf beim Iser-See, am 12. Januar 1807 geboren und wurde von den christlichen Eltern den Klosterfrauen ihres Dorfes, den Ursulinerinnen, zur Erziehung anvertraut, als sie kaum zwölfeinhalb Jahre zählte.

Das Mädchen war noch nicht lange in jener heiligen Ausbildungsstätte, da geschah es, daß eine Lehrerin, voll Eifer für das Heil ihrer Schülerinnen, eines Tages alle um sich versammelte und, wie sie hin und wieder zu tun pflegte, anfing von dem

Heile zu sprechen, von der würdigen Benützung der Zeit, von der Notwendigkeit mit der Gnade Gottes getreu mitzuwirken und von andern solchen Dingen der Erbauung; und jene zarten unschuldigen Seelen horchten ihr zu mit aller Stille und Aufmerksamkeit.

Am Ende dieser Ermahnungen stellte sie die Frage: „Welche unter euch möchte eine Heilige werden?" — „Ich! Ich!" antworteten alle wie mit einer Stimme. „Nun gut," setzte die weise Lehrerin hinzu, „und welche unter euch möchte zuerst eine Heilige werden?"

Bei dieser neuen Frage sah man an jenen kleinen Engeln einen Wettstreit des Himmels, der auch die kältesten Herzen zur Andacht bewegt haben würde. Eine jede erklärte, sie wolle die erste sein. Deswegen kam der Lehrerin, die über diesen edlen Wetteifer hocherfreut war, der Gedanke, die Sache durch das Los mit Strohhälmchen entscheiden zu lassen. Man brachte also so viele Strohhälmchen als Teilnehmerinnen des Spieles waren, und es wurde festgesetzt, daß jene die erste sein sollte, welche den größten Strohhalm gezogen hätte.

Die Lehrerin trug alle Stücklein des Strohes in den Händen und alle standen dicht um sie her, eine jede voll Erwartung ihr Los zu ziehen, und eine jede wäre gern die Glückliche gewesen. Endlich, da das Ausziehen beendigt war und man den Vergleich der ausgezogenen Stücklein gemacht hatte, fand es sich, daß Bartholomäa das größte gezogen hatte. Bartholomäa war höchst erfreut über das Los, das ihr zugefallen war. Und was hatte sie um den Erwerb dieses Loses getan?

Bartholomäa bekannte selbst einmal ihrer Lehrerin: „Als ich ihren Vorschlag über das Losziehen vernommen, betete ich alsbald im Herzen einige Ave Maria zur Schmerzensmutter, um von ihr die Gnade zu erlangen, das größte Strohhälmchen zu ziehen, und versprach ihr auch, bei Gewährung meiner Bitte, mir — was es auch immer kosten sollte — alle Mühe zu geben, um ja gewiß eine Heilige zu werden. Und als ich mich erhört sah, fühlte ich eine innige Zärtlichkeit gegen meine Mutter Maria und ein kindliches Vertrauen auf ihre Fürbitte bei Jesus Christus, dem Welterlöser.

Bartholomäa erzählte diese Geschichte später einer Freundin, welche mit Erziehung der Mädchen sich beschäftigte, um sie zu ermuntern, ähnliche fromme Kunstgriffe in ihrem Amte zu gebrauchen, die unterhaltend und scherzhaft sind, aber oftmals wunderbare Wirkungen hervorbringen.

Die weise und tugendhafte Bartholomäa Capitanio, die ihre Erziehungsanstalt »Der Töchter der christlichen Liebe« unter den besonderen Schutz Unserer Lieben Frau gestellt hatte, starb im Alter von 26 Jahren im Rufe der Heiligkeit.

Für Bartholomäa war Maria ihr gutes, heiliges Mütterchen im Himmel. Sie war ihre Zuflucht — sie war nach dem Heiland ihr alles. Ihr vertraute sie ihre Geheimnisse an, ihre Nöten, ihre Freuden, ihre Befürchtungen und ihre Zukunftspläne. Wenn sie zur Madonna betete, schien es, sie unterhalte sich mit ihr im Zwiegespräch. Dieses zarte fromme Marienkind schien fast eine Verkörperung, ein wohlgetroffenes Ebenbild der himmlischen Mutter zu sein.

In dieser Beziehung liest man in ihrer Lebensbeschreibung ein reizendes, bezeichnendes Geschichtlein. Sie war eben daran, unter gütiger Mithilfe einer Freundin, Katharina Gerosa, die Kapelle für den Maimonat herzurichten und auszuschmücken, als ihr plötzlich der Gedanke kam, wie herrlich es doch wäre, wenn man eine Statue der Mutter Gottes hätte. Aber eine wirklich schöne müßte es sein. Schon das Äußere müßte in den Mädchen die Liebe und Andacht zur himmlischen Mutter entzünden.

Sie legte der Freundin diesen Wunsch dar und diese billigte ihn vollkommen. Ja sie stellte Bartholomäa eine hübsche Geldsumme zur Verfügung.

Die Capitanio ging dann höchst erfreut nach Bergamo zu einem berühmten Künstler, um ihm die Ausführung der gewünschten Statue zu übergeben.

„Aber merken Sie sich wohl“, sagte sie zu ihm, „sie muß schön, sehr schön sein. Sie soll in Haltung und Ausdruck Andacht einflößen.“

„Wie meinen Sie das?“, fragte der Bildhauer.

„So!", fügte Bartholomäa hinzu und nahm dabei unwillkürlich Haltung und Ausdruck von Begeisterung, ja Verzückung an. Der Künstler schaute seine Besucherin aufmerksam an und war betroffen von ihrer reinen, keuschen Schönheit. Er sah in ihr ein ausgezeichnetes Modell für eine prachtvolle Madonna, und er bat die Capitanio einige Augenblicke in ihrer Stellung zu verharren.

Und nun entwarf er, ohne daß sie es merkte, schnell ein flüchtiges, aber getreues Bild von ihr, indem er die Haltung ihrer ganzen Person und die Züge ihres Angesichts auf dem Papier festhielt. Unter dem Eindruck dieser so lieblichen, engelgleichen Gestalt fing er sein Werk sogleich an und vollendete in kurzer Zeit die bei ihm bestellte Statue.

Bartolomäa kehrte nach Lovere zurück. Einige Zeit danach kam eine große Kiste an: die Statue war drin. Sie wurde in die Kapelle gebracht. Die Mädchen hatten kaum davon gehört, als sie herbeiliefen, um zuerst die neue Statue zu sehen und zu bewundern, die so wunderschön sei, wie es hieß.

Und als sie von den Hüllen der Verpackung befreit und auf dem Altar aufgestellt war, ging bei den Anwesenden ein Oh des Staunens von Mund zu Mund. „Schau, wie schön", sagten sie zueinander, „ganz die Capitanio." Es schien in der Tat so. Und eine Zeitlang war die seltsame und doch unleugbare Ähnlichkeit der Gesprächstoff der guten Mädchen von Lovere. Die Sache kam auch Bartholomäa zu Ohren, die darüber sehr beschämt war.

Am 8. März 1866 wurden mit Einwilligung des Papstes Pius IX. die zur Seligsprechung notwendigen Prozesse eingeleitet, und nach Erweis von zwei Wundern wurde am 30. Mai 1926 Bartholomäa von Papst Pius XI. seliggesprochen.

Maria hat tatsächlich Bartholomäa nach ihrem Bilde geformt und es war eine himmlische Fügung, daß die Statue ihrer Gestalt ähnlich wurde. Maria hat an ihr den Herzenstausch vollzogen, damit sie ihrem göttlichen Sohne ähnlich werde. So hat sich das Versprechen erfüllt, das mit einem kleinen und unscheinbaren Strohhalm in den Jugendjahren begonnen hatte.

Der Ruf

In welch wunderbarer Weise die Gottesmutter jedem, der in höchster Not seine Zuflucht zu ihr nimmt, beisteht, zeigt uns der spannende Bericht eines in China tätigen Missionars. Doch hören wir ihn selbst:

„An einem glühendheißen Julitag des Jahres 1936 suchte mich ein Bote in meiner Missionsstation in der subtropischen Zone Südhunans, China, auf und ließ mich wissen, daß der Sohn des Katechisten Ly Bentu schwer erkrankt sei und im Sterben liege. Um den Kranken mit dem Leib des Herrn und dem hl. Öl versehen zu können, mußte ich eine Entfernung von 30 Meilen zurücklegen, wozu angesichts des beschwerlichen, berganfuhrenden Weges und der in der Luft flimmernden Sonnenglut eine gewisse Erfahrung zur Erhaltung der guten korperlichen Verfassung notwendig gewesen wäre. Als unerfahrener Neumissionar hatte ich jedoch nicht für die Mitnahme von genügend Flüßigkeit gesorgt, so daß sich während meiner Wanderung immer mehr Hitze in meinem Körper staute und ich schließlich, vom Sonnenstich schwer mitgenommen, mehr tot als lebendig mein Ziel erreichte.

Nach einer unruhig verbrachten Nacht sah ich mich veranlaßt, zur Rückreise eine Sänfte zu benützen. Um die Mittagszeit erreichten wir einen kleinen Weiler, wo wir die Gelegenheit zu einem Imbiß wahrnahmen. Die Träger stellten die Sänfte ab und folgten meiner Aufforderung, etwas zu sich zu nehmen, während ich lediglich warten wollte. Doch dies ließen sie nicht zu. ,,Pater, wenn du nichts essen willst, hast du sicher ‚Sa' im Leib! Laß dich ‚Kasa', dann wirst du wieder gesund und kannst mit uns essen." Als ,,Sa" bezeichnet man in den subtropischen Gebieten eine Epidemie, die in wenigen Stunden zum Tode führen kann, wenn nicht schnell Gegenmittel angewandt werden. Das landesübliche Gegenmittel ist in Hunan ,,Kasa", und wenn der Krankheitsausbruch ganz gefährlich ist, ,,Bosa". — ,,Kasa" besteht im Zwicken der Haut bis zur Striemenbildung. Ist die Strieme rot, dann besteht keine Gefahr, ist sie aber schwarz, dann ist der ,,Sa" lebensgefährlich: In Hunan sterben jährlich viele Menschen dieses plötzlichen Todes.

Ein Träger bot sich an, an mir die Probe machen zu dürfen, um zu sehen, wie es um mich steht. Ich ließ ihn gewähren. Er tauchte die eingebogenen Mittel- und Zeigefinger in warmes Wasser, kniff fest in meinen Hals und ließ die Haut zurückschnellen. ,,Hu!", rief er erschrocken, ,,die Strieme ist ganz schwarz, der Pater ist voll ‚Sa'. Schnell, schnell ‚Kasa' ". Ergeben und an die Geißelung des Herrn denkend, setzte ich mich auf die Marterbank und ließ mich in der geforderten Weise ,,bearbeiten". Bald hatte ich rund um den Hals einen Kranz von schwarzen Striemen. Da sich keine Besserung zeigte, wurde das Zwicken über Rücken und Brust weiter praktiziert. Doch als der Behandelnde die Herzgegend erreichte, hielt ich es nicht mehr aus, ich fühlte den Tod nahen, sprang vom Stuhl und wollte fliehen. Doch ich kam nicht weit! In meiner Todesnot rief ich nur noch: „O Muttergottes, hilf!!“ Dann stürzte ich, vom Hitzschlag getroffen, rücklings zu Boden, wie tot.

Erst später erzählte man mir von dem großen Schreck, den ich durch meinen Sturz den anderen zugefügt hatte. Denn ich war gegen eine Tischkante und dann mit einem solchen Gepolter auf den Boden geschlagen, daß man annahm, meine Schädeldecke sei gebrochen. Da Atem und Pulsschlag ausgesetzt hatten und die Pupillen meiner Augen nach aufwärts verdreht waren, hielt man mich für tot, trug mich aus dem Haus und legte mich auf die Straße.

Wie ich später erfuhr, war auch der Hausherr, der als Arzt besonders durch seine hervorragende Hilfeleistung an vom Hitzschlag Getroffenen einen guten Ruf genoß und als Spezialist des „Bosa“ bekannt war, nicht zu Hause anzutreffen gewesen. Er hatte sich, ohne auch nur im geringsten gestört werden zu wollen, an diesem Tag ganz seiner Feldarbeit verschrieben und sich jede Unterbrechung seitens erkrankter Patienten verbeten. In meinem Fall hatte man hin und her überlegt und war zu dem Schluß gekommen, daß auch hier ein Rufen des Arztes zwecklos sei, da mit den notwendigen Verhandlungen zuviel Zeit verstreichen und währenddessen mein träge fließendes Blut zum Stillstand kommen würde, ehe „Bosa“ helfen könne. Mit der Bemerkung: „Er ist ja doch nur ein Ausländer“, ging man schließlich zur Tagesordnung über und setzte sich an den Mittagstisch.

So war ich zwar von den Menschen, nicht aber von *jener* aufgegeben, die ich sterbend angerufen hatte!

Unbeschreiblich das Erstaunen der gerade mit der Mahlzeit beginnenden Leute, als sie den Hausherrn und Arzt aufgeregt angelaufen kommen sahen, fragend, was denn los sei. Doch als er den Toten auf der Straße liegen sah, wußte er Bescheid. „Wie lange liegt er da?“ — „Wir haben ihn gerade hinausgetragen, wir haben ihn ‚Kasa‘, aber dennoch hat ihn der Hitzschlag getroffen.“ — „Gut, dann geht es noch mit ‚Bosa‘. “ Schnell wusch er sich die Hände und begab sich sofort an die Arbeit. Mit seinen langen, eigens zum „Bosa“ gepflegten Fingernägeln bohrte er in alle Gelenks- und Muskelbindungen und riß an den Sehnen. Schon hatte er den halben Körper bearbeitet, doch zeigte sich immer noch kein Zeichen der Wiederbelebung. Der Arzt ließ sich nicht entmutigen, suchte mit seinen langen Fingernägeln die verborgensten Sehnen, um durch Zwicken und Reißen die Herztätigkeit wieder zu beleben. Plötzlich begann der Puls wieder zu schlagen, die Herztätigkeit setzte regelmäßig ein, die Pupillen meiner Augen nahmen ihren ursprünglichen Stand wieder ein. Ich kam zu mir und sah in den schönen blauen Himmel, in die erwartungsvollen Gesichter und auf den Arzt, der erbarmungslos meinen Körper weiter bearbeitete. Da ich noch nicht sprechen konnte, bat ich ihn mit meinen Augen, aufzuhören. Doch er lächelte und setzte seine Tätigkeit fort. Plötzlich fühlte ich einen wohltuenden warmen Strom durch meinen ganzen Körper fließen und meine Lebenskraft zurückkehren. Nach tiefem Atemholen sprang ich auf und lief ins Haus. Alles war in freudiger Erregung: ,,Er ist wieder lebendig geworden!"

Der Arzt, dem ich von ganzem Herzen dankte, hatte ob des großen Erfolges eine tiefe Freude. Er fragte die Anwesenden, wer ihn denn gerufen habe. Erstaunt sahen sie ihn an: ,,Von uns hat dich keiner gerufen, du hast doch in der Früh gesagt, daß man dich nicht rufen solle." Bestürzt schüttelte der Arzt den Kopf: ,,Aber, *mich hat jemand gerufen,* und zwar ganz energisch." Dann erzählte er: ,,Ich war gerade mitten in der Arbeit, da rief mich eine Stimme von weitem, heimzugehen. Unwillig, wie ich war, schenkte ich der Stimme kein Gehör. Da rief sie wieder. Zornig wandte ich mich um, mit der Hacke in der Hand und rief: ,Ich komme nicht.' Als ich meine Arbeit fortsetzte, rief die Stimme abermals, diesmal ganz dicht hinter mir. Als ich mich umsah, konnte ich niemanden erblicken. Da erfaßte mich eine unheimliche Angst, es müsse etwas passiert sein, und ich warf die Hacke fort und lief so schnell ich konnte heim. Aber *wer* hat mich denn gerufen!?"

Die Stimme, die den Arzt gerufen hatte, war wohl die himmlische Antwort auf meinen flehenden Todesruf: ,,O Muttergottes hilf!" Und da der Arzt nicht kommen wollte, *zwang* sie ihn zu kommen, segnete seine ärztliche Kunst — denn wir sollen ja einander beistehen, so gut es möglich ist.

So wurde ich nicht nur vom Sonnenstich, sondern auch von allen Schmerzen des „Kasa“ und „Bosa“ geheilt. Auch mein Hinterkopf, mit dem ich so unglücklich gegen die Tischkante und auf den Boden gefallen war, wies weder ein Loch noch ein Geschwulst auf. Nicht der geringste Schmerz war zu spüren, ein Zeichen, daß mich die Gottesmutter restlos geheilt hatte. Frisch und munter setzte ich mich zu den anderen an den Mittagstisch und trank und aß mit großem Appetit, so daß alle staunten.

Ich bin überzeugt, daß ich mein Leben nur der gütigen Vermittlerin aller Gnaden zu verdanken habe, denn wären die Dinge den Weg des Natürlichen gegangen, läge ich schon seit 1936 auf einem der einsamen Missionsfriedhöfe von Fukiatzung im Herzen Chinas begraben.

*

Gebet um Herzenstausch mit Maria

Setze, o wunderbare Mutter, an die Stelle meines sündigen Herzens Dein Unbeflecktes Herz, damit der HEILIGE GEIST in mir wirken und Dein göttlicher Sohn in mir wachsen kann.

Erfülle meine Bitte, Du große, Du getreue, Du aller Gnaden Vermittlerin. Amen.

Gebet um Herzenstausch mit Jesus

Setze, o guter Jesus, an die Stelle meines sündigen Herzens Dein göttliches verwundetes Herz, damit der HEILIGE GEIST in mir wirken und Du, barmherziger Jesus, in mir wachsen kannst.

Erfülle meine Bitte, Du guter, Du getreuer, und liebender Jesus, damit Du bald als Friedenskönig über diese Welt herrschen kannst. Amen.

Die Statue von Dachau

Als am 29. April 1945 die Soldaten der Dritten amerikanischen Armee ins Konzentrationslager in Dachau einrückten, saß Hermann Tenner in der Stube 4 auf Block 16 und kostete das Alleinsein aus. Von der Lagerstraße drang das freudige Schreien der Mithäftlinge, die nun befreit waren. Er war also jetzt auch ein freier Mensch.

Hermann erhob sich. Er mußte jetzt heraus aus dem Lager. Keine Minute der Freiheit wollte er versäumen. Zuerst einmal galt es, wenn er draußen war, Macht zu gewinnen. Macht gewann man durch Geld. Mögen die Träumer auf der Lagerstraße nur johlen! Hermann Tenner zögerte noch einen Augenblick. Er erinnerte sich an die Bitte seines Pfarrers, der vor einigen Monaten in seinen Armen verstorben war, er solle aus dem Gewächshaus III in der Plantage eine geschnitzte Muttergottes ausgraben und mitnehmen. „Es ist viel gebetet worden vor dieser Gottesmutter, und wenn ich tot bin, sollst du sie haben. Stell sie in dein Wohnzimmer, und wenn du einmal eine Familie hast, sollt ihr oft davor beten. Und denkt auch an mich im Gebet", hatte der Pfarrer gesagt. Ach was, soll sie ein anderer ausgraben. Er hatte keine Zeit für solche Sachen.

Die Wochen und Monate nach dem Zusammenbruch des Dritten Reiches, als noch alles drunter und drüber ging und niemand so recht wußte, wie er sein Leben neu beginnen sollte, waren für Hermann Tenner schwer. Er mußte sich zuerst zurecht finden in dieser Welt, die er sich in seinen Träumen ganz anders vorgestellt hatte. Aber er hielt sich klar an sein Ziel. Er begann, wie die meisten in dieser Zeit, mit Handel. Bald lernte er einflußreiche Leute kennen, die selbst aufzutreten sich scheuten, aber doch ihre Geschäfte machen wollten. Er gewann Einblick in die Machenschaften und mehrte durch geschickte Manipulationen seinen Gewinn. Noch vor der Stabilisierung der Währung besaß er eine Villa am Stadtrand, einen amerikanischen Wagen und hatte seine feste Verbindung zum Ausland.

Ein Jahrzehnt nach der Befreiung aus dem KZ hätte kein Mithäftling mehr den stattlichen, etwas angegrauten Handelsherrn wiedererkannt.

Hermann Tenner war wieder einmal auf dem Heimweg von einer erfolgreichen Geschäftsreise. Das Taxi, mit dem er vom Flugplatz gekommen war, bog auf den Kirchplatz ein und stoppte. Eine Prozession bewegte sich von der Kirche zur Marienstatue, die mitten auf dem Platz aufgerichtet war. Hermann Tenner stieg aus. Die Prozession hielt vor dem Altar, der am Fuße der Marienfigur aufgebaut war. Der Kirchenchor sang Lieder, eine Ansprache folgte. Hermann Tenner drängte sich langsam vor.

Ein Mädchen betete um Frieden auf der Welt, ein anderes um Segen in den Familien und das dritte... Ja, war denn das nicht Susanne? Freilich war das seine Tochter. Die Kleine betete zur Muttergottes um die Bekehrung der Sünder. Und als sie fertig war, zögerte sie einen Augenblick. Dann sagte sie leise, so daß es die Lautsprecher nur wie ein fernes Echo wiedergaben: „Liebe Muttergottes, gib meinem Vater, der soviel unterwegs sein muß, viel Gesundheit und gib, daß er öfters daheim bleiben darf." Und noch leiser setzte sie hinzu: ,,Ich hab ihn so lieb."

Hermann Tenner zog sich vorsichtig, wie er gekommen war, zurück. Jetzt durfte ihn seine Tochter nicht sehen. Sein Gesicht brannte. Ein vorher nie gekannter Schmerz wühlte in seinem Innern. Aber es war ein freudiger Schmerz. ,,Ich hab ihn so lieb", hatte die Kleine gesagt. Und er, der Vater? Diese Liebe hatte er bisher nie erwidert.

Der Taxifahrer wartete. Hermann Tenner stieg ein. ,,Fahren Sie nach Dachau", sagte er.

Er ließ sich direkt zur Plantage bringen. Seit 1945 war er nicht mehr dagewesen. Es hatte sich nicht viel geändert.

Hermann Tenner suchte den Leiter der Plantage auf. Im Gewächshaus III hätte er ein wichtiges Andenken während der KZ-Zeit verborgen, das er heute mitnehmen möchte. Der Leiter führte ihn hin. Hermann kniete nieder und buddelte in dem Sand unter einem der Seitentische. Nach einiger Zeit fühlte er das Holz der kleinen Statue. Sie war im trockenen Sand unversehrt geblieben, eine kleine, unbeholfen geschnitzte Statue. Er verabschiedete sich schnell und fuhr nach München zurück. Am Hauptbahnhof ließ er halten und tat etwas, was er in all den Jahren seiner Ehe noch nie getan hatte: Er rief seine Frau an und sagte, daß er in einigen Minuten daheim sein werde.

Die Frau hatte ängstliche Augen und hielt das Kind fest umschlungen, als Hermann Tenner in das Wohnzimmer trat. Er legte das Paket auf den Tisch, ging zu seiner Frau und küßte sie auf die Stirn. Dann kniete er vor der Kleinen nieder und strich ihr über das Haar. Seine Hand zitterte. Noch kein einziges Mal hatte er sein Kind liebkost: sein Kind, das ihn liebte. Und als die Kleine nach einigem Zögern ihre Arme um seinen Hals warf, fühlte er zum ersten Mal als erwachsener Mensch das große Gnadengeschenk der Liebe. Er trat mit der Kleinen in den Armen an den Tisch, auf dem die Pakete lagen, und hob die Madonnenfigur auf.

,,Das ist ein Geschenk, das ich euch mitgebracht habe. Es ist von meinem Pfarrer, der im Konzentrationslager gestorben ist. Weißt du, Susanne, diese Madonna ist etwas ganz Besonderes. In dem Haus, in welchem sie aufgestellt wird, bleibt der Vater immer daheim und wenn er einmal fort muß, weit fort, so nimmt er seine Frau und seine Kinder mit. Er läßt sie niemals mehr allein.

*

Lobpreis auf die Gottesmutter Maria

Sei gegrüßt, Jungfrau und Gottesgebärerin Maria!

Du bist die unerschöpfliche Quelle der Freude für das Menschengeschlecht!

Du bist der Anfang, die Mitte und das Ende unseres Freudentages!

Du Bist die kostbare Perle des Reiches Gottes!

Du bist der lebendige Altar jenes Brotes, das uns zum ewigen Leben nährt!

Sei Gegrüßt, du Schatz der Liebe des ewigen Vaters!

Du bist die Quelle der Barmherzigkeit, du beschatteter Berg des Heiligen Geistes!

Du bist, o Mutter, die süßeste Gabe, die uns Gott geschenkt hat, die du widerstrahlst von den Strahlen der glühenden Liebe der ewigen Sonne des Lichtes!

O Mutter unseres Mittlers, heiligste Mutter Gottes, über alles erhabene Gottesgebärerin!

Wir bitten dich durch deine unaussprechliche Würde, daß du unser gedenken mögest vor dem Angesichte deines Sohnes, von dem du vertrauensvoll kindliche Verehrung in Anspruch nehmen konntest.

Sei gegrüßt, o heilige Jungfrau und Mutter Maria!

Hl. Methodius, Bischof und Märtyrer (+ 311)

Wenn Maria ruft

Unsere Liebe Frau von La Salette hat vor 120 Jahren durch ihre Tränen für unsere Zeit das schmerzhafte Herz Mariens an den Horizont unserer Hoffnungen gezeichnet. Es war an einem Samstag, dem Quatembersamstag des Monats September 1846, zur Zeit der ersten Vesper des Festes der Sieben Schmerzen Mariens. Wieviel Leid hätte doch der Welt erspart werden können, hätten wir rechtzeitig die Sprache dieser Tränenbotschaft beherzigt.

Die nachfolgende Kurzgeschichte zeigt uns, wie wir durch die Ketten des Rosenkranzes die Ketten unserer geistigen Gefangenenlager sprengen könnten. Die Geschichte begann in einem

Offiziers-Gefangenenlager im Monat Oktober 1940. Es hatte die ganze Nacht geregnet, die Regentropfen hingen wie Tränen an dem Stacheldrahtgehege. Leutnant Darreberg macht den Aumonier auf diesen eigenartigen Rosenkranz aufmerksam, der da in der Luft hängt. Darreberg ist ein unermüdlicher Spaßmacher, dessen beißender Spott neben den Deutschen besonders den Geistlichen im Lager galt. Heute scheint er nicht in der üblichen spassigen Laune zu sein. ,,Herr Aumonier, Sie haben uns vor einigen Tagen die ulkige Geschichte von La Salette erzählt; das hat manchem von uns zu denken gegeben; stimmt es wirklich, daß dort oben ein Laden ist mit Kerzen, Rosenkränzen und dem ganzen Kram? Das hätten Sie nicht erwähnen sollen. Wenn ich eine solche Geschichte erfunden hätte, so hätte ich den Pietätskram weggelassen, ich möchte frei von allem Nebensächlichen, einmal dort oben frei atmen könen. Wie kommt man denn an diesen einsamen Höhenluftkurort?"

,, Ein wenig Geduld müssen Sie schon noch haben, wir sind hier wohl für lange Monate oder gar Jahre."

,, Nein, Abbé, ich verschwinde heute noch! Ja, heute abend, ich habe es satt, die Deutschen sind keine allzu angenehme Gesellschaft. Bis zur Schweiz sind es 180 km, ich habe noch 2 Tafeln Schokolade. Heute ist der 2. Oktober. Am 5. oder 6. komme ich in Konstanz an, in drei Tagen bin ich in Genf, am 10. komme ich bereits in Lyon an, in etwa zwei Wochen schicke ich Ihnen einen Bericht über ihre fromme Geschichte. Ich wollte nicht abhauen ohne mich von Ihnen zu verabschieden und für die schöne Geschichte zu danken!" —

,,Haben Sie bedacht, daß der Stacheldrahtzaun zwei Meter hoch ist..., die Wachposten, die Hunde in der Nacht?"

,,Was wissen Sie noch alles! Ich gehe durch das große Tor, durch welches ich hereinkam. Ich habe alles reiflich überlegt."

,,Haben Sie deutsches Geld?" Darreberg hatte nicht daran gedacht. Der Abbé hatte noch einen versteckten 100 Mark-Schein und gibt ihn mit den Worten:

,,Wenn Sie dort oben sind, kaufen Sie dafür für mich eine Kerze!"

,,Dies niemals. Ich will Ihnen lieber mein Leben lang 100 Mark schulden, das mit dem Kerzenkram ist mir zuwider."

„Wir werden ja sehen. Gute Reise, Leutnant!“

Um 18 Uhr kommt, wie üblich, ein gedeckter Lastwagen mit 300 Broten in die Nähe der Küche. Der Fahrer bleibt sitzen, damit es rasch gehe. Doch schon ist Darreberg im Wageninnern verschwunden. Er trägt eine Arbeitsbluse, die er in der Küche erwischt hat und legt sich flach auf den Boden des Wagens, der ungehindert zum Tor hinausfährt. Der Aumonier schickt ihm seinen Segen nach. Um 18.15 werden die Tore des Lagers geschlossen und die Hunde für die Nachtrunde freigelassen.

Um 19 Uhr schaut Hauptmann Pasquelle, der Freimaurer ist, auf seine Uhr und murmelt: „Wenn alles gut ging, hat Darreberg 11 Stunden Zeit, bis seine Abwesenheit im Lager entdeckt wird. Er kann in dieser Zeit nicht durchkommen.“ Der Leutnant Couret hat seine Kleider mit denen von Darreberg gewechselt, damit die Hunde verwirrt werden, wenn sie auf die Spur von Darreberg gesetzt werden. Wenn anderntags beim Appell Darreberg aufgerufen wird, wird er sein „present“ schmettern, so daß noch einige Stunden gewonnen werden können. Manche seiner Kameraden beten für den Flüchtenden in dieser Nacht.

Gegen Mitternacht — Sirenengeheul — Großer Appell! Oberleutnant Hoffmann erscheint in der Baracke zur Kontrolle. Beim hinausgehen flüstert er dem Aumonier zu: „Ihr Freund Darreberg ist ausgerückt. Er hat unrecht, denn niemand kann die Reichsgrenzen verlassen ohne Erlaubnis...“, fügt aber leise hinzu: „wenn Gott ihn nicht leitet!“ — „Oder die Gottesmutter“, gibt der Abbé zur Antwort.

Am 12.November erhält der Aumonier einen Brief von La Salette mit *Jacques Pelerin* unterzeichnet. Der Brief ist am 20.Oktober von La Salette abgeschickt und am 22. in Corps abgestempelt worden. Er lautet:

Mein lieber Abbé!

Ich habe Wort gehalten. Die Reise war etwas beschwerlich. Die Züge waren überfüllt. Um die Landschaft besser genießen zu können, habe ich mich auf die Puffer gesetzt. Am 12. Oktober war ich in Lyon, um einige Formalitäten zu erfüllen und eine Reihe von Formularen zu unterzeichnen. Unsere Bürokraten haben aus der Niederlage nichts gelernt...

Seit 5 Tagen bin ich hier oben und lebe wie im Traum. Ich habe alles aus der Nähe beobachtet. Wie war ich doch so einfältig, von einem „frommen Witz" zu reden! Ein Priester hat mir hier am Platz die Geschichte von La Salette noch einmal erzählt. Der ehemalige Spötter brach in Tränen aus und hat gebeichtet. Ich habe begriffen, daß es sich hier um ein ernstes Losungswort handelt... das ich bis zum Ende ernst nehmen werde... Die versprochene „Kerze" habe ich an dem Altar angezündet, an dem Sie früher die hl. Messe lasen... Es waren aber gleich 21 Kerzen, die ich dazu kaufte... Eine junge Schwester hat wohl gedacht, ich sei verrückt, denn sie sah mich ganz erschrocken an... Ja, Abbé, das ist aus mir geworden. Ich werde noch einige Tage hier bleiben, um alles zu überdenken und zu verstehen. Da ich die Mutter der Schmerzen selbst zur Rede stellte, sagte sie mir: „Du verstehst nichts davon." Dann gab ich ihr zur Antwort: „Ich will aber verstehen!", worauf sie mich deutlich vernehmen ließ: „Später!"

Ihr Jacques Pelerin.

Eine Stunde später kannte das ganze Lager den Inhalt des Briefes. Der Oberleutnant Hoffmann ließ den Aumonier zu sich kommen: „Sie haben Nachricht von Darreberg?" — „Seit zwei Tagen." — „Ich weiß es. Ich habe den Brief gesehen, der Zensor hat ihn mir zu lesen gegeben, wegen der schlechten Schrift... Ich halte Darreberg für einen tüchtigen Offizier, Sie dürfen ihm das mitteilen. Sie dürfen ihm auch sagen, daß mich sein Brief tief beeindruckt hat... Nach dem Krieg werde ich auch einmal diese Gnadenstätte in den Bergen besuchen. Wann aber wird das sein?..."

1941 trafen Darreberg und der inzwischen entlassene Aumonier zusammen. Darreberg hat sich beim englischen Spionagedienst gemeldet und reist mit falschen Papieren als Mechaniker nach Mailand. Einige Tage später meldete der Geheimsender: In den Fiatwerken sind mehrere unerklärliche Brände ausgebrochen. Der Aumonier erhält eine chiffrierte Botschaft 19 x P = 7 S., was folgendermaßen zu übersetzten ist: 19 = U.L.F. von

La Salette x P = Pittre, d. h. Spaßvogel (wie man Darreberg im Lager nannte) = hat 7 S., d. h. einen vollkommenen S = Sabotageakt fertiggebracht.

Später geht Darreberg nach England als Pilot der Royal Air-Force. Auch dort erzählt er überall vom wunderbaren Schutz U.L.F. von La Salette. Er läßt von den protestantischen Mechanikern in ihrer Freizeit Medaillen U.L.F. stanzen, auf der einen Seite mit der Inschrift: „N.D.S.", auf der anderen Seite „1846" mit einem großen „V" des Sieges. Auf Befragen verbreitete er immer wieder die Botschaft von La Salette.

Ein stets lästernder und spöttelnder Flieger läßt sich, zu Tode getroffen, auf dem Sterbelager taufen nach Anrufung U.L.F. von La Salette... Er ist mutig gestorben. Seine letzten Worte waren: „Seht die Frau der Berge! Sie lächelt. Sie weint also nicht, wie Darreberg uns erzählte!"

Am 19. Januar 1944 ist Darreberg von einem Erkundungsflug nicht mehr zurückgekehrt. Der Mechaniker hat später erklärt: „Ganz freudestrahlend hat er mir beim Abflug zugerufen: ‚Heute, mein Lieber, erwarte ich eine unerhörte Freude!' Ich habe diese Worte erst nachher begriffen: es war der 19. des Monats, der Tag U.L.F. von La Salette, der für ihn immer ein Feiertag war."

*

Gebet um Hingabe in den Willen Gottes

Himmlische Mutter Maria, lehre uns die Sicherheit und Überzeugung, daß nur allein der Wille Gottes für all unser Denken und Handeln maßgebend ist, Erbitte uns die Demut, daß wir uns auch den unerforschlichen Ratschlüssen Gottes beugen und den göttlichen Willen restlos erfüllen, ohne Trotz und Murren und ohne Bedingungen. Erbitte uns jene Liebe, mit der du dein Fiat gesprochen und dich dem Willen Gottes restlos gebeugt hast. Amen.

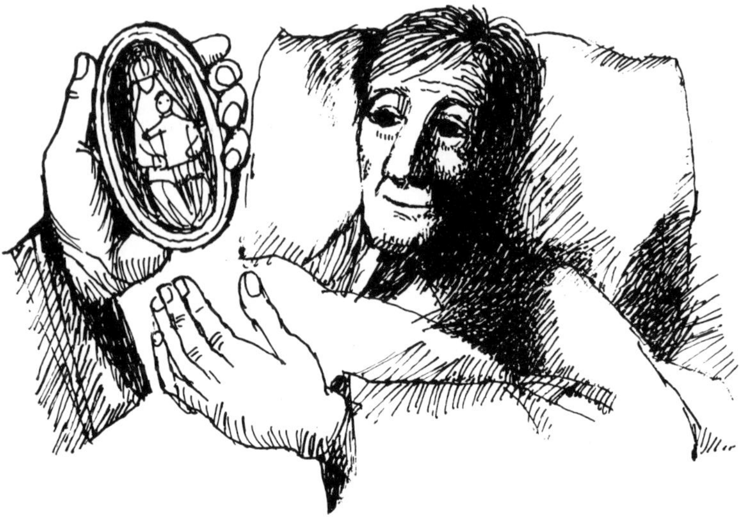

Eine Bekehrung auf dem Sterbebett

Im Oktober 1881 kamen zu einem Ordenspriester in Rom einige fromme Personen und fragten ihn, ob es wahr sei, daß er hie und da in der Erziehungsanstalt von Poterotto bei den Vorbereitungsübungen auf die erste heilige Kommunion predige. Er bejahte ihre Frage. Seine Besucher sagten darauf: ,,Pater, in dem Spital von... liegt seit drei Monaten ein Kranker, der nun in Todesgefahr schwebt. Er weist aber jeden geistlichen Zuspruch zurück und will nichts vom Empfang der hl. Sakramente wissen, da er nach seinem Bekenntnis ein Sektierer sei. Wir baten ihn doch wenigstens das Kruzifix zu küssen, jedoch umsonst. Es kam soweit, daß er sich aus dem großen Saal entfernen ließ, um das Bild der Muttergottes, das sich in demselben auf dem Altar befindet, nicht mehr sehen zu müssen. Vor mehreren Tagen besuchte ein Kardinal die Kranken und auch ihn.

Damit er nun nicht zu reden brauchte, zog er sich das Bettuch über den Kopf. Als einige seiner gleichgesinnten Freunde sahen, daß er in Lebensgefahr schwebe, umgaben sie fast immer sein Bett. Da wir soviele Hindernisse bei diesem Unglücklichen fanden, fragten wir ihn, ob er denn ein Jude sei. Er antwortete uns, er sei ein Christ. Sofort fragten wir, ob er schon seine erste hl. Kommunion empfangen habe, und er antwortete: Ja. Wir forschten weiter, wo er sie empfangen habe. Er sagte uns: In Ponterotto. Sofort begaben wir uns daher zu Ihnen, Hochwürden und bitten Sie nun inständig, den Kranken besuchen zu wollen. Vielleicht läßt er sich mit seinem einstigen Seelsorger in ein Gespräch ein, das ihm zum Heile sein könnte."

Der Priester entgegnete den Leuten: „Wahrscheinlich war nicht ich der Prediger in Poterotto zu der Zeit, wo der Unglückliche sich auf die erste hl. Kommunion vorbereitete, da er nach euerer Aussage schon 35 Jahre zählt und ich erst seit sieben Jahren das Glück habe, die Kinder auf die erste hl. Kommunion vorzubereiten."

„Ich kann euch mit dem größten Vertrauen versichern, daß, wenn der Kranke seine erste hl. Kommunion in Ponterotto empfangen hat, ihn die liebe Muttergottes sicher bekehren wird. Ich habe eine kleine Kopie des Bildes der himmlischen Königin, das man in dem genannten Institut verehrt, durch das schon viele Gnadenerweisungen geschehen sind. Meine Zöglinge halten dieses Bild hoch in Ehren, da es das Andenken an einen ihrer heiligmäßig gestorbenen Kameraden ist. Ich werde es heute Abend aussetzen und meine Zöglinge auffordern, recht eifrig um die Bekehrung des Kranken zu beten. Unterdessen gehe ich sofort ins Spital."

„Nein, Hochwürden, gehen Sie jetzt nicht hin", baten die Leute, „der Kranke befindet sich in einer fürchterlichen Aufregung, seit wir zu ihm nochmals vom Beichten redeten. Wir werden Sie benachrichtigen."

Der Pater war damit zufrieden. Er empfahl die verführte Seele dem Gebet seiner lieben Zöglinge und übergab die Sache der mütterlichen Sorge Mariens.

Am Mittag des folgenden Tages erhielt der Priester ein Billet, welches ihm meldete, daß der Kranke in den letzten Zügen liege. Doch möge der Pater sofort ans Krankenbett kommen. Es war ein Samstag. Ohne Zögern nahm der seeleneifrige Ordensmann das erwähnte Bild, steckte es in seine Brusttasche und machte sich auf den Weg.

Wir wissen bereits, daß der Kranke allein in einem Zimmer war, in das er sich tragen ließ, um nicht mehr das Bild Mariens zu sehen, ferner, daß er ein Sektierer war.

Der Priester trat allein ins Zimmer. Der Kranke war ganz schwach und hatte vor Müdigkeit die Augen geschlossen. Der Ordensmann rief ihm zu: ,,Fortunat!'' Der Gerufene bewegte sich, öffnete die Augen, aber, o mein Gott, als er einen Priester sah, schreckte er zusammen, schloß die Augen wieder und wendete sich ab. Der Priester rief ihn nochmals und fügte bei: ,,Fortunat, höre mich! Ich wollte gerne Notizen haben. Antworte mir, so gut es geht!'' Er wandte sich um und fragte mit schwacher Stimme: ,,Was für Notizen?''

,,Ist es wahr, daß du deine erste hl. Kommunion in Ponterotto gemacht hast?''

,,Jawohl'', antwortete der Kranke.

,,Sage mir, Fortunat, kannst du dir die Andachten noch vergegenwärtigen, die alle Knaben und sonstigen Besucher so ergriffen, besonders die Predigt über Maria, bei der Ungläubige und Atheisten bis zu Tränen gerührt wurden. Ist es nicht so, Fortunat?''

,,Sicher, ich kann mich noch gut daran erinnern und kann es nicht leugnen!''

,,So mache doch deinem Namen Ehre, Fortunat (Fortunat heißt: Glücklicher), und mache dich glücklich dem Namen und der Tat nach. Der mütterliche Blick jenes frommen Bildes ist dir noch zugewendet, und wenn du ihn sehen willst, so zeige ich dir ein Bild davon.''

Bei diesen Worten schweiften die Augen des Kranken im Zimmer umher, als ob er etwas suchte. Der Pater zog das Bild aus seiner Brusttasche und sagte: ,,Fortunat, siehe, wie gut Maria ist; sie ist gekommen, dich zu besuchen; du hast das Bild ihres Sohnes entfernt, da du nicht einmal ein Kruzifix in deinem Zimmer dulden wolltest, und doch ist sie gekommen, dir alles zu verzeihen. Willst du ihr Bild küssen?''

Der Priester erwartete ängstlich ein „Ja" oder „Nein", wovon die ewige Seligkeit abhing. Und — wie mächtig ist Maria! Der Ungläubige ist besiegt, er sagte: „Ja". Der Pater näherte das Bild den Lippen des Kranken und er küßte es — nicht einmal, sondern öfters — und er weinte.

Der Priester verließ das Zimmer und erzählte den draußen ängstlich Wartenden alles. Dann holte er ein Kreuz und kehrte wieder in das Krankenzimmer zurück.

Fortunat bekannte seine Sünden mit großer Reue und verlangte die hl. Kommunion.

Der Pater fürchtete aber noch, es möchte nicht alles aufrichtig sein, und rief daher seine Verwandten und Bekannten herein, damit diese seine Gesinnung näher prüfen möchten. Da er auch diese nochmals um die hl. Kommunion bat, zögerte er nicht mehr, sie ihm zu reichen. Alle waren auf's tiefste bewegt. Der Priester sprach dann noch von der Heiligen Ölung. Fortunat bedeutete ihm, daß er sie später selbst verlange, da er jetzt seine Freunde erwarte, die eine unliebsame Störung verursachen könnten. Der Ordensmann legte ihm daher das Kreuz und das Marienbild unter das Kopfkissen und entfernte sich.

Das alles geschah Samstag nachmittags. Am folgenden Morgen empfingen die Zöglinge des Ordensmannes für den Bekehrten die hl. Kommunion, damit er die Gnade der Beharrlichkeit erhalte. Um Mittag verlangte der Sterbende selbst die Heilige Ölung. Am Montag begann der Todeskampf.

Von dem allem haben seine „Freunde" nichts bemerkt. Als aber einer am Montag abend ins Zimmer trat und die Stola sah, fragte er den anwesenden Kaplan, was das sei, und dieser sprach: „Sind Sie ein Römer?" Da er es bejahte, setzte er hinzu: „Und Sie kennen die Stola nicht?"

„Wir sind aber Carbonari" (Carbonari kommt vom italienischen Wort „carbone", Kohle. Die „Carbonari" bilden eine Sekte der Freimaurer in Italien).

„Ist gut", antwortete der Priester; wenn wir diesen Winter Kohlen nötig haben, werden wir uns an Sie wenden; für jetzt bitte ich Sie, uns in Ruhe zu lassen."

Der Todeskampf dauerte bis morgens 6 Uhr. Es war der 25. Oktober, als Fortunat in die Ewigkeit einging.

Der mißglückte Bombenangriff

In Saragossa wird die Statue der Gottesmutter, auf einer kleinen Säule stehend, als Nationalheiligtum verehrt: Nuestra Senora del Pilar. Im spanischen Bürgerkrieg der dreißiger Jahre hatten die Bolschewisten den Plan gefaßt, die Kirche, in der sich die hochverehrte Marienstatue befindet, in Trümmer zu legen. Sie bemalten eines ihrer Flugzeuge mit den nationalen Farben, damit es ungehindert nach Saragossa fliegen und die Stadt umkreisen konnte. Das Flugzeug senkte sich bis auf wenige Meter über die Kirche, und dann geschah zum Entsetzen des gläubigen Volkes das Ungeheuerliche: Es wurden drei Bomben geworfen.

Die erste sauste acht Meter von der Kirche entfernt auf den Kirchplatz, ohne zu platzen; nur fünf große Steinplatten wurden zertrümmert, und zwar so, daß die Aufschlagstelle ein großes Kreuz bildete. Die zweite Bombe durchschlug den Turm und fiel in zwei Hälften auseinander. Die dritte fiel direkt in den Chor der Kirche, aber auch sie explodierte nicht. Die Fachleute, welche die Bombe untersuchten, erklärten: „So etwas ist noch nie dagewesen; das kann kein Mensch erklären. Die Zündschnur durchgebrannt, der Apparat in Ordnung, zweiundfünfzig Kilogramm Sprengstoff und keine Zündung! Das ist ein Wunder! Menschlich gesprochen, dürfte von der Kirche kein Stein mehr auf dem andern sein."

Der Jubel des Volkes kannte keine Grenzen. Scharenweise pilgerten sie zum Gnadenaltar und überschütteten ihn mit Blumen. Am Abend versammelten sich Tausende und Abertausende zu einer großen Dank- und Sühneandacht. Die ganze Stadt war auf den Beinen. Der Erzbischof, der General der Garnison, die Behörden, alle zogen mit der gewaltigen Menge durch die Stadt und sangen Lieder zum Preis der Madonna del Pilar. Dann stieg der General in der dichtgefüllten Kirche zum Gnadenbild empor, küßte es in tiefer Ehrfurcht und sprach: *„Ich ernenne hiermit die Muttergottes del Pilar zur obersten Inhaberin meiner Truppe."* Dabei hängte er der Marienstatue die höchste Auszeichnung um, die er verleihen konnte.

O Jungfrau Maria,

unsere liebe Frau im heiligsten Sakrament, du bist der Ruhm des christlichen Volkes, die Freude der ganzen Kirche, das Heil der ganzen Welt!

Bitte für uns und wecke in allen Christen eine innige Verehrung zum hochheiligen Sakrament, damit sie würdig werden, es täglich zu empfangen.

Heiliger Papst Pius X.

Was das Gebet der Kinder vermag

Es war vor einigen Jahren in einem Dörflein im Spessart. Dort lebte ein Bauer, der eine Nebenarbeit als Fernfahrer in einer Fabrik hatte. Es war Winter. Eines Morgens fuhr er mit seinem Wagen von zu Hause ab, um einen Auftrag erledigen zu können. Unterwegs fiel im plötzlich ein, daß er noch etwas Wichtiges mit seiner Frau besprechen müsse, und er fuhr noch einmal nach Hause zurück.

Die Frau war immer darauf bedacht, daß die Kinder sich nicht auf der Straße aufhalten, wenn der Vater mit dem Auto wegfährt. Die Familie hatte acht Kinder. Als nun der Vater das zweitemal wegfuhr, hatte sich der 4jährige Sohn Rudolf irgendwie aus dem Haus gemacht, ohne daß es jemand bemerkte.

Rudolf fuhr mit dem Schlitten dem Vater direkt unter das Auto. Wie das passieren konnte, ist bis heute noch nicht geklärt. Der Vater dachte im ersten Moment, es sei ihm ein Eisblock unter die Räder gekommen, da das Auto plötzlich hopste. Er sah in den Rückspiegel und dachte, da ist ja ein Kind! Er stieg sofort aus und sah seinen Sohn Rudolf. Dieser war schwer verletzt und wurde sofort in das nächste Krankenhaus gebracht, wo er versorgt wurde. Er hatte mehrere Knochenbrüche und vermutlich innere Verletzungen. Das Kind war nach dem Unfall noch ansprechbar. Als es aber ins Krankenhaus kam, verschlechterte sich sein Zustand zusehends, da durch den Beckenbruch ein großer Bluterguß zustandekam, und so lag das Kind in wenigen Minuten bewußtlos da und man meinte, es würde jeden Moment sterben. Vier Ärzte arbeiteten an dem Kind und beratschlagten, was zu machen sei. Der Oberarzt des Hauses überlegte, ob man noch operieren solle. Man kam aber zu dem Schluß, das Kind würde die Operation nicht überleben. Die Tante, die Schwester der Mutter, die in diesem Krankenhaus als Ordensschwester tätig war, war ständig bei dem Kind und verständigte sofort die Eltern. Der Hausgeistliche wurde verständigt, er gab dem Kind die hl. Krankensalbung und die hl. Firmung. Vorher waren die Eltern eingetroffen; da der Vater selbst nicht mehr fähig war, das Auto zu lenken, fuhr der Chef des Vaters, der auch Firmpate war, mit den Eltern des Kindes zum Krankenhaus. Der Oberarzt sagte zu den Eltern: „Wir haben getan, was wir konnten, aber es ist aussichtslos." Darauf antwortete der Vater mit einem tiefen Vertrauen zu Gott: „Das Kind stirbt nicht! Meine Kinder beten daheim den Rosenkranz!" Dies sagte er vor 4 Ärzten und allen Schwestern. Und zu Hause beteten die Kinder mit der Großmutter ununterbrochen den Rosenkranz. Als es 22 Uhr war, sagte sie zu den Kindern, daß sie jetzt zu beten aufhören dürfen und ins Bett gehen können. Und genau um 22 Uhr schlug Rudolf die Augen auf und rief: „Papa!"

Der Oberarzt, der nicht viel vom Glauben hielt, meinte: „Hier war eine höhere Macht am Werk!"

Das Kind war noch ein halbes Jahr im Krankenhaus und ist heute wieder ganz gesund.

Die „Lockspeise“ der Seelen

Matthias Schuhnesch, ein Mann mit religionsfeindlichen Ideen, findet eines Tages beim Ordnen seiner Papiere das schöne Buch von Heinrich Lassere „Unsere Liebe Frau von Lourdes“. Er blättert es durch und beginnt zu lesen, zuerst mit einem gewissen Widerwillen, dann mit Interesse und schließlich voller Begeisterung. Zu guter Letzt liest er kniend den Bericht von den Wundern der Madonna zu Ende und fleht zu Maria: „Du hast schon so viele bekehrt, bekehre auch mich!“

Nach dieser Lektüre erfaßte ihn eine unbezähmbare Abneigung gegen sein Amt als Bahnhofsvorsteher. Er nahm seinen Abschied und reiste Ende Oktober 1874 nach Marseille. Dort blieb er zunächst untätig und lebte nur dem Vergnügen. An eine Bekehrung dachte er nicht mehr.

Am 2. Januar 1875 schlug ihn der Besitzer des Hotels, in dem er wohnte, als Kandidaten für die Freimaurerloge vor. Matthias sollte einige Tage später aufgenommen werden. Zur Belohnung wurde ihm eine Stelle als Amtsvorstand in einer Agentur der Transports Maritimes versprochen. Tags darauf stieß er beim Frühstück in einem Cafe zufällig auf eine Zeitung, in der von Kapuzinern die Rede war. Er hatte nie zuvor von diesen Mönchen gehört.

Da mahnte ihn eine innere Stimme: „Wenn du dich bekehren willst, mußt du zu ihnen gehen."

Am nächsten Tag begegnete er einem alten Klosterbruder mit geschultertem Bettelsack, der barfüßig und barhäuptig dahinzog. Das ist ja ein Kapuziner, dachte er. Er folgte ihm bis zur Klosterpforte, läutete und bat um Aufnahme als Novize.

Eine rasche Berufung! Das war der erste Gedanke des Provinzials, dem der Postulant seine Papiere überreichte. Er sagte nämlich klipp und klar zu ihm: „Es fällt mir schwer, Sie nicht für einen Betrüger zu halten. Kann man denn mit einundzwanzig Jahren schon Stationsvorsteher sein? Die Papiere sind falsch!"

Der so Angesprochene entgegnete freimütig: „Wenn Sie mich heute zurückweisen, so mögen Sie wissen, daß ich morgen abend in der Loge aufgenommen werden soll".

Nun erst schilderte ihm der Pater das Leben der Kapuziner, versah ihn mit einem Brief an den Pater Novizenmeister in Aix-en-Provence und überließ ihm die Entscheidung, nach Gutdünken weiterzustudieren, um Priester zu werden.

„Allerdings", fügte er klug hinzu, „nach dem freien Leben, das Sie in der Welt geführt haben, wird die Abgeschiedenheit der Zelle vielleicht Ihre Berufung gefährden. Ich rate Ihnen daher, Laienbruder zu werden".

Der Vorschlag wurde angenommen. Als Bruder Zyprian genügte er allen Anforderungen des einjährigen Noviziats, was ihm ziemlich schwer fiel. Nach der Profeß kam er in das Kloster von Besançon, dann, während der Verfolgung durch Ferry, nach Steyl (Holland) und schließlich nach Lyon. Von dort aus ging er 1885 freiwillig in die Mission nach Aden, dann zu den Seychellen-Inseln und zuletzt nach Berbera (Somaliland).

Als er nach seiner Bekehrung gefragt wurde, welche religiösen Übungen er seit seiner Kindheit beibehalten habe, antwortete Zyprian: „Ich hatte bereits alles aufgegeben, vernachlässigt und vergessen. Nur eine geistliche Übung hatte den Schiffbruch meines Glaubens überlebt: die Gewohnheit, täglich drei Ave Maria zu beten. Dazu hatte ich mich bei meiner ersten heiligen Kommunion auf Grund eines Versprechens, das ich meiner Mutter gegeben hatte, verpflichtet. Diese drei Ave Maria zu beten, versäumte ich nie. Ich tat es aber nur meiner verstorbenen Mutter zuliebe, nicht etwa aus einem letzten, kümmerlichen Glaubensbewußtsein heraus, Gott weiß, von welchem Lebenswandel ich mich befreien mußte. Und es ist mir gelungen".

Nach der Offenbarung des himmlischen Vaters an die heilige Katharina von Siena (Zwiegespräch mit der göttlichen Vorsehung, Kap. 139) ist Maria eine von der Güte Gottes „ausgelegte Lockspeise", um die Seelen zu "fangen".

*

Heilige Maria,

meine Herrin, unter deinen gebenedeiten Schutz, unter deine besondere Obhut, in den Schoß deiner Erbarmung empfehle ich mich heute und alle Tage und in der Stunde meines Todes. Meine Seele und meinen Leib befehle ich dir. Alle meine Hoffnung und meinen Trost, meine Angst und meine Not, mein Leben und das Ende meines Lebens übergebe ich dir.

Auf deine hochheilige Fürsprache hin, kraft deiner Verdienste, möge mein ganzes Tun nach deinem und deines Sohnes Willen geordnet und geleitet sein. Amen.

(Hl. Aloisius von Gonzaga)

Sie waren alle verblüfft

Von dem berühmten Arzt Recamier, der 1852 zu Paris starb, schrieb der Freidenker Maće: „Einst gewahrten meine Kollegen und ich an Recamier — was denn? Einen Rosenkranz! Ich muß gestehen, wir waren verblüfft. Der gelehrte Recamier, der berühmte Professor, die höchste Autorität in der Heilkunde, der Arzt der Fürsten und Könige, dessen Ruf ganz Europa erfüllt, betet den Rosenkranz!

Als Recamier unser Staunen wahrnahm, sagte er in aller Einfalt: ‚Ja, ich bete den Rosenkranz. Wenn ich für einen Kranken ängstlich besorgt bin und bereits alle Arzneimittel an ihm erschöpft sind, wende ich mich an den, der alles heilen kann. Weil ich aber nicht immer so viel Zeit habe, Gott meine Bitten vorzutragen, bete ich zur seligsten Jungfrau als meine Vermittlerin ein oder zwei Gesetze vom Rosenkranz, und ich gestehe, ich habe wunderbare Erfolge gesehen.' "

Hilfe der Christen

In der Familie eines protestantischen Beamten war die Not eingekehrt. Nach Tagen bangen Fürchtens hatte man den Vater festgenommen und ins Gefängnis eingeliefert. Seine Lage war fast hoffnungslos. Und seine Gattin, kopflos, verzweifelt, da sie keinen Lichtblick mehr sah und ihr das starke Gottvertrauen fehlte, griff zum Gift. In bewußtlosem Zustand fanden sie die Nachbarn, die das Töchterchen herbeigerufen hatte. Man brachte die Frau zum Krankenhaus, wo man allgemein den nahen Tod erwartete. Die Nachricht von diesem Unglück erreichte den armen Mann im Gefängnis. Durch die Wucht des neuen Schlages wurde er vollends niedergeschmettert. Konnte es noch Schlimmeres geben? Seine Ehre war dahin, sein Familienleben vernichtet, die geliebte Frau dem Tode nahe, sein Kind bei fremden Leuten, seine Zukunft trostlos.

Er sah keinen anderen Ausweg mehr aus diesem entsetzlichen Leid. So traf ihn ein Leidens- und Schicksalsgenosse, der gleich ihm seines Urteils harrte, aber als katholisch denkender Mann ruhig dem Lauf der Dinge entgegen sah. Sie hatten den gleichen Beruf und das gleiche Vergehen wurde ihnen zur Last gelegt. Das brachte sie seelisch näher. Sie sprachen sich gegenseitig aus. Im Laufe der Unterhaltung sagte der Katholik, daß er großen Trost im Gebet fände. Der Protestant aber sagte, seine Seele sei kalt und stumm. Wohl glaube er noch an Gott, aber es sei ihnen immer gut gegangen, und so habe er auf das Beten vergessen.

Eine Weile schwiegen beide. Dann begann der katholische Beamte das Glaubensbekenntnis zu beten. Und mit besonderem Nachdruck betonte er, daß wir Katholiken uns in verzweifelten Fällen an Maria, die Hilfe der Christen, wenden. Sie sei mächtig und könne und wolle uns helfen, wenn wir als arme Kinder mit unserer Not zu ihr kämen. Und er betete ihm das uralte Wallfahrtslied vor:

Milde Königin, gedenke, es wurde auf Erden nie gehört, daß wenn ein Pilger sich zu dir wendet, er verlassen heimwärtsgeht. Nein, o Mutter, weit und breit, schallt's durch deiner Kinder Mitte: daß Maria eine Bitte nicht gewährt, ist nie gehört in Ewigkeit.

Mitten in der Nacht erwachte der Gefangene aus tiefem Schlaf. Seltsam, ein heller Lichtstreifen erfüllte seine dunkle Zelle. Dann kam eine große Lichtfülle, und die Umrisse einer Frau von wunderbarer Schönheit stand vor ihm. Geblendet vom Licht schloß er die Augen. Und da hörte er deutlich eine Stimme: „*Ich helfe dir, du wirst frei, und deine Frau wird gesund werden.*“ Die Erscheinung verschwand. Dunkelheit hüllte wieder sein Zimmer ein.

Tief erschüttert sprang der Mann von seinem Lager und faßte sich an den Kopf. Was war das nur? War er wach oder träumte er? Ach, er wußte es genau: er war vollständig wach. Noch stand er ganz im Banne dieser herrlichen Frau und ihrer Stimme. So hatte er auf Erden noch nie eine Stimme gehört. Wer mochte sie gewesen sein? Er wußte die Erscheinung nicht zu deuten. Klar stand sie vor ihm, niemals mehr würde er sie vergessen. Er war ein gewandter Zeichner. Schnell griff er zum Stift, und bei dem spärlichen Licht, das in seine Zelle fiel, zeichnete er die Umrisse der Gestalt an die Tür. Dann legte er sich wieder zu Bett und erwartete mit Ungeduld den Morgen. Sehnsüchtig sah er der Stunde entgegen, da er mit dem katholischen Gefährten zusammen kam. Sobald es ging, zeigte er ihm die Skizze an der Tür. Kaum hatte der katholische Beamte die Zeichnung gesehen, als er ausrief: „Das ist ja die Muttergottes von Neviges!"

„Was bedeutet das, die Muttergottes von Neviges?", fragte der Protestant.

„Das ist das Gnadenbild, und zwar genau so, wie es in der Kirche zu Hardenberg-Neviges verehrt wird. Wie herrlich! Wie kommen Sie dazu? Haben Sie das Bild schon einmal gesehen!"
„Niemals. Ich wußte bis jetzt gar nicht, daß es einen solchen Wallfahrtsort und ein Gnadenbild gibt." Der Katholik war tief erschüttert.

„Nun dürfen Sie sicher sein, daß Maria unser Gebet erhören wird".

Und Maria erhörte sie. Nach einigen Tagen wurde dem protestantischen Beamten eröffnet, daß seine Unschuld sich herausgestellt habe. Gleichzeitig kam aus dem Krankenhaus die Nachricht, daß seine Frau — wider alle Hoffnung — geheilt sei und ihn bereits zu Hause erwarte. Die Freude war groß. Der Dank nicht minder. Und da Maria ihnen so wunderbar geholfen hatte, wollten sie auch einem Glauben angehören, in dem die wunderbare, mächtige Mutter und Jungfrau die ihr gebührende Stellung einnimmt.

*

Der Mutter Christi und der Kirche

weihe ich die ganze Welt, alle Völker der Erde, alle Menschen, denn sie ist die Mutter aller. In ganz besonderer Weise weihe ich diejenigen der Gottesmutter, die körperliches oder geistiges Leid erdulden oder Ungerechtigkeiten ausgesetzt sind.

Papst Johannes Paul II., am 3.5.1979

Dr. Alexis Carrel

Weg eines Wissenschaftlers vom Rationalismus durch Maria zum Katholizismus

Im Jahre 1944 starb der berühmte Wissenschaftler und Forscher Dr. Alexis Carrel als Opfer von Hitlers Gestapo. Damit beendete einer der ganz großen Konvertiten sein im Dienst der Wissenschaft und der Kirche reich erfülltes Leben.

Der französische Arzt und Autor des Bestsellers ,,Der Mensch, das unbekannte Wesen" erhielt für seine Verdienste der Medizin und aufgrund seiner Forschungsarbeiten am Rockefeller Institut in New York 1912 den Nobelpreis für seine Organtransplantationen und Gewebekulturen. Er studierte die Lebensäußerungen des Menschen, seine Prägung durch Beruf, Umwelt, Leidenschaften und Krankheiten. Seine Erkenntnisse bildeten die Grundlage zu dem oben erwähnten Buch, in welchem er auch seine Beobachtungen der Kranken schildert, die in Lourdes einzig durch die Macht des Gebetes geheilt wurden.

,,Das Gebet ist die mächtigste Form der Energie, die wir ausstrahlen", sagte er, ,,in ihm äußert sich das Bedürfnis nach Gott. Das Gefühl unserer Ohnmacht, unserer Vereinsamung und der Nutzlosigkeit unserer Anstrengungen verschwindet, eine seltsame Macht entwickelt sich in unserem Innern. Das Gebet verleiht die Kraft, Sorgen und Kümmernisse zu ertragen, zu hoffen, wenn es keine logische Ursache zur Hoffnung mehr gibt, und inmitten von Katastrophen aufrechtzubleiben".

Anlaß zu seiner Beschäftigung mit Lourdes und zur folgenden Konversion war die schwere Erkrankung und die vor seinen Augen sich ereignende Wunderheilung seiner Patientin Marie Ferrand, deren ärztlicher Reisebegleiter er damals war. Er, der die wunderbaren Ereignisse in Lourdes abgelehnt und sich geweigert hatte, sie wissenschaftlich zu erforschen, entschloß sich, seine Patientin, in einem völlig hoffnungslosen Gesundheitszustand, nach Lourdes zu bringen, freilich kaum in Erwartung einer Wunderheilung, denn Dr. Carrel, der sein Studium im Geiste des deutschen Rationalismus abgeschlossen hatte, auferlegte sich selbst die strengste Richtlinie der Wissenschaft, um sich gewissermaßen gegen jede psychologische Beeinflussung abzusichern, ,,als ob es sich um eine Krankenbeobachtung oder einen Laboratoriumsversuch handelte".

Warum also nicht versuchen, die Vorgänge an der Grotte zu studieren? ,,Falls es sich hier nur um eingebildete Heilungen handelt, dann wird immerhin die Zeit nicht verloren sein, und wenn durch Zufall sich doch ein ernstes Resultat ergäbe, so würde diese Tatsache, was immer auch deren Ursache sei, von bemerkenswertem Interesse sein. Entdeckt man irgendwelche Scharlatanterien oder Irrtümer, so hat man das Recht, darauf hinzuweisen. Wenn aber aufgrund einer unmöglich erscheinenden Hypothese die Tatsachenberichte echt wären, so hätte man das Glück, etwas über alle Maßen Interessantes zu beobachten, aufgrund dessen man zu sehr ernsten Resultaten gelangen dürfte. Ja, das Wunder ist absurd, ohne Zweifel. Wenn es aber in genügend greifbarer Form erfaßt würde, so daß man die Sicherheit hätte, nicht getäuscht zu sein, dann müßte man es annehmen. Gegen die Wirklichkeit einer Tatsache ist jede Überlegung hinfällig..."

Dr. Alexis Carrel ging sehr objektiv und ehrlich gegen sich selbst vor, umso bemerkenswerter, als er durch sein rationalistisches Denken zwar stark verschüttetes, aber doch noch waches religiöses Gedankengut auf dem Grund seiner Seele bewahrt hatte. ,,Um reichlich wenig zu wissen, habe ich in mir viel Schönes zerstört''.

Marie Ferrand kommt, an einer schweren tuberkulösen Peritonitis erkrankt, nach einer schrecklichen Reise fast sterbend in Lourdes an. ,,Ihr Zustand war so ernst, daß die Schwestern nicht wagten, sie ins Badebassin zu tauchen, sondern ihr nur eine Körperwaschung zuteil werden ließen.'' Dr. Carrel begleitet seine Kranke und läßt sie nicht aus den Augen. Plötzlich scheint ihm, daß ihr Gesicht nicht mehr denselben Ausdruck habe, daß die fahlen Schatten verschwinden und sie weniger bleich wäre. ,,Ich habe doch bis heute noch nie Halluzinationen gehabt'', sagt er sich. Er nähert sich der Kranken, zählt ihre Pulsschläge und sagt zu den anwesenden Kollegen: ,,Die Atmung ist vermindert.'' Man nimmt an, die Patientin liege im Sterben. Dennoch: Vor den Blicken des Arztes vollzieht sich eine offensichtliche und schnelle Besserung des Allgemeinbefindens. Was geht hier vor!? Er beugt sich über die Balustrade und konzentriert all seine Aufmerksamkeit auf Marie Ferrand. Ihr Antlitz verändert sich weiterhin. Ihre Augen blicken zur Grotte. Plötzlich fühlt Dr. Carrel sich selbst erbleichen: Er sieht in der Gürtelgegend die Bettdecke der Patientin sich langsam senken. Nach einigen Minuten scheint die Anschwellung vollkommen verschwunden zu sein. Das Herz der Patientin geht regelmäßig, wenngleich beschleunigt. ,,Wie fühlen Sie sich?'', fragt er. ,,Ausgezeichnet! Ich bin zwar noch nicht stark, aber ich fühle mich geheilt.'' Marie Ferrand erhält eine Tasse Milch, trinkt sie in einem Zug aus und legt sich, ohne einen Schmerzenslaut von sich zu geben, auf die Seite.

Abends besuchte der Arzt seine Patientin im Krankenhaus. Er findet sie aufrecht sitzend im Bett, mit glänzenden Augen und leicht geröteten Wangen. Er schlägt die Bettdecke zurück und stellt fest, daß die Bauchdecke ganz abgeschwollen und klein ist, wie bei einer Zwanzigjährigen. Die Anschwellung und die harten Stellen sind völlig verschwunden. Fassungslos steht

Dr. Carrel vor diesem Ereignis, beunruhigt, unsicher. Die Tatsache einer Wunderheilung kann er nicht ableugnen. Dieses Wunder ist eindeutig, ist nicht wegzudenken. Er schreitet die Stufen der Basilika hinauf, im Glanz der Lichter und der Vergoldungen ertönt der Klang der Orgel und vieler klarer Stimmen. Ein Gebet von großer Innigkeit dringt aus der Tiefe seiner Seele zur Gottesmutter: ,,Süße Jungfrau, die Du den Unglücklichen hilfst, die Dich demütig anflehen, beschütze mich. Ich glaube an Dich. Du hast auf meinen Zweifel mit einem offensichtlichen Wunder antworten wollen. Noch kann ich es nicht sehen; ich zweifle noch. Aber mein größter Wunsch, das höchste Ziel all meines Strebens ist zu glauben — hingegeben und blind zu glauben, ohne weiter zu diskutieren, ohne weiter zu kritisieren... Unter den harten Forderungen meines intellektuellen Stolzes tief begraben ruht — leider noch erstickt — ein Traum, der bezauberndste aller Träume: an Dich zu glauben und Dich zu lieben mit der kindlichen Seele eines Mönches.''

Der Sieg über Rationalismus und Skepsis war erreicht. Dieses Wunder war Ausgangspunkt seiner totalen Annahme der christlichen Wahrheit. Keineswegs leugnet er die menschlichen Bemühungen um die Rettung des Menschen, erkennt aber ihre Unzulänglichkeit. In der nachdenklichen Einsamkeit seiner letzten Lebensjahre findet er Ausdrücke der Hingabe an Gott, die an den Flug mystischer Seelen erinnern. ,,Auf dem Grund der tiefsten Finsternis ist noch Hoffnung auf Licht. Aber dieses Licht kann nicht nur aus dem Verstand kommen.

Mache, o Herr, daß ich den Rest meines Lebens in Deinem Dienste und im Dienste jener, die da leiden, vollende. Dein Wille geschehe, o Herr, Dein Reich komme. Amen''.

*

Der Herr

hat seiner Mutter die Schlüssel zu seinem göttlichen Herzen gegeben, damit sie daraus alle Gnaden schöpfe.

Pater Arnold Janssen

Das Lächeln Mariens

Ich war damals sieben Jahre alt. Ich war in Begleitung meiner Mutter zur Kirche gegangen, wo sich auch eine Lourdes-Grotte befand. Während sich nun meine Mutter anschickte, den Kreuzweg zu beten, kniete ich mich vor der Grotte hin, schaute unverwandten Blickes zur schönen Statue empor und wiederholte immer wieder nur die eine Bitte: ,,O liebe Mutter, schau herunter auf mich und lächle mich an!" Doch der Blick der weißen Statue war begeistert himmelwärts gerichtet und die kleine Beterin unten flehte vergebens. Da preßte ich die Händchen zusammen, faltete sie mit aller Innigkeit, so schön, wie sie jene Statue gefaltet hielt und betete wieder: „Liebe Mutter, schau herunter auf mich und lächle mich an!" Doch der himmelwärts strebende Blick der Statue senkte sich nicht!

Die Klage meines kindlichen Herzens verhallte ohne Antwort und nach wie vor schien sich der Blick der Statue entzückt in himmlischen Höhen zu verlieren. Doch, ich ließ nicht nach; noch betete meine irdische Mutter den langen Kreuzweg, noch hatte ich selber Zeit, mit meiner himmlischen Mutter zu verhandeln. Und abermals tönte es dringender, flehender, süßer als zuvor: „O, liebe Mutter, so schau doch herunter auf mich und lächle mich an!" Und da geschah denn das Unvergeßliche, meiner Seele Labsal für die ganze Erdenzeit; meines Herzens Trost in allen trüben Stunden: die holde Statue droben wurde wie lebendig. Langsam, feierlich und freundlich senkte sich das bisher erhobene Haupt der Statue nieder, mit herzlicher Liebe ruhten ihre Augen für einige Momente auf mir. — Dann war alles wie zuvor; unverwandten Blickes war das Auge der Statue nach oben gewandt. Ich schwamm in Seligkeit im Empfinden, von einem himmlischen Wesen geliebt zu sein. Tränen rollten über meine Wangen. Dann kam meine Mutter heran! Sie war mit ihrem Kreuzweg fertig geworden. Wir gingen heim.

Ich möchte eine Schwester sein! Meine Mutter schickte mich in der schulfreien Zeit zu den Karmelitinnen vom Dritten Orden in die Handarbeitsschule. Dort war ich immer ganz selig bei dem Gedanken, inmitten von so frommen, heiligen Frauen weilen zu dürfen. Aber diese Seligkeit ward oft von einem wehmütigen Gedanken getrübt: „Ach, warum kann denn nicht auch ich selber so eine Schwester sein!"

So wuchs ich denn auf und war zwölf Jahre alt geworden. Da kam eines Tages die Frau Oberin soeben von der Vesper zurück und schickte sich an, den Unterricht fortzusetzen. Ich aber war wieder meinen Gedanken nachgegangen und schaute sie eine Weile recht wehmütig an. Sie bemerkte es, kam zu mir und sagte teilnahmsvoll: „Nun, Johanna, was hast du denn?

Warum schaust du so traurig dreln?" Da ward mir so weh ums Herz, daß ich zu weinen anfing und unter Tränen sagte ich: „Ach, ich möchte so gerne eine Klosterfrau sein!" Da legte mir die Oberin die Hand auf die Schulter und antwortete mir: „Nun, das kannst du ja mit Gottes Gnade werden; da mußt du eben recht brav sein und auch innig beten um diese Gnade." Ha, das war ein Wort! Wie ein Stern aus dunklen Wolken hervorbricht, so war dieses Wort für meine schwer gedrückte Kinderseele!

Bald darauf war ich auf dem Weg zum Mutterhaus, ließ die Frau Generaloberin rufen und brachte ihr mein Anliegen vor: „Ich bitte um Aufnahme, ich möchte eine Schwester werden." Mit einigem Staunen betrachtete mich die ehrwürdige Frau: „Ja, sag mir, wie alt bist du denn eigentlich?" — „Zwölf Jahre." — „So, so, zwölf Jahre? Ich hätte dich erst für zehn gehalten, denn du bist so schwächlich. Also, mein liebes Kind, dein Wunsch ist stark verfrüht. Der Eintritt in ein Kloster ist gesetzlich erst vom 15. Lebensjahr an gestattet; du aber bist so schwächlich, daß du wohl bis zum 20. Lebensjahr wirst warten müssen, damit man sieht, ob du es aushältst." — Ach, ach, das waren aber enttäuschende Worte für meinen brennenden Eifer. So lange warten zu müssen!

Ich hatte mehrere bedeutungsvolle Träume in meinem Leben, sowohl vor als auch nach meinem Eintritt ins Kloster. Einer davon sei hier erwähnt:

Ich war vierzehn Jahre alt, da sah ich im Traum Maria, von Engeln umgeben. Hinter ihr war ein großer, geschlossener Vorhang. Dieser Vorhang bedeutete (so erkannte ich es) die Scheidewand zwischen Welt und Klausur. Die Mutter Gottes winkte mir und sprach: „Komm her zu mir!" Ich folgte der Einladung, trat hin, kniete nieder, erhob meine gefalteten Hände und sprach: „Ich bitte Dich, liebe Himmelsmutter, gestatte mir den Eintritt in die Klausur!" Da gab sie mir mit unbeschreiblich milden Worten folgendes zur Antwort: „Mein Kind! Jesus ist mit dir und du bist in Jesus!" Dann erwachte ich. Bis heute ist mir dieser Traum in lieblicher Erinnerung.

Durch Maria zum Ziel. Kurz nach jener Zeit, da ich mir als Zwölfjährige meine Absage geholt hatte, kam ich in das Pensionat zu den Schwestern vom guten Hirten. Als ich dann sechzehn Jahre alt geworden war, hatte ich keine Ruhe mehr. Ich sagte zur Pensionsoberin: „Ich bitte, ehrwürdige Mutter, lassen Sie mich doch einmal ins Mutterhaus der Karmelitinnen fahren, ich möchte anfragen, ob ich nicht vielleicht doch schon Aufnahme finden könnte.“ Die Oberin gestattete es: Ich fuhr hin und erreichte zu meiner allergrößten Freude die Aufnahme; obendrein wurde mir als Eintrittstag der 15. Juli, der Vorabend des Festes Maria v. Berge Karmel, bestimmt. Niemand war froher als ich.

Doch, es kam eine neue Schwierigkeit. Ich muß erwähnen, daß sich seit etwa Jahresfrist ein körperliches Leiden eingestellt hatte, das ich selber durchaus nicht als Hindernis des Ordensberufes erachtete. Nun wurde ich nachträglich gefragt, ob ich denn vollkommen gesund sei. Da gestand ich ehrlich mein Leiden. „Ja, wenn dies so ist“, sagte die Oberin, „dann ist es mit dem Eintritt bei uns nichts. Mit diesem Übel können wir sie nicht nehmen.“ Man denke sich meine Bestürzung. Zu wem sollte ich gehen?

Schon hatte ich genugsam erkannt, daß die himmlische Mutter eine besondere Beschützerin meines jungen Lebens sei.

Vor dem Gnadenbild jener, die vor neun Jahren dem zarten Kind zugelächelt hatte, lag ich nun heute wieder auf den Knien, bittend, flehend, im Gebete ringend: „Hilf, heilige Gnadenmutter, hilf, damit dein auserkorenes Kind die Wege, die deine Gnade ihm bestimmt, auch wandeln kann.“ - Lächelte Maria auch diesmal? — Ja, wenn ihr wollt, sie lächelte! Zwar gewahrte meines Leibes Auge diesmal nichts vom Lächeln, aber als ich niederstieg, war mein Leiden spurlos verschwunden; — so hatte sie doch gelächelt, die hohe, gute Frau — es war ein unsichtbares Lächeln der Gnade gewesen. — Und nun gleich zur Klosterpforte. „Ehrwürdige Mutter, ich bin gesund! Unsere Liebe Frau auf dem Pöstlingsberg hat mich heute geheilt.“ — „Ist es wahr? Können Sie es ehrlich beteuern!“ — „Ja, es ist wahr! Im Notfall kann ich es beschwören!“ — „Gut, ich beglückwünsche Sie von Herzen. So bleibt es also dabei: am 15. Juli treten Sie ein!“ Das war vor 20 Jahren. Zwei Jahre darauf ward ich eingekleidet und trage seitdem selig das Kleid Unserer Lieben Frau vom Berge Karmel.

Don Bosco hat durch die Vermittlung der Gottesmutter einen Toten auferweckt

Ein Jungmann war im Stande der schweren Sünde gestorben. Sterbend hatte er noch nach Don Bosco verlangt, der jedoch verreist war. Zwei Tage nach dem Tod des Unglücklichen kehrte Don Bosco zurück, und die Mutter ging mit der Trauerbotschaft zu ihm. Nebenbei sprach sie vom Wunsch des Verstorbenen nach seiner Hilfe. Um es kurz zu sagen: Don Bosco ging mit der Frau, betrat die Totenkammer, weckte den Toten auf, schickte alle Anwesenden hinaus und vernahm die Kunde, die ihm der Wiedererweckte vom Jenseits brachte, daß er in der schweren Sünde verstorben, aber noch nicht gerichtet gewesen sei. Er durfte beichten und erzählte allen Zeugen, die das Zimmer hernach füllten, was Don Bosco schon erfahren. Er sagte, daß er die wunderbare Errettung von der Hölle der Mutter Gottes zu verdanken habe.

War der Junge vielleicht scheintot gewesen? — Urteilen sie selber: Don Bosco frug ihn nach einer Weile, ob er jetzt wieder gesund bei den Seinen hier auf Erden bleiben oder ob er wieder sterben und in den Himmel gehen wolle; dieser stehe ihm jetzt offen.

Nachdem der Gefragte den sehnlichen Wunsch nach dem Himmel geäußert hatte, sagte der Heilige: „Also denn: auf Wiedersehen im Paradies!", worauf der Wiedererweckte zum zweiten Male verschied.

Die Chronik erzählt noch: „Don Bosco erzählte den Vorfall mehr als fünfzig Mal seinen Knaben im Oratorium und unzählige Male in den andern Häusern. Er vermied es aber seinen Namen zu nennen und vermied sorgfältig alles, was ihn selber als beteiligt hätte erscheinen lassen. Die Eingeweihten aber erkannten die Zusammenhänge. Immer aber trug der Diener Gottes die Geschichte in derselben Weise vor, ohne je etwas zu ändern oder hinzuzufügen, obwohl manchmal die Rührung seine Stimme fast erstickte. Einmal aber verriet er sich doch, ohne daß er es merkte:

Im Jahre 1882 erzählte er das Vorgefallene den jungen Leuten des Kollegs in der Vorstadt St. Martin, nachdem die Abendgebete verrichtet worden waren. Mitten im Bericht änderte er die Erzählungsweise und ging von der dritten Person zur ersten über: ‚Ich trat ins Zimmer...ich sagte zu ihm...er antwortete mir...' So fuhr er eine geraume Zeit fort, bis er zum Schluß wieder in der dritten Person sprach. Der Verfasser (eben dieser Chronik) war hierbei zugegen..."

Don Bosco erzählte den Vorfall als Mahnung, für das Heil der Seele rechtzeitig besorgt zu sein, aber vor allem, um die große Macht der Allerseligsten Jungfrau zu zeigen, die sogar das Gericht Gottes aufzuschieben vermochte.

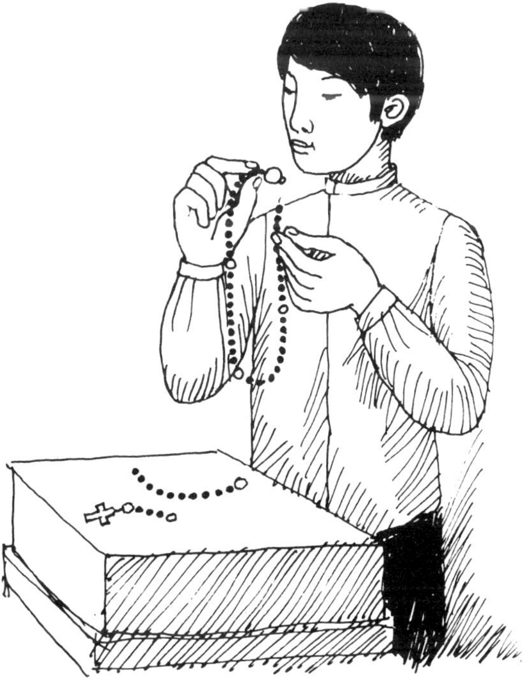

Der verstümmelte Rosenkranz

Die Unantastbarkeit und die hohe Bedeutung des Rosenkranzgebetes in seinem von der Gottesmuttter gewünschten Gefüge mag uns die von einem Pater aus Taiwan geschilderte seltsame Begebenheit so recht zum Bewußtsein bringen. So heißt es in diesem Bericht:

Die Mutter meines Katechisten Tokinobu litt schon lange an Krebs. Sie wohnte im Dorf Kweihwe Tauyän, Taiwan. Obwohl sie sich schon mehreren Operationen unterzogen hatte, ging es mit ihrer Gesundheit konstant abwärts. Dennoch bewahrte sie stets ihren guten Humor und ihren tiefen Glauben. Als sie schließlich an das Krankenlager gefesselt war, hielt sie ihren Rosenkranz immer fest in ihren Händen. Von einigen evangelischen Gemeinschaften angehörenden Verwandten oftmals wegen ihres „Aberglaubens" verspottet und belächelt, ließ sie sich dennoch nicht einschüchtern und bewahrte ihrem Rosenkranzgebet die Treue. Kurz vor ihrem Tod jedoch verlor sie den Rosenkranz in den Fugen ihres Bettes. Man gab ihr einen neuen, den sie bis ins Grab um die Hände gewickelt hielt.

Am Tage ihrer Beerdigung, an der ich teilnahm, erzählte mir der Sohn der Verstorbenen eine sonderbare Geschichte, die sich am Vortage ereignet hatte. Als nämlich die Mutter friedlich im Herrn entschlafen war, entfernte man ihr Bett. Dabei entdeckte der Enkel der Verstorbenen, der die Mittelschule besuchte, aber vom christlichen Glauben nichts wissen wollte, den verlorengegangenen Rosenkranz. Seine tiefe Verehrung der Großmutter und sein noch größerer Aberglaube veranlaßten ihn, diesen Rosenkranz als Glücksbringer an sich zu nehmen und ihn als Erinnerungsstück um den Hals zu hängen. Als „Schmuckgegenstand" zu lang befunden, verkürzte er ihn, indem er die Perlen zwischen dem Kreuz und der Medaille, dazu noch ein Gesätz und die nächste große Perle herausnahm und den so wieder zusammengesetzten und verstümmelten Rosenkranz anlegte.

Wie groß war aber das Entsetzen der Anwesenden, als der Junge ohnmächtig zu Boden sank. Man machte ihm Umschläge auf Stirn und Schläfen, versuchte, ihm Alkohol einzuflößen, holte den Arzt, aber alles war vergebens.

Nach einer Stunde kam mein Katechist hinzu. Mit seinem ihm eigenen Feingefühl erkannte er sofort den Rosenkranz seiner Mutter, wollte ihn nicht in unwürdige Hände fallen lassen und bestand auf seiner Entfernung vom Hals des Jungen. Empört stellte er fest, daß der Rosenkranz verstümmelt war und suchte in den Taschen des Ohnmächtigen nach den übrigen Stücklein. In dem Augenblick jedoch, als er diese gefunden und wieder in den Rosenkranz eingefügt hatte, wachte der ohnmächtige Junge auf. Alle Anwesenden erkannten sofort den Zusammenhang der Dinge und staunten über die Eigenart des katholischen Rosenkranzes.

Als ich diese Geschichte gehört hatte, ließ ich den Jungen, dem solches passiert war, zu mir rufen. „Ist es wahr, was die Leute erzählen?“, fragte ich ihn. „Ja, es hat sich gestern zugetragen.“ Was hast du denn in dem Augenblick, als du ohnmächtig wurdest, gefühlt oder gedacht?“ — „Mir geschah etwas Furchtbares“, erzählte er. „Ich wanderte auf einem Pfad an einem steilen Abgrund vorbei. Da kamen plötzlich sechzehn schwarz gekleidete Männer auf mich zu und wollten mich den Abgrund hinunterwerfen. Ich wehrte mich mit aller Kraft und hatte große Angst. Da erblickte ich meine ganz in Weiß gekleidete Großmutter oben auf dem Berg und rief ihr zu, mich zu retten. Sie kam denn auch, vertrieb die sechzehn Strolche — und ich wachte aus meiner Ohnmacht auf.

Auf die Frage, was dies alles zu bedeuten habe, wußte er keine Antwort. Mir fiel aber auf, daß er immer von sechzehn Männern und nicht etwa einer Schar von Männern sprach. Als ich dann die Perlen des Rosenkranzes zählte, die er vordem entfernt hatte, wußte ich die Antwort: Es waren genau sechzehn!

Die ganze Geschichte war ein Fingerzeig des Himmels. Und in jener Gegend Taiwans wird wohl niemand mehr über den Rosenkranz der Katholiken spotten.

*

MARIA,

du mächtige Jungfrau, du bist die hohe, ruhmvolle Schützerin der Kirche, die wunderbare Hilfe der Christen.

Du bist furchtbar wie ein zum Kampf gerüstetes Kriegsheer.

Du allein hast alle Irrlehren auf der ganzen Welt vernichtet.

In unseren Nöten, unseren Kämpfen, unseren Bedrängnissen schütze uns wider den Feind, und in der Stunde unseres Todes nimm unsere Seele auf in den Himmel! Amen.

Hl. Don Bosco

Der Madonnen-Schnitzer von St.-Germain-des-Près

Am Boulevard St.Germain steht die älteste Kirche von Paris: St. Germain des Près. Mit ihren altersgrauen Mauern und dem mächtigen Turm überragt sie in erhabener Ruhe die lärmerfüllten Großstadtstraßen. In der Gegend der Kirche befinden sich neben modernen Bazars viele Antiquitätengeschäfe mit kostbaren alten Möbeln und Kunstgegenständen sowie Läden, in denen man Devotionalien kaufen kann. So berühren sich dort

Vergangenheit und Gegenwart, geistiges Leben und handfeste Wirklichkeit. In den schmalen stillen Seitenstraßen mit ihren kleinen Läden konnte man durch das Schaufenster den Elfenbein- und Holzschnitzern bei ihrer Arbeit zusehen. Am meisten erregte ein Laden meine Aufmerksamkeit, in dem nur kleine geschnitzte Madonnenstatuen ausgestellt waren, die mir besonders anmutig erschienen. Schließlich betrat ich eines Tages den Laden. Eine alte Frau zeigte mir mit großer Höflichkeit ihre Schätze. Ich wählte ein hölzernes Figürchen, das die ,,Notre Dame von Paris'' darstellte: Die gotische Biegung des schlanken Körpers, das zarte Lächeln des anmutigen Gesichtes, das Kind auf dem linken Arm der Madonna, der Faltenwurf — alles war liebevoll und geschickt nachgebildet. Ich äußerte meine Bewunderung und meinte, daß ich derartige kleine Kunstwerke nur in Italien gesehen hätte. Da schlug die Alte lebhaft die Hände zusammen und rief:

,,O mein Herr, Sie waren in Italien? Wir sind Italiener, mein Mann und ich, beide aus Florenz, und er hat diese Madonna selbst geschnitzt, ich werde ihn einmal holen — er wird sich freuen, mit Ihnen zu sprechen.''

In seinem Arbeitskittel erschien Meister Giovanni Fortura, vom Alter gebeugt, aber mit feurigen schwarzen Augen und vollen weißen Locken. Über das ganze faltige Gesicht lächelnd, gab er mir die Hand. Wir plauderten über Italien, vor allem über die Heimatstadt der beiden Alten, Florenz. Nach einer Weile fiel mir auf, wie Frau Fortura unruhig zur Tür blickte und Blicke mit ihrem Mann wechselte. Der erhob sich schließlich und sagte mit vollendeter Höflichkeit:

,,Mein Herr, es ist Mittag und wir müssen den Laden schließen. Würden sie mir die Ehre antun, noch ein Glas Wein mit mir zu trinken?''

Gern nahm ich das Anerbieten an. Fortura holte eine dickbäuchige bestaubte Flasche und zwei Gläser und goß uns goldgelben herrlich duftenden Wein ein.

,,Auf Florenz!'', sagte ich und stieß mit ihm an.

,,Firenze!'', wiederholte er, das Wort fast feierlich betonend. Sein Arm machte eine ausbreitende Geste, und vor seinen Augen schien der enge Raum zu versinken: ,,Ich sehe es vor mir, im Tale mit seinem Dom, den Kirchen und Palästen! Und die Hügel mit Zypressen und leuchtenden Villen! Es gibt nichts schöneres auf der Welt!"

In Gedanken versunken schwieg Fortura einen Augenblick, dann sah er mich an:

„Wissen Sie auch, mein Herr, wie lange ich von Florenz fort bin? Über vierzig Jahre! Ja, damals war ich ein fröhlicher junger Bursche und Angela hier ein schönes Mädchen."

Seine Frau lächelte: „Der Herr wird es sich nicht mehr vorstellen können."

„Ich war", fuhr Fortura fort, „ein tüchtiger junger Bildhauer. Mir ging es gut, ich verdiente viel Geld, und Angela liebte mich. Wir wollten bald heiraten. Da war aber ein Bursche, Silvio, Sohn eines Gasthausbesitzers; auch er liebte Angela und prahlte, daß er sie erobern würde. Eines Tages kam ich von der Arbeit und ging über den Ponte Vecchio, da stand dieser Silvio vor einem der Juwelierläden, die auf der Brücke sind, und hatte eine goldene Kette in der Hand. „Für Angela, mit der ich heute tanzen gehe", rief er mir höhnisch zu. Da war es, als stiege mir alles Blut in den Kopf, ich packte Silvio, hob ihn hoch und warf ihn über das Brückengeländer in den Arno! Alles schrie, Fäuste griffen nach mir, aber ich riß mich los, lief die Straße hinunter und in den Boboligarten. Meine Verfolger hatten mich verloren und ich gelangte ins Freie."

Fortura hielt inne, er war im Laufe seiner Erzählung lebhaft gestikulierend aufgesprungen, jetzt setzte er sich wieder.

„Sie trinken ja gar nicht, mein Herr", sagte er und erhob sein Glas. „Ja, es ist merkwürdig, wie ich heute noch aufgeregt werde, wenn ich an jene Zeit denke. Wie gehetzt floh ich durch Italien, manchmal fand ich etwas Arbeit, oft mußte ich auch betteln. Und immer die Ungewißheit, ob ich nun wohl zum Mörder geworden sei! Eines Tages schließlich — es war irgendwo in der Lombardei — kniete ich vor einem Muttergottesbilde und schwor, daß ich meine ganze Kunst der Madonna widmen wolle, wenn sie mir hülfe. Schließlich kam ich nach Frankreich, wurde hier in diesem Lande Geselle eines Pisaners, der Gipsfiguren machte und mir die Anfertigung der Madonnenstatuen überließ. Eines Tages saßen wir in einem italienischen Restaurant, ich trank mein Glas Wein, da schlug mir jemand auf die Schulter. „Giovanni Fortura", rief er, „wie kommst du hierher?" Ich erschrak und blickte auf: ein Florentiner, ein Bildhauer, mit dem ich zusammen gearbeitet hatte, stand vor mir. Ich duckte mich, saß still und steif da. Mein Kamerad lachte: „Hab keine Angst, Giovanni, es passiert dir nichts!" Ich sah ihn an, stammelnd brachte ich nur heraus: „Silvio?" Der andere schüttelte sich vor Lachen. „Ach der, dem hat das Bad im Arno nichts geschadet, der ist vergnügt und hat dich wohl überhaupt schon vergessen!" Dann brachte er seine Hand an mein Ohr: „Angela wartet immer noch auf dich!" —

Herr, was ich da angestellt habe, ich weiß es nicht mehr. Ich umarmte meine Kameraden, ich lachte und weinte, ich warf Gläser an die Wand — kurz, gebärdete mich wie ein Verrückter! Dann aber ging ich zur Kirche in St. Germain-des-Près und dankte der Madonna..."

Der Madonnenschnitzer goß wieder Wein ein. Dann schloß er seine Erzählung: „Was nun noch kam, ist bald gesagt. Ich ließ meine Angela herüberkommen und wir heirateten. Ich übernahm dann die Werkstatt hier und habe, wie Sie sehen, der Madonna meinen Schwur gehalten und machte nur ihr Bild."

Fortura ergriff die Figur, die ich ausgewählt hatte, und betrachtete sie liebevoll. Dann überreichte er sie mir mit der italienischen Grazie, durch die man sich geehrt fühlt, selbst wenn man etwas kauft. Ich bedankte mich bei dem freundlichen alten Ehepaar und verließ den Laden, froh über das Kunstwerk, das ich erworben, und das, was ich erlebt hatte.

*

O unbefleckte Jungfrau,

die du von Gott alles erlangst, was du willst, erlange uns einen lebendigen Glauben, eine tiefe Demut, eine fleckenlose Reinheit, einen großen Abscheu vor allen, selbst vor den kleinsten Sünden, eine glühende Liebe zu dir und zu deinem Sohn.

Hl. Pfarrer Johannes Vianney von Ars

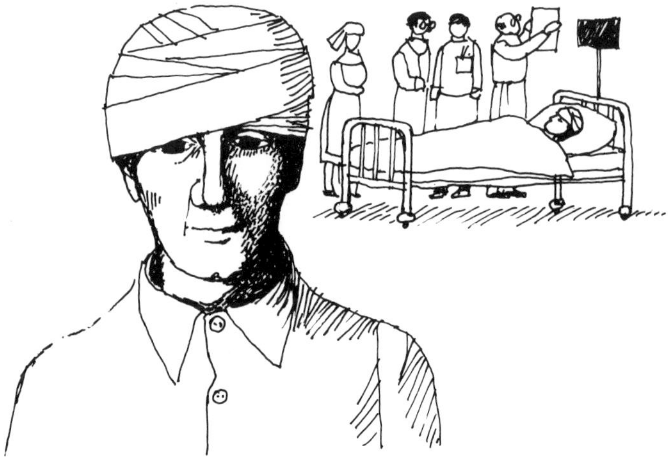

Merkwürdige Wege der Muttergottes

Geschichte einer auffallenden Heilung

Dicht unter der lieblichen Marienstatue konnte man täglich diesen eigenartigen Menschen sehen, der sich Robert Rainer nannte, und, wie man so sagt, ein Einzelgänger, eine Art Sonderling war.

Er war durchaus nicht immer schon so gewesen. Ein gar fröhlicher Kamerad im Kreise der andern für jeden Scherz zu haben, voll sprühendem Lebenswillen und immer bester Laune, so war er damals, im Jahre 1939, als das große Ringen begonnen, ins Feld gezogen.

Als Gebrochener war er wiedergekehrt. Eine Kugel war in seinen Kopf gedrungen, die man — weil zu riskant — nicht herausoperieren konnte. Seit dieser Verwundung war Robert Rainer traurig, in sich verschlossen und gedrückt. Es war kein Wunder nach all dem, was einer da draußen mitgemacht haben mochte und die behindernde Kugel im Kopfe trug ein übriges dazu bei, ihn trübe zu stimmen.

Nur hier in der Kirche fühlte er sich wohl. Er hatte immer schon, von Kindheit auf, eine zarte, innige Liebe zur allerseligsten Jungfrau im Herzen getragen, und jetzt, da er sich krank und elend fühlte, flüchtete er sich mehr noch als in gesunden Tagen unter die Fittiche der himmlischen Frau.

Wie verinnerlichend und beseligend war doch dieser Aufenthalt in der Kirche! Hier war Robert Rainer glücklich, hier vergaß er auf die Kugel in seinem Gehirn, hier vergaß er, daß er durch sie so weltfremd und einsam geworden war.

Heiße Stoßgebete und fromme Liebesseufzer stiegen zur Madonna empor. Er dachte nicht daran, daß er im Grunde ein Invalide geworden war; denn seit seiner Verwundung strengte ihn jede Arbeit so merkwürdig an, er ermüdete so rasch. Er hatte seinen früheren Beruf als Diener in einem großen Warenhaus auch aufgeben wollen, aber weil er immer so fleißig und tüchtig gewesen, behielt man ihn auch jetzt, obwohl er kaum die Hälfte von dem zu leisten imstande war, was er früher geschafft hatte.

Als er wieder einmal wunschlos selig zu Füßen der heiligen Jungfrau saß, geschah etwas schreckliches: Aus völlig unbekannter Ursache neigte sich die Statue plötzlich und stürzte mit aller Wucht auf den Beter, der ihr so nahe weilte. Himmel, was war das für ein Schmerz im Kopfe! Rainer fiel in tiefe Bewußtlosigkeit.

Als er wieder zu sich kam, befand er sich in einem Krankenhaus und ein freundlicher Arzt redete ihm zu, sich ganz ruhig zu verhalten, er werde bald, sehr bald wieder ganz gesund sein. Es war derselbe Arzt, der ihn schon vor Jahren untersucht und erklärt hatte, daß er die Kugel nicht entfernen könne.

Tage vergingen und Robert Rainer fühlte sich wirklich mit jedem Tag besser. Ganz eigenartig war das. Er fühlte sich immer mehr so, wie er sich vor seiner Verwundung gefühlt hatte. Die Schwere im Kopfe war gewichen, die melancholischen Gefühle und Gedanken, die ihn früher bewegt hatten, hatten seiner alten Lebensfreuden und seinem frohen, unbeschwerten Sinn von einst Platz gemacht. Endlich ging es ihm so prächtig, wie er nie gedacht hatte, daß es ihm gesundheitlich jemals wieder hätte gehen können.!

Da berichtete ihm der Doktor, daß er, Rainer, mit einer argen Platzwunde am Kopf ins Spital eingeliefert worden wäre. Eine rasch gemachte Röntgenaufnahme habe gezeigt, daß die Kugel, die er vom Kriege abbekommen, durch den Aufprall der Statue aus ihrer früheren Lage, aus welcher sie wegen hundertprozentiger Lebensgefahr für den Patienten hatte nicht entfernt werden können, herausgedrängt worden und in mehr äußere Gehirnpartien gelangt war, wo es leicht erschien, sie herauszunehmen. Dies sei denn auch bereits geschehen. Die in der Kirche erlittene Verletzung wär sein größtes Glück gewesen; denn ohne den Aufprall des Standbildes wäre er wohl sein Lebtag die so sehr drückende und seinen ganzen Kreislauf behindernde Kugel nicht mehr losgeworden.

Glücklich kehrte der also völlig Geheilte wieder in die Gemeinschaft der anderen zurück, so gesund wie je zuvor und im Vollbesitz seiner Arbeitsfähigkeit!

Die himmlischen Mutter weiß eben immer zu helfen. Und wenn es zuweilen auch Anfangs so aussieht, als wäre es jetzt noch schlimmer gekommen, gerade da hilft sie oft am meisten!

Grethe Schoeppl

*

Sei gegrüßt, du lebendiger Tempel der Gottheit!
Sei gegrüßt, du makelloses Gewand dessen, der in
das Licht wie ein Mantel sich hüllt!
Sei gegrüßt, du Allerreinste, du Gnadenvolle!
Sei gegrüßt, du unbefleckte Mutter und Jungfrau!
Sei gegrüßt, du Zierde des Menschengeschlechtes!
Sei gegrüßt, du Ziel der ewigen Pläne Gottes!
Sei gegrüßt, du ganz reiner, erhabener Gottesthron!
Sei gegrüßt, du Quelle aller Güte des Lebens,
du Quelle der Gnade!

Hl. Ephräm der Syrer

Die Madonna von Azuga/Rumänien

Als um die Fünfzigerjahre die Kommunistische Regierung in Rumänien bereits starken Einfluß auf die Bevölkerung ausübte, der giftige Saft der kommunistischen Ideologie bereits in manchen Adern der christlichen Konfessionen pulsierte und sich sogar einige Kirchentreue der reinen Begriffslehre zuwandten, wurde auch im kleinen Industriestädtchen Azuga in den Karpaten der gute alte orthodoxe Pfarrer von einem jungen Kollegen abgelöst. Dieser junge Priester, der eine äußerst ablehnende

Haltung gegenüber der katholischen Lehre zur Schau trug, ging von Haus zu Haus, um nichtorthodoxe Gläubige zum Übertritt zu seiner Kirche zu bewegen. Da einige seinen Drohungen nicht zu widersprechen wagten, ließen sie sich aus der Gemeinde streichen. So betrat der eifrige Priester auch das Haus einer orthodoxen Familie und fand dort ein katholisches Muttergottesbild an der Wand hängend. Er ließ diese armen Leute seinen Zorn fühlen, riß das Bild von der Wand und befahl ihnen, es zu verbrennen. Die Eigentümmer dieses Bildes versprachen, dies zu tun, versteckten es dann jedoch auf dem Dachboden.

Nicht lange danach ging das Haus in Flammen auf. Die Brandkatastrophe verschonte keinen einzigen Teil des Gebäudes, die gierigen Feuerzungen verschlangen alles restlos bis — auf das Muttergottesbild, welches man nachher, auf der Asche liegend, wiederfand. Der Rahmen war verbrannt, das Glas zersprungen, das Bild jedoch war unversehrt geblieben.

Als die Besitzer des nun abgebrannten Hauses solches sahen, nahmen sie das Bild und brachten es auf geheimen Wegen zum katholischen Pfarrer von Sinaia, der auch für Azuga zuständig war. Dieser zeigte seinem Kollegen, der zu jener Zeit zwangsläufig in jener Gegend lebte und der uns diesen Bericht zusandte, das Bild und erzählte ihm alle Ereignisse. Das Bild stellte die Gottesmutter als Königin des Himmels dar, mit der Krone auf dem Haupt und dem Jesuskind auf dem Arm. Darunter stand in rumänischer Sprache: ,,Regina cerului, roaga-te pentru noi — Königin des Himmels, bitte für uns.''

Die beiden Geistlichen beschlossen, den genauen Tatbestand aufzunehmen und dann das Bild, das lediglich schwache Rauchzungen aufwies, in der katholischen Kirche von Azuga zur Verehrung auszustellen. Dieser Plan jedoch ging fehl, da beide Priester in der Nacht zum 18. November 1952 verhaftet und zu hohen Kerkerstrafen verurteilt wurden. Der Verfasser dieses Berichtes wartet bis heute auf eine positive Nachricht, wie es wohl dem Muttergottesbild ergangen sei, erfuhr jedoch nichts mehr darüber. Nach seinen Worten befindet sich das Bild wahrscheinlich noch im Besitz des früheren Pfarrers von Sinaia.

Das Lourdes-Erlebnis der Fürstin von Monaco

Fürstin Gracia von Monaco hat eine märchenhafte Karriere gemacht und gehört zu den berühmtesten und meistbeachtetsten Frauen unserer Zeit. Aber wenn man Monacos Landesmutter Gracia Patricia fragt, welches ihr schönstes, ihr bewegendstes Erlebnis war, dann erwähnt sie nicht ihre Hochzeit oder die Geburt ihrer drei Kinder Caroline, Albert und Stephanie, sondern sie sagt: „Ich bin glücklich und dankbar dafür, daß ich die Heilung von Anna Spainani erleben durfte." Die strenggläubige Katholikin Gracia Patricia erinnert sich gern daran, was sie für die hübsche dunkelhaarige Französin getan hatte.

Die 18jährige Anna Spainani war vergnügt und lustig, als sie im Sommer 1960 zusammen mit ihrem Verlobten zu einem Ausflug startete. Auf einer schnurgeraden Straße geschah das

Unfaßbare in Sekundenschnelle: Ein Lastwagenfahrer verlor die Kontrolle über sein Fahrzeug. Er prallte auf das Motorrad von Anna und ihrem Verlobten auf.

Während die Ärzte im Spital um das Leben der Vollwaise rangen, wurde ihr Bräutigam zu Grabe getragen. Er war den schweren Verletzungen erlegen. Als Anna Spainani schließlich aus dem Krankenhaus entlassen wurde, war sie eine gebrochene Frau. Man hat sie gerettet, aber sie weiß nicht wofür. Der Mann, den sie liebte, ist tot. Und sie wird sich nie mehr richtig bewegen können. Sie ist von den Hüften ab gelähmt.

Völlig verzweifelt fand sie Aufnahme bei ihrer Schwester in Cap d'Ail an der Cote d'Azur. Schließlich wurde sie in die Poliklinik „Prinzessin Gracia" in Monte Carlo eingeliefert, wo man hoffte, ihren Zustand durch intensive Heilgymnastik bessern zu können.

Acht Monate bemühten sich die Spezialisten um das junge Mädchen, dann gaben auch sie auf. Sie konnten Anna nicht zur Heilung verhelfen. Und sie sagten ihr das auch. „Wenn Sie jemals wieder laufen können, dann muß wirklich ein Wunder geschehen." Anna ist zwar religiös, aber auf ein Wunder wagte sie nicht zu hoffen. Sie verließ das Haus ihrer Schwester und zog in ein Heim. Jeden Tag ließ Anna sich von den Schwestern in die Kirche von Notre Dame von Laghet bringen, um die heilige Messe mitfeiern zu können.

Die Wende kündigte sich am 20. Mai 1961 an. Pater Guichardaz zelebrierte wie üblich die heilige Messe, als einer schlanken blonden Frau das junge Mädchen im Rollstuhl auffiehl. Jene war die Fürstin Grazia Patricia, die unerkannt am Gottesdienst teilnahm.

Als die Gläubigen das Gotteshaus verließen, ging sie auf Anna zu und erfuhr vom traurigen Schicksal dieses Mädchens. Sie fragte, wie es ihr gehe und Anna erwiderte ihr, was ihr die Ärzte gesagt hatten: daß sie nie mehr ein normales Leben führen und nie mehr normal werde gehen können. Es sei denn, ein Wunder würde geschehen.

„Waren Sie schon in Lourdes, Anna?"

„Nein, Hoheit."

„Ich auch nicht, Anna. Aber wir werden beide dieses Jahr

eine Wallfahrt nach Lourdes machen. Wir wollen beide beten und ein Wunder erhoffen." Und zu den Schwestern gewandt sagte sie: „Bitte, veranlassen Sie das Nötigste, damit Anna mit nach Lourdes kommt. Die Kosten trage ich."

Anna war überglücklich, sie hatte schon so oft von Wunderheilungen in Lourdes gehört, aber solche Wunder sind selten, äußerst selten...

1. Juli 1961: Der Wallfahrtszug aus Monaco traf auf dem Bahnhof in Lourdes ein. Anna Spainani wurde mit einem Strecksessel aus dem Zug getragen, wie zwei Dutzend andere auch. Man fuhr sie alle gleich zur Grotte, man badete sie in den Piscinen, und sie nahmen am Gottesdienst teil. Anna war müde von der Reise und schlief an diesem Abend rasch ein. Fürstin Gracia konnte nicht mit dem Wallfahrtszug nach Lourdes kommen, weil sie zu Besuch in Philadelphia bei ihrer Mutter weilte. Aber sie richtete es so ein, daß sie einen Tag darauf, am Morgen des 2. Juli, in Lourdes eintraf. Sie begab sich sofort zu Anna Spainani, die sie an der Grotte von Massabielle fand.

Am Nachmittag des gleichen Tages war noch eine Andacht und während des Gebetes spürte Anna eine eigenartige Wärme in ihren Gliedern. Als man sie wieder wegfahren wollte, stand sie ganz allein auf und ging — unter maßlosem Staunen aller —langsam dem Ausgang zu. Vor dem Ausgang wandte sie sich noch einmal dem Altar zu, kniete nieder und betete. Tränen liefen über ihre Wangen.

Der erste Weg führte Anna in das Hotel der Fürstin Gracia. Sie war von einer Schwester des monegassischen Hilfwerkes „Bonnes soeurs" begleitet.

Als Gracia sie erblickte, aufrecht stehend, ohne Krücken, eilte sie ihr entgegen und schloß sie in die Arme. Auch sie konnte nicht verhindern, daß ihr Tränen über die Wangen liefen. „Man darf im Leben nie verzweifeln", sagte Gracia leise, aber strahlend vor Freude.

Heute ist Anna Spainani verheiratet und glückliche Mutter zweier gesunder Kinder. Sie erfreut sich bester Gesundheit.

(Aus: „Sonne ins Leben", Kanisius Verlag, Freiburg)

Die Medaille

Diese Geschichte will erklären, wie ich ein „Gefangener Gottes" wurde. Am Ort meiner Rekrutenzeit erlebte ich den Zusammenbruch des Dritten Reiches. Ich wurde in die Kette der Gefangenen eingereiht, gezwungen, wider Willen, wie ein lahmer, gejagter Vogel. Wie Habakuk wurde ich am Schopf gepackt und an einen fremden Ort versetzt. Lager, Hunger, Schmutz, Leere, Verzweiflung, Massen, Sonne, Regen, Krankheit, Arbeit — alles widerte uns an. Wir hielten durch, weil wir unsere Gedanken austauschten. Wir klammerten uns an die Texte des Taschen-Meßbuches, das uns geblieben war.

Plötzlich entschloß sich mein Gefährte zum Studium der Theologie, das in einem Kamp bei Chartres eingerichtet wurde. Ein Pater gab mir den Hinweis, mich ihm anzuschließen. Ich erhielt einen fast neuen amerikanischen Militärmantel mit auf die Reise von 1000 Kilometer.

Von den 20 000 Gefangenen lebten einige Hundert ein eigenes Leben: Abbé Stock und seine französischen Freunde, ehemalige Häftlinge der Widerstandsbewegung. Sie lebten die Überwindung des Hasses an den Feinden von gestern, der Nuntius, der spätere Konzilspapst Johannnes XXIII., sie lebten das einfache Leben, die neue Erkenntnis aus dem Evangelium Christi, die selbstlose Liebe in der Gemeinschaft von Brüdern, sie bildeten den „Geist von Chartres“, der mich allmählich erfaßte und umwandelte.

In einer Fabrikhalle — zur Kapelle umgestaltet — steht eine Madonna, eine Nachbildung des schwarzen Bildes aus der Krypta der nahen Kathedrale. Viele Stunden kniete ich in ihrer Nähe. Ich rang mit Gott. Ich hatte kein Vertrauen in meine Fähigkeiten, ich fürchtete mich vor der Verantwortung. Ein ganzes Jahr kämpfte ich.

In dieser Zeit entdeckte ich einen harten Gegenstand im äußersten Winkel meiner Manteltasche, der sich nicht wie vermutet als Geldstück, sondern zu meiner Überraschung als kleine, abgegriffene Medaille entpuppte. Auf beiden Seiten trägt sie das Bild der „Notre Dame de Chartres“: Einmal als die schwarze Madonna von der Krypta, deren Abbildung bei uns in der Kapelle steht, einmal als die Madonna auf der Säule. Vom ersten Tag meines Aufbruchs nach Chartres war sie ungewußt in meinem Besitz gewesen.

Diese „Notre Dame“ war nun mein erkanntes Ziel und Ausgangspunkt zu neuem Leben. Der Sturm im Herzen legte sich allmählich und wich tiefem Frieden. Nun verstand ich, wie Gott die Fäden schon von Anfang an gesponnen hat. Die Mutter unseres Herrn, als „Stern im Meer“, hat mich von Osten nach Westen gelotst, aus der Zerstörung in den Aufbau.

„Das Lebensschiff in Gottes Hand,
Laß fahren es und gleiten...
Und sinkt es auch bis an den Rand,
Er wird es sicher leiten.

Zu schwach, daß es allein genügt
im Auf und Ab der Welle,
Hat Gott ein Segel beigefügt
aus seines Namens Helle.

Steigt dann die dunkle Nacht empor
Und droht mit Sturm und Grauen,
So bangt dir nicht vor ihrem Tor,
Du wirst den Morgen schauen.

Es weht geheime Kraft in Gott
Und zieht uns in die Stille.
Wir treiben alle in den Tod;
Wer liebt lebt fort in Fülle."

Die Medaille trage ich als Kleinod bei mir:

„Königin der Unterwelt
In der Krypa Lebensschoß,
Thronend unter Gottes Zelt,
Große Mutter, makellos.

Notre-Dame de Sous-Terre,
Notre-Dame de la Belle Verriere,
Notre-Dame du Pilier,
Voulez-vous pour prier
a dieu, a dieu.

Königin Rosetten sprühn
Aus den Fenstern blau, grün, rot,
Leuchtend Gold wie Alpenglühn.
Frau der Liebe, stark wie Tod.
Notre-Dame...

Königin der Herrlichkeit
Auf der Säule Gnadenthron,
Herrschend über Mensch und Zeit,
Siegerin mit deinem Sohn.
Notre-Dame...

O Maria, Königin,
Braut des Geist's, des Herren Magd.
Ist des Vaters Tochter schön,
Deine Kathedrale sagt.
Notre-Dame..."

Heute bin ich Priester in einer Siedlung am Rande einer Großstadt. In manchen Krisen genügt ein Griff in die Tasche zu meiner Medaille.

Franz Engesser

*

Gruß dir, Maria

Ich preise und verehre dich, o Maria. Dein jungfräuliches Herz ist der wahre Tempel des lebendigen Gottes, des Heiligen der Heiligen, in dem die göttliche Majestät wohnt.

Mit allem Recht nennt man dich Pforte des Himmels, die geheimnisvolle Rose, den neuen Stern aus Jakob, der das Heil der Welt verkündigt.

O Maria, immer rein, immer makellos, die alte Schlange hatte nie ein Anrecht auf dich; du hast mit deinem Fuße die Macht der Hölle zertreten.

Dein Name, o Maria, schlägt in die Flucht die Geister der Finsternis, und der Glanz deiner Jungfräulichkeit erfüllt sie mit Furcht und Schrecken.

Das Marienbild

„Hübsch, sehr hübsch haben Sie es hier, Frau Waldner!" Der Gast, der sich eben noch prüfend umgesehen hatte, nickte beifällig mit dem Kopf. „Bei Ihnen muß man sich ja wohlfühlen. Aber nun sind wir doch mit der Hausbesichtigung fertig?"

„Beinahe", erwiderte die Hausfrau, „nur noch dieses Zimmer sollen Sie sehen." Mit diesen Worten öffnete sie eine hell gestrichene Tür; ein breiter, zweifenstriger Raum wurde sichtbar, offensichtlich das Schlafzimmer des Ehepaares Waldner.

Blendend weiße, gestärkte Gardinen hingen vor den Fenstern, die Balkontüre stand offen und gab den Blick über einen gepflegten Garten frei, an den sofort der Wald anschloß. Über den Betten hing ein Kreuz, darüber ein Marienbild: die Madonna mit dem Kind. Mit der Rechten hielt die Mutter das Knäblein umfangen, während die Linke einen rotwangigen Apfel umfaßte, nach dem das Jesuskind zu greifen suchte. Ein Lächeln schwebte über den Zügen Unserer Lieben Frau, während ihr Kind, der Herr der Welt, zu jauchzen schien und sich eng an die Mutter drückte. Ein Bild war es, das keiner der Großen der Malkunst gefertigt hatte, — das aber den Beschauer ansprach.

„Sehen sie sich dieses Bild gut an", sagte Frau Waldner, „seine Geschichte ist nicht alltäglich."

Als die beiden ein halbes Stündchen später beisammen saßen, nahm die Gastgeberin den Faden wieder auf. „Daß wir jetzt so friedlich beisammen sitzen, erscheint mir immer wieder wie ein Wunder", begann sie. „Welch furchtbare Jahre haben wir hinter uns; und das Marienbild oben hat eine wichtige Rolle gespielt. Sie wissen, daß 1945, nach Kriegsschluß, die Russen unser Gebiet überfluteten. Wohl kamen sie nicht, wie in Deutschland als Eroberer, sondern als Befreier; dennoch sahen wir den Einrückenden mit großer Beklemmung entgegen. Auch in unser Dorf kam russische Besatzung, und gerade unser Haus schien dem Kommandanten besonders zu gefallen, denn er bestimmte es zum Sitz der Kommandantur. An sich benahmen sich die Fremden ganz menschlich. Sie taten uns nichts zu leide und gestatteten es sogar — da unsere drei Kinder noch so klein waren —, daß wir die Küche und ein Zimmer behalten durften. Alle anderen Räume mußten wir freilich abgeben. Teppiche Möbel oder Bilder zu entfernen, wurde uns streng verboten.

In dieser Zeit war mir manches gleichgültig. Aber um unser Marienbild oben im Schlafzimmer bangte ich. Es war ein Erbstück meines Großvaters und seit langem in unserer Familie. Jeden Tag pflegten wir davor zu beten, und schon die Kleinen grüßten ihre Himmelsmutter und falteten dort ihre Händchen.

Daß die Russen im Allgemeinen nicht sehr glaubensfreundlich eingestellt sind, war uns bekannt. Deshalb beschloß ich, bei passender Gelegenheit — und zwar so bald als möglich — das Gemälde zu entfernen und zu verstecken. Wahrscheinlich würden die Russen sein Fehlen gar nicht bemerken.

Der mir günstig erscheinende Zeitpunkt ergab sich bald. Ein Manöver fand statt, und alle Offiziere mußten daran teilnehmen. Kaum war die Luft rein, da stahl ich mich ins Schlafzimmer, holte das Bild von der Wand, verpackte es sorgfältig und versteckte es unter unseren Betten. An die Stelle hängte ich ein Landschaftsbild, das vorher in einer etwas dunklen Ecke unter der Treppe gehangen hatte. Dann wartete ich klopfenden Herzens auf das Wiederkommen der Russen. Ich hoffte sie würden den frommen Betrug nicht merken. Meinem Mann hatte ich nichts von meiner Tat erzählt, damit er unbefangen sei, wenn ihn jemand fragte.

Spät in der Nacht erwachte ich von einem fürchterlichen Lärm. Unsere ,,Untermieter" waren heimgekehrt und rannten mit Getöse über Treppen und Korridore. Dann wurde herrisch an unsere Türe geklopft. Als mein Mann zitternd öffnete, stand der Kommandant persönlich draußen und fragte empört, wo denn das Marienbild geblieben sei. Da mein Mann nichts wußte und nur verstört schwieg, mußte ich mich einschalten. Mit klopfendem Herzen sagte ich, ich hätte gemeint, ihnen läge nichts an dem Muttergottesgemälde, und so hätte ich es mitgenommen und verpackt. Es sei unter meinem Bett.

,,Sie sind im Irrtum", sagte darauf der Kommandant, ,,wenn Sie annehmen, daß uns an dem Bild nichts liegt. Wir haben alle jeden Morgen und jeden Abend davor gebetet, so, wie wir es einst von unserer Mutter gelernt haben, und keiner hat sich ausgeschlossen." Als er unsere erstaunten und ungläubigen Gesichter sah, erklärte der Kommandant — und die anderen Offiziere, die inzwischen dazugekommen waren, bestätigten es, daß gerade in Rußland heimlich und viel gebetet werde, besonders um die Freiheit des Glaubens und er sagte, daß nur eine führende Schicht des Volkes mit Gewalt die Religion zu unterdrücken versuche.

Was blieb mir anderes übrig, als ihnen das Bild — wenn auch schweren Herzens — wieder auszuliefern? Sie freuten sich wie Kinder, und hängten es sogleich an den alten Platz.

„Sehen Sie“, fuhr Frau Waldner fort, „ich glaube fest daran, daß es unsere Mutter war, die unsere Familie in den schweren Tagen so wunderbar beschützt und vor schlimmen Dingen bewahrt hat, denn auch in unserem Land sind manche Greuel, Übergriffe, Vergewaltigungen, Diebstähle und anderes geschehen. In unserem Haus aber und im ganzen Dorf haben wir immer wie unter dem Schutzmantel der Madonna gestanden, und keinem ist etwas Übles angetan worden. Darum halten wir sie hoch in Ehren, unsere Mutter. An jedem Samstag brennt eine Kerze vor ihrem Bild, und am Abend versammeln sich alle, die gerade im Haus sind, zu ihren Füßen zum Rosenkranzgebet.

I. K.

*

Sei gegrüßt, Mutter des allerheiligsten Sternes;
sei gegrüßt, Morgenglanz des mystischen Lebens.
Sei gegrüßt, den glühenden Irrtum löschest du aus;
sei gegrüßt, allen der Dreifaltigkeit Geweihten zeigst du
ihre Majestät.

Sei gegrüßt, Gewalt verwirfst du und Unmenschlichkeit;
sei gegrüßt, in Christus schauen wir den Menschenfreund
als Herrn.
Sei gegrüßt, du befreist uns von heidnischem Götzendienst;
sei gegrüßt, du bewahrst uns vor der Ausgeburt der Zwietracht.

Sei gegrüßt, du setzest der Anbetung des Feuers ein Ende;
sei gegrüßt, du befreist die von Begierden Besessenen.
Sei gegrüßt, den Gläubigen weisest du den Weg zur Weisheit;
sei gegrüßt, alle Wesen erfüllst du mit Seligkeit.

Sei gegrüßt, du jungfräuliche Mutter!

Aus: Hymnos Akathistos (Ostkirchliche Liturgie seit 700 - 800)

Der Rosenkranz der Gefangenen

„Ich bin nun schon viele Jahre Arzt hier im Durchgangslager für Heimkehrer. Nehmen sie es also einem erfahrenen Mediziner nicht übel, wenn ich die erstaunte Frage stelle, wie es ihnen möglich war, so gesund an Leib und Seele aus Sibirien heimzukehren."

Das Mädchen in der grauwattierten Steppjacke senkte die Augen, und ein schwaches Rot fuhr bis unter das fahle Kopftuch und machte ihr Gesicht zart und mädchenhaft. Der Arzt bemerkte, daß in diesen Zügen nicht jene Stumpfheit und Resignation zu finden war, die sonst die Gesichter Kriegsgefangener Frauen zu prägen pflegten. Als das Mädchen den väterlich forschenden Augen begegnete, sagte sie stockend:

„Ich glaube, das verdanke ich — dem hier!“ und zog aus der Tasche ein Etwas, das sie behutsam dem Arzt in die ausgestreckte Hand gab. Verwundert schaute der Arzt auf einen graubraunen, anscheinend selbstgebastelten Rosenkranz.

„Ja, es hat eine besondere Bewandtnis damit“, gestand das Mädchen. Sie strich befangen über die Stirn und erzählte leise: „Anfangs war es uns natürlich nicht erlaubt, einen Rosenkranz zu besitzen. Als ich aus meinem Heimatdorf bei Königsfeld in Gefangenschaft gebracht wurde, war ich erst siebzehn Jahre alt und trug meinen blauweißen Mädchen-Rosenkranz allezeit in der Tasche, um ihn auf dem Feld oder sonstwo beten zu können. Schon auf dem Transport wurde er mir abgenommen. In den Dämmerstunden des sibirischen Lagers erwachte immer stärker in uns das Verlangen nach Gemeinsamkeit, nach Wärme und jener Nähe, die das Rosenkranzgebet untereinander schafft. Wir beteten an den Fingern die Bibel der Verlassenen, um die sich kein Priester mehr kümmerte. Alles mußte uns der Rosenkranz ersetzen, was wir an religiösen Übungen gewohnt waren. Und Not macht erfinderisch.

Wir hatten da eine Studentin, welche die Kunstakademie besucht hatte und einmal Bildhauerin werden wollte. Als sie eines Tages auf ihrem Strohsack einige Krumen steinhart gewordenen Lagerbrotes fand, kam ihr ein Gedanke. Plötzlich brach sie ein Häppchen von ihrer kargen Tagesration ab und legte es beiseite, und wenig später sahen wir verwundert, wie sie aus Wasser und Brot emsig kleine Kügelchen formte und nebeneinander legte in ihr blechernes Kochgeschirr. Auf unsere Frage schwieg sie nur geheimnisvoll. Nach einigen Tagen rappelte es bereits lustig in ihrem Behälter, und Anke, so hieß unsere Künstlerin, holte die gemeinsam genutzte Lagerstopfnadel und den Zwirn und bohrte vorsichtig ein Loch durch jede „Perle“, zog den Faden und knotete ihn mit spitzen Fingern. Da wußten wir freilich, was das bedeuten sollte. „Aber Anke, so ein heiliger Gegenstand — und aus Brot, ist das keine Sünde?“, fragte ich. Sie sah mich ernst an. „Da frag dich selbst, ob dieses aus Übermut oder aus Not geschieht. Wenn unser Heiland sich nicht scheut, für uns ins Brot herniederzusteigen, wird Er auch mit Nachsicht auf diesen Rosenkranz sehen.“

Nach wenigen Wochen besaß jede von uns einen buchstäblich vom Munde abgehungerten Rosenkranz.

Eines Morgens aber kam ich betrübt, mit Tränen der Beschämung in den Augen, zu Anke, und gestand ihr, daß ich am Abend über dem Beten eingeschlafen sei und da — und da — ja, die Mäuse hätten meinen Rosenkranz angeknabbert und mir nur die zerfranste Schnur übrig gelassen mit den paar „Perlen", die ich umklammert hielt. Anke lachte und weinte fast zugleich und machte sich in Eile daran, einen neuen Rosenkranz zu formen. Aber sie war bereits zu sicher geworden. Mitten in der Arbeit wurde sie vom Posten überrascht, und der nahm sie zum Lagerführer mit zum Verhör.

Und wenn wir auch unsere Rosenkränze eilig hatten verschwinden lassen, im Herzen beteten wir nun alle das eine Gesätz für Anke, „der für uns Blut geschwitzt hat", so zitterten wir doch um die Kameradin. Aber nach kurzer Zeit kam sie wieder, strahlend über das ganze Gesicht.

Von allen Seiten wurde sie natürlich mit Fragen bestürmt: „Was hat der Iwan gesagt? Erhalten wir Strafe?" Erst nach einer Weile konnte sie erzählen: Erst habe der Lagerführer sie mächtig angepfiffen, ob sie das Verbot nicht kenne, Andachtsgegenstände — er nannte sie Fetische des Aberglaubens — zu besitzen. Zweite Frage sei gewesen, woher sie das Ding habe. Gebastelt? Woraus? Da hatte Anke in ihrem Herzen zur Gottesmutter gerufen und tapfer gesagt: „Das ist aus Brot. Das ist unsere Eiserne Ration." Erst sei der Lagerführer erstarrt gewesen vor Staunen, dann habe er vorsichtig eine Perle zwischen den Fingern zerdrückt, daran gerochen, den Kopf geschüttelt und die Wache hinausgehen heißen. Und so Auge in Auge mit ihr sei er aufgestanden und habe die Erbleichende angeschrien: „Eiserne Ration? Was soll das heißen? Kriegt ihr nicht genug?" Da habe Anke seinen Blick ausgehalten und gesagt: „Jawohl, Genosse Lagerführer, das ist die Eiserne Ration für unsere Seelen. Die sind ausgehungert nach Gott!" — Sekundenlang habe der Russe sie angestarrt, und dann plötzlich sei ein Flackern in seinen Blick gekommen, er habe die Augen gesenkt, ihr den Rosenkranz zugeschoben und mit rauher Stimme nur ein Wort gesagt: „Behalten!" — Dann habe sie sich umgedreht und —

nun ja, sie stehe noch heil vor uns und habe alle Hoffnung, daß die Gottesmutter noch weiter helfen werde. — Und sehen Sie, Herr Doktor, ich meine, sie hat es getan. Das Schlimmste blieb uns erspart. Man könnte viele Gründe anführen. Ich weiß nur — den da!

Ancilla Regis — MARIA

*

Heiland der Welt, rette Rußland.
Maria, Herrscherin Rußlands, rette Rußland,
rette die Welt.
Gütigste Jungfrau, stehe allen Unterdrückten bei,
besonders den Gefangenen.
Sie werden mißhandelt, sie werden geschlagen.
Sie sterben allein — allein — allein.
Du teile ihnen die erlittenen Tagesschätze
deines göttlichen Sohnes aus.
Mutter der Barmherzigkeit, steh ihnen bei,
jetzt und in ihrer Todestunde.

Dieses Gebet verfaßte ein Kriegsgefangener,
der zehn Jahre in Sibirien war.

Nicht Menschenhand hat es gemalt

Die wunderbare Entstehung des Gnadenbildes U. L. Frau von Guadalupe und seine Bedeutung

Nach dem durchaus glaubwürdigen Bericht Don Antonios haben sich die Ereignisse damals folgendermaßen abgespielt:

Am Samstag, dem 9. Dezember 1531, zehn Jahre nach der Eroberung Mexikos durch die Spanier, begibt sich ein armer Indio Namens Juan Diego — oder mit seinem indianischen Namen: Cuatitlatoatzin — im Morgengrauen zu seinem Pfarrort Tlatilolco, um am Religionsunterricht teilzunehmen. Beim Hügel Tepeyacac angekommen, hört er ein liebliches Singen, wie von vielen Singvögeln, aber weit schöner. In sein Erstaunen trifft eine Stimme, die ihn vom Hügel her mit Namen ruft: „Lieber Juan, lieber Juan Diego!“ Er steigt den Hügel hinan und sieht dort eine Dame stehen, deren übermenschliche Hoheit ihn fast vergehen läßt. Die Dame fragt ihn freundlich und beruhigend nach seinem Wohin und eröffnet ihm dann:

Sie sei die allzeit reine Jungfrau Maria, die Mutter Gottes. Sie wünsche sich hier ein Heiligtum, wo sie all ihre Liebe kundtun könne, wo sie der Not und dem Elend abhelfen könne, als liebreiche Mutter aller Bewohner dieses Landes und aller, die sie liebten, sie anriefen und auf sie vertrauten. Juan solle zum Bischof von Mexico gehen, ihm alles, was er gesehen und gehört habe, erzählen und ihm den Wunsch der Gottesmutter genau mitteilen.

Am Nachmittag steht Juan Diego wieder vor der *viellieben Senora*: Bischof Zumarraga hatte ihn zwar nach einiger Zeit vorgelassen, seinen Worten aber keinen Glauben geschenkt. Ob die Herrin nicht lieber eine vornehme hochgestellte und angesehene Persönlichkeit mit der Botschaft betrauen wolle, statt ihn, den letzten Indio, an einen Ort zu schicken, wo er nichts verloren habe? Zum Bischof! Hatten vor dem Bischof nicht selbst der mächtige Eroberer Cortez und seine Leute, *die weißen Götter*, zur Begrüßung das Knie gebeugt? Doch die Herrin erneuert ihren Auftrag, und am folgenden Sonntagmorgen gelingt es Juan Diego ein zweites Mal, zum Bischof vorzudringen. Den Worten allein — so erwidert dieser jetzt — dürfe er keinen Glauben schenken; Juan möge die Erscheinung um ein Zeichen der Bestätigung bitten. Auf dem Heimweg, am Sonntagnachmittag, erscheint die Dame Juan Diego zum dritten Male und verspricht, ihm das verlangte Zeichen am nächsten Morgen zu geben.

Doch am nächsten Morgen gibt es Hindernisse; Juans Onkel ist schwer erkrankt und bedarf seiner Hilfe. Am Dienstagmorgen schickt der Onkel Juan um priesterlichen Beistand für die Todesstunde. Das geht jetzt vor, und Juan macht auf dem Weg zum Priester einen Bogen um den Erscheinungshügel. Doch nun erscheint ihm die Senora bei einem Brunnen: „Was ist los, mein ärmstes Kind, wohin?“ Juan erklärt die Lage. —

Nun, er möge sich nicht sorgen; den Onkel habe sie schon gesund gemacht. Dann befiehlt sie ihm: ,,Geh hinauf auf den Hügel... du wirst dort eine Menge Blumen finden. Pflücke sie und bringe sie zu mir herunter.'' Auf dem Gipfel des Hügels findet Juan eine Menge prächtiger spanischer Rosen verschiedener Art — jetzt, mitten im Winter, wo es auf dem Hochplateau von Mexiko Nachtfröste gibt —, hier, auf dem steinigen Boden, der sonst nur Disteln, Dornen, Opuntien, und Akaziengesträuch hervorbringt, aber keine Blumen. Voller Staunen tut Juan, wie ihn die Senora geheißen. Und die schickt ihn nun mit den Blumen, die er in seinem Mantel birgt, wieder zum Bischof: ,,Diese Fülle von Rosen ist der Beweis und das Zeichen für den Bischof...''

Wieder lassen ihn die Chargen des Bischofs lange warten; der Bischof selber empfängt ihn freundlich, und Juan Diego kann berichten. Zum Schluß öffnet er seinen Mantel, um die Rosen vorzuzeigen. Über das, was dann geschah, sagt der Bericht Don Antonios: ,,Und während die spanischen Rosen herausfielen, erschien auf dem Mantel in deutlichen Umrissen das kostbare Bild der allzeit jungfräulichen heiligen Maria, der Gottesgebärerin, genauso, wie man es jetzt in ihrem Heiligtum am Tepeyacac, der Guadalupe heißt, betrachten kann. Als der Bischof es sah, fiel er mit allen Anwesenden auf die Knie. Lange Zeit verbrachten sie so in Erstaunen und Bewunderung, ehe sie sich wieder erhoben. Sie waren voller Schmerz und Betrübnis, so sehr war ihnen alles zu Herzen gegangen. Und der Bischof bat mit vielen Tränen um Vergebung, daß er sich des aufgetragenen Werkes nicht befleißigt habe. Dann stand er auf, löste den Mantel, auf dem das Bild der Himmelsherrin erschienen war vom Hals des Juan Diego und brachte ihn in seiner Privatkapelle an. Juan Diego blieb diesen ganzen Tag im Haus des Bischofs, der ihn noch nicht gehen lassen wollte. Am folgenden Tag sagte er ihm: ,,Nun auf, zeige mir den Platz, wo nach dem Willen der Herrin des Himmels ihr Heiligtum errichtet werden soll.''

Daheim findet Juan seinen Onkel durch eine Marienerscheinung geheilt vor. Sein Mantel mit dem Bild Mariens wurde dann bald in der Hauptkirche der Stadt dem Volk zur Verehrung ausgestellt, bis es am zweiten Weihnachtstag des Erscheinungsjahres in Prozession in das erste, schnell errichtete neue Heiligtum am Tepeyacac übertragen werden konnte, unter dem Jubel, den Liedern und Tänzen der Indios, die ihre liebreich erschienene himmlische Mutter feierten: „Lebend ist deine Seele in dem Bild, o heilige Maria... Deine süße Stimme ertönte an den Ufern des Sees..."

Ein Fotograf wundert sich

Ist es nur fromme Einbildung oder wissenschaftliche Beobachtung, wenn man in den Augen Unserer Lieben Frau von Guadalupe das Spiegelbild eines Mannes sieht? Vor wenigen Jahren hätten sie sicher gesagt: Fromme Einbildung. Heute kann man das nicht mehr sagen. Ein stark vergrößertes Lichtbild von den Augen des altehrwürdigen Bildes läßt eine Person erkennen, die als Juan Diego indentifiziert wurde, als der Azteke also, den Unsere Liebe Frau erwählte, um dem Bischof von Mexiko ihre Botschaft zu überbringen. Dieses Bild innerhalb eines Bildes ist so deutlich, daß die Fremdenführer US-Amerikaner zu dem englischen Informationszentrum des Heiligtums bringen, um sie auf Juan Diego als auf eine einzigartige Besonderheit des wunderbaren Bildes aufmerksam zu machen.

In der Tat wunderbar! Stellen sie sich ein Meisterwerk vor, das auf grobem Stoff gemalt wurde. Wenn das Haupt Unserer Lieben Frau nicht nach rechts geneigt wäre, so hätte die Naht ihr Gesicht verunstaltet. Der Stoff besteht aus Fasern einer Agavenart und zerfällt normalerweise nach 20 Jahren; dennoch ist dieses Gemälde, das am 12. Dezember 1531 in der Gegenwart Bischofs Zumarragas ohne einen einzigen Pinselstrich entstand, noch so frisch in den Farben, wie vor 441 Jahren.

Es war der Fotograf Alfonso Marcos Gonzales, der im Jahre 1929 bei der Überprüfung der Negative das Bild im Bild bemerkte. Damals rieten ihm hochgestellte Persönlichkeiten, seine Entdeckung nicht zu veröffentlichen, bis man darüber volle Sicherheit hätte. 1951 machte Carlo Salinas die gleiche Entdeckung, und der Erzbischof Luis Maria Martinez setzte eine Kommission zum Studium des Phänomens ein. Am 11. Dezember 1955, am Vorabend des Festes Unserer Lieben Frau von Guadalupe, wurden die Mexikaner über den Rundfunk davon in Kenntnis gesetzt, daß die Augen des Gnadenbildes einen Mann spiegeln, der eindeutig als Juan Diego indentifiziert worden war.

Weitere wissenschaftliche Beobachtungen wurden angestellt. Der Augenarzt Dr. Javier Toroello Bueno bescheinigte am 26. Mai 1956, daß die Bilder von den Augen reflektiert werden und daß sie sich so präsentieren, als wenn sie von lebendigen Augen gespiegelt würden, mitsamt der leichten Verzerrung, welche normalerweise durch die Krümmung der Hornhaut hervorgebracht wird. Acht Wochen später, am 26. Juli 1956, gab Dr. Rafael Torija Lavoignet eine Erklärung gleichen Inhalts ab mit dem Zusatz, daß bei Bewegung des Lichtes seines Augenspiegels um das Auge des Gnadenbildes nach seiner Beobachtung das Auge die gleiche Tiefe zeigt wie ein normales Auge. ,,Es ist unmöglich, eine solche Spiegelung von einer flachen und dazu noch dunklen Fläche zu erhalten.''

Eine Sensation?

Diese Untersuchungsergebnisse hätten eigentlich eine Sensation in Mexiko hervorrufen müssen, aber für die Hunderte und Tausende von Pilgern, die jeden Monat Guadalupe besuchen, waren sie einfach eine Episode mehr in der lebendigen Gegenwart U. L. Frau, die gesagt hatte: ,,Ich bin eure hilfreiche Mutter, die mildreiche Mutter aller, die in diesem Lande leben, und aller Menschen, all derer, die mich lieben, derer, die mich anrufen, derer, die mich suchen, derer, die ihr Vertrauen auf mich setzen.''

Guadalupe ist das zweitgrößte Pilgerzentrum der katholischen Welt. Nicht Lourdes, nicht Fatima, sondern allein noch Rom übt eine noch größere Anziehungskraft aus. In Guadalupe wird der Glaube emporgerissen. Den ganzen Tag über sieht man Menschen aus allen Gesellschaftsschichten kommen und gehen. Sie beten und erweisen ihre Verehrung familienweise, in größeren Pilgergruppen oder auch als Einzelpilger. Sie sagen in ihren Gebeten, wie es ihnen ums Herz ist. Manche rutschen auf ihren Knien vom Tor des großen Platzes bis zum Haupteingang und dann den Weg bis zum Gnadenbild auf dem Hauptaltar.

Diesem Bild ist es zuzuschreiben, daß sich acht Millionen Indios in den sieben Jahren nach 1531 bekehrten. Historiker sprechen von 15 000 Indios, die jede Woche die Taufe verlangten, und von etwa 750 Männer wöchentlich, die alle Frauen bis auf eine entließen. (Vielweiberei war bis dahin eines der Haupthindernisse für den Empfang der Taufe.)

Bilderschrift

Das Verständnis für diese Konversionen erschließt sich nur dem, der weiß, daß das wunderbare Bild für die Indios der Neuen Welt ein in Bildern geschriebenes Buch war, so wie alle ihre Bücher und deswegen als eine Bildschrift gelesen werden muß.

So erscheint U. L. Frau umgeben von Sonnenstrahlen, aber die Sonne selbst verschwindet hinter ihr. Das sagte den Indios, die die Sonne anbeteten: Maria ist mächtiger als ihr Sonnengott.

Sie steht auf einer erloschenen Mondsichel. Die Mondsichel war das Bildzeichen für Quetzalcoatl, den gefürchteten Schlangengott, der in einer Religion der Furcht verehrt wurde und den sie mit dem Kostbarsten — mit Menschenopfern — zu versöhnen suchten. Dieses Zeichen also sagt den Indios: U. L. Frau ist mächtiger als ihr Schlangengott, und sie brauchen Quetzalcoatl nicht länger zu beschwichtigen. Die Befreiung von der Last der Menschenopfer war ein wichtiger Beweggrund für ihre Konversion. Das Obergewand der schönen Dame ist blau-grün: es trägt die Farbe, die den Fürsten vorbehalten war. Es ist geschmückt mit 48 goldenen Sternen, und das bedeutet: die Frau ist mächtiger als die vielen Sterne, die die Indios als Götter verehrten.

Aber die schöne Dame ist nicht Gott: ihre Hände sind im Gebet gefaltet und ihr Haupt in Ehrfurcht vor einem noch Höheren geneigt, dem unsichtbaren Schöpfer der Welt, dem Allmächtigen, der ihr Sohn ist. Weiter: sie trägt ein schwarzes Kreuz an einer goldenen Spange am Hals, das gleiche Kreuz, das die Indios auf den Segeln und Fahnen des Hernando Cortez sahen. Das sagte ihnen: Die Religion, welche Cortez und die Missionare an ihre Küste brachten, ist die Religion der schönen

Dame. Das war ein weiterer Grund für sie, den Glauben anzunehmen, den Franziskaner ihnen predigten.

Rätsel über Rätsel

Was ist über das Wunder selbst zu sagen? Wie hat dieses Gemälde die Ungunst und Zufälle der Zeit überstanden? Warum sieht man hunderttausend Votivgaben, die in der Nähe der Sakristei und bei dem Museum wie eine Tapete die Wände bedecken, die man bei näherem Zusehen aber als Beine, Arme, Hände, Herzen, ganze Körper aus Silber und Gold erkennt, die dort als Gaben der Dankbarkeit angebracht sind? Die Archive der Basilika enthalten Aufzeichnungen von einer Million erhaltener Gnadenerweise. Am 15. Mai 1970 fotografierte ich das zuletzt angebrachte Votivbild, eine Darstellung, wie U. L. Frau von Guadalupe über einem Mann schwebt, der vor einem Auto gestürzt war, mit dem Zeugnis, daß er vor einem schweren oder gar tödlichen Unfall bewahrt wurde.

Wir müssen uns mit dem bloßen Hinweis auf die wunderbare Sammlung, in der solche Vorfälle für Jahrhunderte dokumentiert sind, begnügen. Allem zufolge weiß das Volk, das nach Guadalupe zusammenströmt, daß Maria, die Mutter, sich treu bleibt in den Erweisen ihrer Liebe, ihres Mitleides und ihrer Hilfe für alle, die sie mit Vertrauen aufsuchen.

Aber in keiner Weise kann der Wunderglaube für das Entstehen und das Fortbestehen des berühmten Bildes verantwortlich gemacht werden. Wer würde jemals einen abgetragenen und zusammengenähten Umhang als Malgrund für ein Meisterwerk nehmen? Welcher Porträtmaler würde die plötzliche Entstehung eines Gemäldes auf dem lose aus Agave-Fasern gewebten Stoff zuwege bringen? Im Jahre 1531 waren die einzig bekannten Maltechniken Öl, Tempera, Fresko und Wasserfarben. Kunstexperten schütteln verwirrt den Kopf. Bevor das Bild auf einer Silberplatte befestigt und unter Glas gebracht wurde, konnte man, wie Experten bezeugen, durch das offene Gewebe hindurch die Konturen von Gegenständen sehen. Niemand kann erklären, wieso keinerlei Färbung oder Farbstoff das Gewebe durchdrang, das gar nicht dafür präpariert war, Farbe zu tragen. Die goldenen Sterne scheinen aus Goldstaub ohne

Fixiermittel zu bestehen. Die Goldstickerei folgt in ihrer Bewegung nicht den Falten des Gewandes, sondern überzieht es auf eine eigenständige Weise. Kurzum, vor dem Bilde versagt jede natürliche Erklärung. Die Kunst, die es zustande brachte, liegt außerhalb menschlicher Fähigkeiten. Daraus kann man schließen, daß es sich um ein ständiges Wunder handelt. Wir sagen damit nicht mehr als G. K. Chesterton, der an Wunder glaubte, nicht wegen irgendeiner mystizistischen Einstellung, sondern auf Grund unleugbarer Tatsachen, im Gegensatz zu denen, die jedes Wunder leugnen, und zwar nicht auf Grund von Tatsachen, sondern wegen starrer Vorurteile.

Auch die erstaunliche Haltbarkeit dieses Gemäldes über 441 Jahre hin ist ein Phänomen, für das es keine natürliche Erklärung gibt. Die ersten Jahre war das Bild U. L. Frau ohne Schutz chemischen Dämpfen ausgesetzt, dem Rauch von Weihrauch und Kerzen, der Berührung von unzähligen Händen und Lippen; ferner der Berührung mit Rosenkränzen, Bildern, Medaillen, Kreuzen. Andere dort angebrachte Gemälde in Öl auf präparierter Leinwand sind seit langem geschwärzt, gerissen, abgeblättert, vermodert. U. L. Frau von Guadalupe hingegen bleibt hinreißend schön.

Das Bild wurde im Jahre 1647 unter zwei Glasscheiben gelegt. Wenige Jahre später wurde das Bild mit einem Gold- und Silberrahmen unter eine einzige Scheibe gebracht. Im Jahre 1791 mußte der Rahmen repariert werden. Arbeiter setzten eine Flasche mit Salpetersäure darauf, welche unglücklicherweise ausfloß und die rechte Seite des Bildes hinunterlief. Der Schaden hätte eigentlich verheerend sein müssen, weil Salpetersäure Stoffe auflöst. Aber die einzige Wirkung an dem heiligen Bild ist eine Art Wasserzeichen, welches auf den zwei unteren Dritteln erscheint.

Sogar eine Bombe richtete nichts aus

Es geschah am 14. November 1921, um 10.30 Uhr. Die Kirche war geschmückt für die Einführung von Msgr. Kasteneda als Kanoniker der Basilika. Ein Mann, der entschlossen war, der Verehrung U. L. Frau ein Ende zu setzen, brachte eine Bombe unter dem Rosenbukett unter dem Bilde an. Die Bombe explodierte und löste die Bolzen von dem Rahmen des Bildes, zerstörte ein Ölgemälde, das hinter dem Gnadenbild angebracht war, zerbrach die Fenster in der ganzen Kirche, riß Marmorbrocken vom Hauptaltar ab, verbog ein bronzenes Altarkreuz gegenüber dem Gnadenbild und schleuderte es zu Boden. Aber an dem Bild U. L. Frau zersprang nicht einmal das Glas. Wie wollen Sie das erklären? Das Volk hat eine liebenswürdige Erklärung: ,,Jesus tat nicht mehr, als was jeder Sohn tun würde: Er beschützte seine Mutter.''

Das verbogene Kruzifix ist heute in dem inneren Hof ausgestellt, unweit der Sakramentskapelle.

Die Botschaft

Wenn sie nun meinen, daß alles, was U. L. Frau verlangte, als sie im Jahre 1531 erschien, ein Haus für ihre Verehrung gewesen sei, so sind Sie im Irrtum. Der mächtige Antrieb, der jährlich Millionen zu ihren Füßen hinführt, ist die tiefe Überzeugung, daß Maria ihre Bitten hören und erhören will. Diese Überzeugung gründet sich auf ihre eigenen Worte und Versprechen an Juan Diego. Ihre Botschaft ist einfach und schnell wiederzugeben. Sie sagte:

,,Juanito, teurer Juan Dieguito, mein Sohn Juan, wo gehst du hin?''

Er antwortete: ,,Ich bin auf dem Weg zu der Kirche in Tlaltelolco.''

Sie sagte: ,,Sei gewiß, ärmstes meiner Kinder, daß ich die ganz reine und immerwährende Jungfrau Maria bin, die Mutter des wahren Gottes, durch den alles lebt, des Herrn aller Dinge nah und fern, des Herrschers über Himmel und Erde.''

Und weiter: ,,Ich wünsche und verlange dringend, daß mir an diesem Ort ein Heiligtum errichtet wird. Hier will ich mich zeigen und offenbaren. Hier will ich dem Volk all meine Liebe erzeigen, mein Mitleid, meine Hilfe und mein Schutz.''

,,Ich bin eure mildreiche Mutter, die mildreiche Mutter aller, die in diesem Lande leben, und aller Menschen, all derer, die mich lieben, derer, die mich anrufen, derer, die mich suchen, derer, die ihr Vertrauen auf mich setzen.''

Und nochmals: ,,Hier will ich anhören ihr Weinen, ihre Klagen, hier will ich heilen und lindern all ihre vielfältigen Leiden, Bedrängnisse und Mißhelligkeiten."

Die Dame sprach in dem Tonfall und mit den Wiederholungen der aztekischen Sprache, die sich auch im modernen Mexikanisch finden:

„Hier will ich mich zeigen, hier mich offenbaren. Hier will ich dem Volke all meine Liebe erzeigen, mein Mitleid, meine Hilfe und mein Schutz."

Wie sieht sie aus?

Was die Gestalt des Bildes U. L. Frau betrifft, so hat das Gemälde eine Höhe von 4 Fuß (ein Fuß = 30,48 cm) und 8 Inch (ein Inch = 2,54 cm), also fast Lebensgröße, es hängt auf einer Platte von 78 x 42 Inch.

Überraschenderweise erscheint U. L. Frau von Guadalupe in Kleidung und Haltung nicht als eine Indiofrau. Die Indiofrauen, reiche wie arme, tragen kurzärmlige Blusen mit viereckigem Halsausschnitt und Röcke, die bis etwa unter die Knie gingen. U. L. Frau hingegen erscheint in dem langen Gewand, das im Winter von arabischen und jüdischen Frauen im Nahen Osten getragen wird. Pater Jose Mojika OFM hat, wie er uns mitteilte, im Heiligen Land viele Frauen gesehen, die diese doppelte Tunika trugen, die im Buch der Sprüche 31,20 erwähnt ist. So trägt auch U. L. Frau eine Tunika über einem mit Rüschen versehenen leinenen Untergewand, wie es an ihren Handgelenken zu sehen ist. Unter entsprechender Berücksichtigung der Wandlungen im modernen Palästina kann man annehmen, daß die Kleidungen der Frauen im Osten heute ungefähr die gleiche ist, wie in der Zeit Christi.

Und nun zum Gesicht U. L. Frau: Wenn man ihr Gesicht betrachtet, sieht man die Mutter unseres Herrn nicht mit den Augen eines Raphael oder Murillo, sondern sicher so, wie Jesus sie sah von dem Augenblick an, da er seine menschlichen Augen öffnete. Das gescheitelte Haar unter dem fließenden Schleier, die ebenmäßige Stirn, die lieblichen Augen, die regelmäßig geformten Züge von Nase Mund und Kinn, das war es, was Jesus als Kind auf ihren Armen sah und fühlte. Manchmal strich Er, wenn sie Ihn an sich drückte, mit Seinen Händen durch ihr

Haar, mit Wohlgefallen schaute Er auf ihre Hände, wenn sie Ihm das Essen in Nazareth bereitete.

Diese Bildnis ist viel authentischer, als es irgendein menschlicher Maler herstellen könnte. Unser Herr wußte, wie Seine Mutter auf Erden aussah und wie sie heute im Himmel aussieht. Als Maria in Tepeyac erschien, sagte sie: „Ich bin die immerwährende Jungfrau Maria, die Mutter des Herrn aller Dinge nah und fern, die Mutter des Herrschers über Himmel und Erde." Als ihr Bild auf Juan Diegos Überwurf erschien, sah er, daß es ein genaues Bildnis der Dame war, die er in Tepeyac gesehen und mit der er gesprochen hatte.

Die Dame erschien in der gleichen Gestalt in Tolpetłac dem 71jährigen Bernardino, dem Onkel von Juan Diego, um ihn zu heilen. Später, als Juan Bernardino das wunderbar entstandene Bildnis auf dem Umhang seines Neffen sah, erklärte er, es sei eine genaue Abbildung der Dame, die ihn geheilt habe. Bischof Zumarraga fiel auf die Knie, als ihr Bild erschien und rief aus: „Es la Immaculada! — Es ist die Unbefleckte!"

Gottes Mutter — unsere Mutter

Jesus gab uns ein authentisches Porträt seiner Mutter, U. L. Frau von Guadalupe.

In den ersten zehn Jahren der Verehrung gebrauchte niemand den Namen U. L. Frau von Guadalupe als Titel für das Gnadenbild. Sowohl die Indios wie auch die Spanier sprachen einfach von dem Besuch des Bildes von „To-Nantzin" — „unsere Mutter", oder des Bildes von „Teo-Nantzin" — „Gottes Mutter". Nach 1541 kam der Name Guadalupe in Gebrauch, die spanische Umschreibung von Coatlaxupeuh, was bedeutet: „Mein Bild wird den Schlangengott zertreten", und so kennt nun die ganze Welt das Bild unter dem Namen U. L. Frau von Guadalupe. Es ist ein Stück der geschichtlichen Verwirklichung von Genesis 3, 15: „Sie wird dir den Kopf zertreten", und von Apokalypse 12, 1: „Die Frau, mit der Sonne bekleidet." Die Offenbarung reißt das Firmament dieser Welt auf und läßt uns erkennen, daß unser Gott zu uns kommt „durch die ganz reine und immerwährende Jungfrau Maria."

James M. Meehan SJ in „Der Fels"

Meine Hand hielt den Rosenkranz

Ich war in harter Gefangenschaft. Täglich Aufstellen und Abkommandieren in Gruben und Bergwerke. Post von daheim und zurück gab es nicht. Was ist mit Frau und Kindern? Leben sie noch? Wie geht es weiter? Das waren bange, kummervolle Fragen.

Nach Monaten sah ich mich im Spiegel beim Lagerfriseur. Das konnte ich nicht sein. Der Friseur antwortete: „Was glaubst du, wer es denn sonst sein könnte?" Ich wog noch 42 Kilo. Mir kamen die Tränen. Beim Antreten im Lagerhof standen wir zehn Mann hintereinander. Es waren zusammen 6000. Ich befand mich gewöhnlich in den hintersten Reihen und konnte meiner Größe wegen, 1,56 m, von jemand, der die Front abschritt nicht gesehen werden. Das kam mir insofern zu Hilfe, als ich ungestört Gelegenheit zum Rosenkranzgebet hatte (wir haben den Rosenkranz untereinander sogar ausgeliehen).

Es war am Fest Maria Himmelfahrt. Wir standen wieder in Reih und Glied. 18 Uhr abends. Was konnte schon Außergewöhnliches passieren. Musterung und Abkommandierung zur Arbeit. Das gewohnte Leben. Aber heute war Maria Himmelfahrt. Ich betete den Rosenkranz. Da munkelte man plötzlich durch die Reihen: ,,Die Ärztin!" Wir kannten sie. Eine kleine Frau, etwa meine Statur. Natürlich in Uniform. Ich war inzwischen beim vierten Gesätz: ,,Der dich, o Jungfrau, in den Himmel aufgenommen hat." Liebe Gottesmutter, dachte ich, du hast heute deinen Feiertag. Du wurdest in den Himmel aufgenommen. *Gib mir doch etwas von deiner Freude mit!*

Plötzlich war vorne in den ersten Reihen irgend etwas los. Ein Rutschen und Scharren mit den Schuhen. Ist jemand ohnmächtig geworden? Ich stellte mich auf die Zehen, um besser sehen zu können. Nein, nichts passierte. Die Ärztin hatte sich durch die ersten Reihen gezwängt und sah zu mir herüber. Was sollte das? Ich stand doch in der zehnten Reihe. Sie konnte mich Kleinen gar nicht sehen.

Sie winkte mir: ,,Komm her!" Ich glaubte, mein großer Vordermann sei gemeint, aber es galt mir. Ich mußte nach vorne treten. Der Dolmetscher fragte mich, wie ich mich fühle. Ich antwortete, ich sei eben sehr schwach. Da kauderwelschte die Ärztin etwas und winkte mich auf die Seite. Dort standen schon zehn Kameraden. — Was sollte mit uns werden? Da die Überraschung: Entlassung aus russischer Gefangenschaft. Meine Hand hielt den Rosenkranz. Fest Mariä Himmelfahrt. Ich durfte an der Freude des Tages teilnehmen. — Mutter, ich danke dir! Aber laß die anderen bald nachkommen, sie haben Heimweh wie ich.

Als die Kameraden merkten, daß nun tatsächlich die ersten von ihnen heimfuhren, da lebte die Hoffnung und mit ihr das Leben in ihnen wieder auf. Für mich aber blieb es mehr als eine Heimkehr — denn es war an Mariä Himmelfahrt geschehen.

Anton Ruhl

Maria und der Bierkampf

Aus dem Alltag einer deutschsprachigen Gemeinde im sozialistischen Chile

Alle unsere Pfarrmitglieder haben unsere »Bierstube« in bester Erinnerung. Denn nach der hl. Messe konnte man immer an den heißen Sonntagen einen eisgekühlten »Escudo« durch die Kehle rinnen lassen. Das war einmal!

Seit zwei Monaten war die Pfarrei »Trockenzone« geworden, was beinahe eine Protestbewegung des gläubigen Volkes ausgelöst hätte. Als Pfarrer entschloß ich mich, deshalb einzugreifen. Ich ging persönlich zur Bierfabrik mit zehn leeren Kisten. Dort brachte ich mein Anliegen vor und begründete es mit drei Argumenten.

1. die Deutschen haben großen Durst,
2. wir feiern Erstkommunion, und es ist unzumutbar, eine Pfarrei ohne Bier zu lassen,
3. wir sind ein soziales Unternehmen und verwenden den Reinerlös für soziale Werke.

Der Verkaufsleiter, der mich freundlich empfangen hatte, sah sofort die Wucht dieser Argumente ein und betonte, daß das erste das stärkste sei, worin ich mit ihm übereinstimmte. Aber er bedauerte, keine Erlaubnis geben zu dürfen, denn es sei verboten, an Privatleute Bier abzugeben. Ich entgegnete, daß wir kein Privatunternehmen seien, da wir eine Bierkonzession für die Pfarrei erworben hätten. Er sagte dann, daß trotzdem ein Verkauf in Anbetracht des Streiks der Camionfahrer nicht stattfinden könne, worauf ich erwiderte, daß ich das Leergut mitgebracht hätte und das Bier selber mitnehmen würde. Er zuckte die Achseln und sagte: ,,Es geht nicht! Ich bedauere außerordentlich!" Ich machte ihn darauf aufmerksam, daß dieses Bedauern den Durst der Gläubigen nicht löschen würde. Ich mußte zu außerordentlichen Maßnahmen greifen: ,,Könnte ich nicht mit dem obersten Produktionsleiter sprechen?" Darauf erhielt ich die überraschende Antwort: ,,Der Produktionsleiter hat im Augenblick nichts zu sagen, da die Regierung uns einen Interventor geschickt hat."- ,,Gut", sagte ich, ,,dann möchte ich mit diesem sprechen. Ist das möglich?" Er darauf: ,,Sehr schwer, aber wenn Sie es versuchen wollen, es wird nichts nützen." Ich bat aber doch um eine Unterredung. Der Herr Interventor machte einen neutralen Eindruck auf mich und hörte sich meine Bitte wohlwollend an. Ich wiederholte meine drei Argumente und fügte als viertes noch hinzu: ,,Man muß außerdem noch berücksichtigen, daß das Bier in Deutschland erfunden wurde und daß es deutsche Fabrikanten waren, die das Bier in Chile eingeführt hatten." (Ich war mir allerdings nicht ganz sicher, ob das Bier eine deutsche Erfindung ist. Doch erinnerte ich mich an die alten Germanen, wobei mir der Vers einfiel: ... sie lagen auf der Bärenhaut und tranken immer noch eins.") Sichtlich beeindruckt versuchte der Interventor unser Bierproblem in positivem Sinn zu lösen. Doch hielt ihn ein gewisses Etwas zurück, sein Jawort auszusprechen, da eine gesetzliche Bestimmung dagegen war. Wir redeten hin und her. Ich wollte den Kampf nicht aufgeben. Schließlich sagte er: ,,Also mein letztes Wort: beim besten Willen kann ich Ihnen das Bier nicht privat abgeben. Wenn Sie Bier haben wollen, gehen Sie zur Verteilungsstelle ins Zentrum." Worauf ich erwiderte: ,,Dort befindet sich eine wenigstens drei Quadra lange Schlange, und wenn ich mich jetzt anstelle, ist es zu spät; denn das Lager ist spätestens in einer Stunde ausverkauft.“ Erneut bedauerte er außerordentlich, mir trotzdem nicht helfen zu können. Es sei das letzte Wort. Worauf ich sagte: „Gestatten Sie mir auch, mein letztes Wort zur Angelegenheit zu sagen: Sie wissen, daß ich Geistlicher bin und deshalb gute Beziehungen zur »Virgen del Carmen« habe. Wenn Sie mir trotz gefüllter Lager das Bier jetzt nicht geben, dann wird die Virgen del Carmen Ihnen zürnen.“ — Und auf einmal geschah das Wunder! Er stutzte einen Augenblick, schaute mich kritisch an und sagte: „Ah, Virgen del Carmen, fuerza mayor!“ (Ah, die Gottesmutter, Höhere Gewalt!).

Sofort erhielt ich die schriftliche Erlaubnis, stellte mich dem Verkaufsleiter vor, der den Kopf schüttelte: „Wie haben Sie das bloß fertiggebracht?“ Worauf ich zur Antwort gab: „Ja, eine »fuerza mayor« hat mir geholfen!“

*

Wertvolle Bitte an Maria

Heiligste Jungfrau, ich glaube an deine heilige und unbefleckte Empfängnis und bekenne sie.

O reinste Jungfrau Maria, durch deine unbefleckte Empfängnis und ruhmvolle Auszeichnung, Mutter Gottes zu sein, erlange mir von deinem geliebten Sohne Demut, Liebe, Gehorsam, Keuschheit an Leib und Seele, heilige Herzensreinheit, Beharrlichkeit in der Übung des Guten, ein gutes Leben und ein heiliges Sterben. Amen.

Die schwarze Edelfrau

Der Kapuzinerpater Bruno Schafer hat in drei Bänden (Verlag Räber & Cie, Luzern) persönliche Zeugnisse neuerer Konvertiten gesammelt, um einen interessanten Einblick in die so vielgestaltigen Konversionswege zu gewinnen. Die diesbezügliche Begründung eines protestantischen Pastors möchten wir hier vorausschicken: „Weil die allerseligste Jungfrau die lebende Königin der Heiligen ist!" So darf es uns nicht wundern, daß Pater Schafer seine Sammlung „Sie hörten seine Stimme" der »BONI PASTORIS MATRI« gewidmet hat.

(Aus Maria Regina 1961 Nr. 8-9)

*

Zu Thaba-Bosiu, in Basutoland, wurde ich 1899 geboren. Meine beiden Eltern entstammen dem Geschlecht des berühmten

Häuptlings Griffith. Als Kind wurde ich in der äthiopischen Kirche getauft, trat aber 1918 der (kalvinischen) Evangelischen Pariser Mission bei, der sogenannten »Religion de Fora«. Fünfundzwanzig Jahre lang lebte ich dann als überzeugte Protestantin.

Am 3. August 1940 starb mein noch heidnischer Gatte. Nach Landesgesetz fiel mir infolgedessen die Herrschaft über den Bezirk Ramabanta zu. An Nachkommen blieb mir nur ein Sohn. Die beiden Töchter waren gestorben.

Ich vertraute den Knaben der protestantischen Schule von Morija an. Eines Tages brachte er mich in nicht geringe Aufregung. Er bat mich um die Erlaubnis, aus der kalvinistischen Kirche auszutreten und erklärte, er wünsche römisch-katholisch zu werden. Ganz energisch setzte ich mich gegen sein sonderbares Vorhaben zur Wehr. Ein volles Jahr lang bestand ich auf meinem Verbot. Nach einem Jahr gab ich schließlich seinen flehenden Bitten nach.

Am Hofe arbeitete mit mir ein Beamter, der katholisch war. Oft pflegte er mit mir religiöse Probleme zu erörtern; solche Gespräche sagten mir zu. Ganz entschieden verurteilte ich seine Auffassungen hinsichtlich des Marienkultes, des Fegfeuers, des Fürbittgebetes der Heiligen und der Reliquienverehrung.

Eine Zeitlang spornten mich die Dispute an, diese Probleme zum besseren Verständnis noch eingehender zu studieren. Ich stellte mir selbst Fragen und suchte sie zu beantworten. Dabei geriet ich in Unsicherheit und verlor die innere Ruhe. Es wurde mir klar, daß mein Aussprachepartner mich stark beeinflußte, um mir verständlich zu machen, was ich nicht fassen konnte. Darüber wurde ich sehr erzürnt. Meine Antworten ihm gegenüber fielen oft scharf aus, so daß er mich anderntags ganz traurig um Verzeihung bat und einmal sogar versprach, nie mehr mit mir über religiöse Dinge reden zu wollen. Aber auch dies empörte mich wieder, und ich hielt ihm vor: ,,Wenn Du mit mir nicht mehr über Religion disputieren willst, ist das ein Beweis dafür, daß Du kein Apostel bist.“

Um diese Zeit fiel mir ein von den Protestanten veröffentlichtes

Büchlein in die Hände, das den Titel trug: »Vierzig Fragen und Antworten«. Die Lektüre diese Werkleins gefiel mir. Natürlich war sie mit Triebfeder zu neuen Auseinandersetzungen mit meinem Katholiken. Ich gestand ihm offen, daß ich die katholische Kirche nicht liebte, daß mich jedoch ihre Jugenderziehung interessierte. Man sprach nämlich damals in meinem Volke viel über Schulung und Erziehung der Kinder, von der Art und Weise, wie man vorgehen müsse, um darin Erfolg zu haben. Ich selbst richtete an P. Jalbert OMI von der katholischen Mission Tlali ein Schreiben, in welchem ich meinem Wunsch Ausdruck verlieh, es seien die Kinder wohl in den profanen Fächern zu unterrichten, besonders aber seien sie in der Furcht Gottes zu erziehen. Der Brief bereitete dem Missionar große Freude.

Eines Abends erreichte ein katholischer Missionar auf der Durchreise das fast ganz protestantische Dorf und war gezwungen, um ein Obdach zu bitten, das ich ihm gewährte. Aus Dankbarkeit schenkte er mir die Sesotho-Übersetzung von »Le Symbole des Apotres« des P. Lebreton. Welche Offenbarung bedeutete das Buch für mich! Ich wurde nicht müde, in diesem apologetischen Werk zu lesen. Der vorher erwähnte Katholik lieh mir bald auch die »Nachfolge Christi« von Thomas von Kempen sowie die Kirchengeschichte von P. Guilcher. Ich war gierige Leserin und vertiefte mich mit höchstem Interesse in diese Werke. Von da an ging in mir eine tiefgreifende Veränderung vor. Hartnäckige Unruhe plagte mein Herz.

An einem Samstagabend — am 2. Oktober 1943 war es — griff ich wie gewohnt zur Bibel, um darin eine Lesung zu machen. Ich schlug aufs Geratewohl das erste Kapitel bei Lukas auf und kam zum Satz, der den Gruß des Engels an Maria wiedergibt: „Sei gegrüßt, Du Gnadenvolle! Der Herr ist mir Dir, Du bist gebenedeit unter den Frauen.“ Noch nie war mir diese Stelle so aufgefallen. Der Himmel selbst — sagte ich mir — läßt durch den Engel mit so viel Ehrfurcht jene Frau begrüßen, die von meiner Kirche so gering geachtet wird ... Mein Geist wurde bei dieser Entdeckung ganz verwirrt. Nachmals las ich das Kapitel. Ich zitterte und bebte, warf mich auf die Knie nieder, weinte vor Schmerz und bat die Heiligste Dreifaltigkeit um Verzeihung, weil ich bis dahin für jene gebenedeite Frau so wenig Ehrfurcht gehabt hatte, für Maria, welcher der Besuch eines Engels und das glorreiche Vorrecht, Mutter Jesu zu sein, zuteil ward.

Wie eine Versuchung erwachte in mir der Gedanke: Was werden meine Verwandten, Freunde und bisherigen Glaubensgenossen sagen, wenn sie von meiner religiösen Einstellung hören? Doch schienen mir bald einmal alle Einwände, die man auch immer mir vorbringen konnte, eine Nichtigkeit im Vergleich zur traurigen Tatsache, daß ich so viele Jahre lang die Mutter Gottes verachtet hatte. Ich konnte kaum den Morgen auf jene denkwürdige Nacht erwarten, um hinauszugehen und es dem Pater, den Christen — ob katholisch oder nicht —, um es den einfachsten und ärmsten Leuten zu klagen: wie sehr ich durch die Geringschätzung der Mutter Gottes gesündigt hatte.

Als endlich an jenem Morgen, am 3. Oktober 1943, die Sonne den Tag brachte, wäre es mein Amt gewesen, die Protestanten zum Gebet zu versammeln. Doch war ich außerstande, die Glocke zu läuten. Ich schloß mich in meiner Wohnung ein und weinte. Als die Gläubigen zur Kirche kamen, läuteten sie selber. Ich ging dann doch hinaus und las ihnen einen Abschnitt aus dem Evangelium vor. Von meinem Erlebnis zu sprechen hatte ich aber den Mut nicht. Sogar zur Verrichtung der Gebete bestellte ich jemand anders und flüchtete mich wieder in meine Hütte. Von da an gesellte ich mich zum Morgen- und Abendgebet nie mehr unter das Volk, sondern betete allein: immer wieder den Gruß des Engels.

Am Tage nach diesem Ereignis, am Montag, kam der Katholik, der mir einige Bücher geliehen hatte. Ihn bat ich, am darauffolgenden Sonntag mit mir auf die katholische Mission nach Tlali zu gehen, um mich dort als Katechumene eintragen zu lassen. Er willigte freudig ein. Nach mehreren Stunden zu Pferd erreichten wir am folgenden Sonntag die katholische Missionsstation. Der Priester nahm mich mit Freuden auf und bestärkte mich in meiner Absicht, jener Kirche beizutreten, die allein die Mutter Jesu so kindlich verehrt. In Anwesenheit aller dortigen Christen wurde ich dann unter die Zahl der Taufbewerber aufgenommen und besuchte von da an während zwei Jahren jeden

Sonntag und Mittwoch in Tlali den Unterricht. Am 24. Mai 1946 endlich erlebte ich den großen Freudentag meiner Aufnahme in die heilige katholische Kirche. Seine Exzellens, der Apostolische Vikar Mgr. Bonhomme selber nahm die Zeremonien vor und gab mir den lieben Namen Maria Fátima. Auch war ich an diesem Gnadentag nicht allein: ein ganzer Kranz von Verwandten und Untergebenen, zusammen fünfundsiebzig erwachsene Personen, hatten mit mir den Weg zur katholischen Kirche betreten und empfingen ebenfalls die hl. Taufe.

Maria Fátima! Ihr, deren Namen ich zu tragen die Ehre habe, U.L. Frau von Fátima, soll unter meinem Volk ein Heiligtum erbaut werden. Den Platz dazu habe ich, trotz Schwierigkeiten, bereits sichern können. Ein mächtiges Kreuz bezeichnet die Stelle, an welcher die Kirche erstehen soll und wohl in absehbarer Zeit stehen wird. Am 19. August 1946 fanden dort die ersten kirchlichen Feierlichkeiten statt. Gegen viertausend Personen, unter ihnen die Regentin von Basutoland mit ihren Noblen, waren erschienen. Zu Füßen des Kreuzes brachte der Apostolische Vikar das heilige Opfer dar, die erste heilige Messe am werdenden Gnadenort. Am Abend des herrlichen Tages meldeten sich bereits fünfundzwanzig erwachsene Personen zur heiligen Taufe, ein Zeichen dafür, daß hier eine Stätte des Segens werden soll. Ja, mögen an diesem Orte mehr und mehr Leute des Basutolandes den Weg finden: durch Maria zu Jesus!

*

MARIA

Mit dem Erzengel und den Engeln
wollen wir alle dich preisen:
Gegrüßt seist du, Vielgelibte des Herrn.
Gegrüßt seist du, die du bei dem Allerhöchsten thronst.
Gegrüßt seist du, Mutter Gottes,
Mutter des Heilandes. Amen.

Unter dem Schutz des Rosenkranzes

Da war im Jahre 1870 ein junger, braver Bauernbursche aus Bayern in den Krieg gegen Frankreich beordert. Außer den Waffen des Soldaten hatte er auch großes Vertrauen zur Gottesmutter mitgenommen und zum Zeichen dessen den Rosenkranz in seinen Tornister gepackt, um ihn in Zeiten besonderer Gefahr zu beten und dadurch sich das Herz seiner himmlischen Mutter zu Schutz und Schirm geneigt zu machen. Und die gütige milde, süße Jungfrau hat ihn dafür auch in ganz besonderer Weise beschützt. Der junge Soldat wird es vielleicht selber gar nicht wissen, wie das geschehen ist. Die Geschichte erzählt nämlich nicht er, sondern derjenige, gegen den die Gottesmutter den bayerischen Soldaten in Schutz genommen hat; und das war ein französischer Soldat, welcher den bayerischen Soldaten hätte erschießen sollen.

Dieser Soldat erzählt also wörtlich wie folgt:

,,Nach mehreren Schlachten wurde mein Bataillon nach Vitry geschickt. Wir errichteten dort eine Schanze und einige Verteidigungswerke. Aber die Wachsamkeit der deutschen Soldaten, unserer Feinde, beunruhigte unsere Arbeiter.

Der Feind hatte die besten preußischen und bayerischen Scharfschützen ausgewählt; sie schlichen, Mann für Mann, in den Erdfurchen daher, verbargen sich hinter dem Gebüsche, gruben sich Löcher in den Boden und beobachteten von dort aus unsere Arbeiten und unsere Bewegungen. Sie schossen sehr sicher und verschwanden sodann plötzlich.

Unser Kommandant wollte dieser Taktik eine gleiche gegenüberstellen. Er erließ einen Aufruf an alle diejenigen, die gute Schützen und bereit wären, ihr Leben einzusetzen. Ich wurde angenommen und bekleidete eine Stelle unter diesen »Geopferten«.

Wir sollten bis auf eine gewisse Entfernung heimlich hinkriechen, den Feind beobachten, ohne uns sehen zu lassen, und Feuer geben, nur um zu töten, nicht um das Pulver zu verschießen. Dieser letzte Auftrag des Kommandanten zielte dahin, dem Feinde das Schießen zu verleiden.

Kurz vor Tagesanbruch verbarg ich mich am Bette eines Flusses, der fast ausgetrocknet war; ich schlich auf Händen und Füßen kriechend seinen Windungen nach, das Gewehr am Schulterriemen, ein Stück Biscuit in meinem Tornister. In meiner Leibbinde trug ich den Revolver und den Feldstecher meines Leutenants.

Bei einem großen Baum, dessen Stamm von Gesträuch umgeben war, machte ich halt und wählte diesen Platz zu meiner Beobachtungsstation. Ich bohrte mit meinem Bajonett die Erde auf, bildete damit einen kleinen Wall, bedeckte ihn mit dürren Kräutern und machte kleine Öffnungen, um durch sie hindurch den Feind ungesehen zu beobachten.

Eine Stunde verstrich um die andere; schon fing ich an, an dem Erfolg meiner Aufgabe zu zweifeln, als ich plötzlich meinte, in einem Hohlweg hinter einem Baum hervor eine Hand sich ausstrecken und zurückziehen gesehen zu haben.

Und richtig: ich hatte mich nicht getäuscht. Der Feind war dort in meiner nächsten Nähe. Ich nahm den Feldstecher und sah nicht ohne Aufregung Kopf und Hände eines Mannes in solcher Nähe, daß ich unwillkürlich mich duckte. Der Mann sah mich nicht, denn er bohrte mit einem Stück Holz unbesorgt die Erde auf. Er lag auf dem Boden, hatte den Kopf auf die linke Hand gestützt, die Beine ausgestreckt und schien in dieser Stellung die Rolle eines Spähers ganz vergessen zu haben. Leib und Kopf verschwanden für einige Sekunden, dann wurden sie wieder sichtbar. Es war ein bayerischer Soldat, ein noch junger Mann mit bartlosem Gesicht, blonden, kurz geschorenen Haaren; unter seiner Uniform konnte man leicht einen jungen, honetten Bauernburschen erkennen, der ohne Zweifel eben an seine Heimat dachte. Es war mir wirklich unlieb, mich genötigt zu sehn, ihn zu erschießen.

Indessen machte ich mich doch daran. Ich nahm mein Gewehr zur Hand, richtete mich auf's rechte Knie auf, legte den Schaft bereits an die Schulter und wartete, bis sich der Mann mir unverhüllt zeigen würde. Ich wollte ihn ins Herz treffen, um ihm jedes weitere Leiden zu ersparen.

Ganz unbeweglich wartete ich so. Der Bayer streckte den Kopf vor, ließ sein Auge weit um sich herumschweifen, ohne es auf dem Platze ruhen zu lassen, wo ich verborgen war. Da er nichts bemerkt hatte, zog er einen kleinen Ledersack auf seine Knie und öffnete ihn. Er zog daraus mit der Rechten etwas hervor, das ich nicht zu unterscheiden vermochte. Ich legte mein Gewehr zur Seite und nahm meinen Feldstecher zur Hand.

Der Bayer hielt einen Rosenkranz in seinen Fingern. Er erhob sich, um sich auf beide Knie niederzulassen, machte das Kreuzzeichen und stellte sich mir nun mit voller Brust entgegen.

Als Soldat griff ich wieder zum Gewehr und richtete es auf den Mann; ich sah ihn als Ziel meines Rohres; er kniete da unbeweglich, das Haupt ein wenig zur Seite geneigt, die Augen zum Himmel erhoben. Von seinen Lippen stieg Gebet auf, während die Körner des Rosenkranzes durch seine Finger glitten.

Was ging in diesem Augenblick in mir vor? — Ich weiß es nicht. Mein christliches Gefühl regte sich in all seiner Kraft; ich glaubte zu sehen, wie Lichtstrahlen vom Himmel auf die Stirn des Mannes fielen; mir schien, als wäre er in Goldwolken des Himmels eingetaucht. Eine plötzliche Aufregung ergriff mein ganzes Sein; das Gewehr entsank meinen Händen. —

Dieser Bayer ist wohl wahrscheinlich in sein Land zurückgekehrt, ohne zu wissen, daß das Rosenkranzgebet ihm das Leben bewahrt hat.

Ich zog mich zurück, nachdem auch er sich entfernt hatte. Aber in diesem Augenblicke pfiffen zwei Kugeln an meinem Ohr vorbei. Rasch wendete ich mich zurück, konnte aber nicht sehen, woher sie kamen. Das Gebet des Mannes hat wohl auch mein bedrohtes Leben beschützt."

*

Gebet zur Jungfrau Maria

Unter den Schutz deiner guten Barmherzigkeit
flüchten wir uns, heilige Gottesgebärerin.
Schau nicht vorbei an unserem Flehen in Bedrängnis,
sondern reiße uns aus der Gefahr,
einzig glorreiche, gebenedeite Jungfrau!

Sei gegrüßt Maria,
voll der Gnade!

Altchristliches Gebet

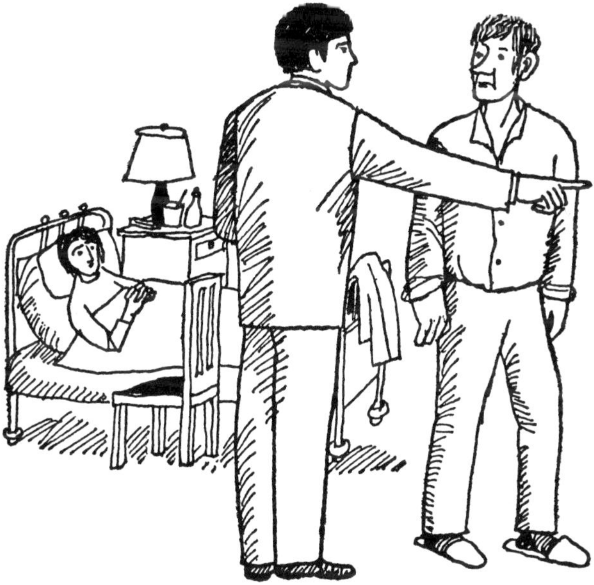

Die getreue Jungfrau

Kaplan Brenner wurde zu einem Kranken gerufen. Rasch nahm er das Allerheiligste und das heilige Öl und eilte nach der bezeichneten Straße. Hausnummer 18. Während er nun prüfend die Häuser musterte, kam ihm ein Zweifel, ob es Nummer 28 oder 18 war. Da war schon das Haus Nummer 28. Er konnte sich nicht mehr klar werden. Sagte er sich, es sei 18 gewesen, dann schien eine Stimme in ihm zu behaupten, es sei Nummer 28. Er ging also aufs Geratewohl in das Haus Nummer 28. „Es wird sich schon finden, ob ein Sterbender dort wohnt oder nicht", sagte er zu sich selbst. „Finde ich keinen, so habe ich immer noch Zeit, im Hause Nummer 18 nachzusehen."

Er ging also in das Haus hinein und fragte unten, ob ein Schwerkranker hier wohne. Man schüttelte den Kopf. Niemand wußte davon. Im ersten Stock war alles geschlossen. Also höher hinauf. Auch im zweiten Stock war niemand etwas bekannt von einem Schwerkranken. Erst im dritten Stock zeigte ein Kind auf eine der Türen und sagte, dort wohne eine kranke Frau.

Der Kaplan klopfte leise an die bezeichnete Türe.

„Herein!"

Er trat ein und fand wirklich eine kranke Frau im Bette liegen. Neben ihr einen Mann von etwa 50 Jahren, der ihn feindselig ansah.

„Sie haben mich gerufen", begann der Kaplan und zog seine freundlichsten Register. Denn er erwartete von diesem Blick nichts Gutes.

„Nein, ich habe Sie nicht gerufen, wir brauchen Sie nicht. Bin so lange ohne die Pfaffen ausgekommen, werde auch weiterhin ohne sie fertig werden."

Diese unverschämte Antwort machte auch den Kaplan blitzig. Es zuckte ihm in allen Gliedern, den Kerl zu nehmen und ihn zum Fenster hinauszuwerfen. Wenigstens ihn vor die Türe zu setzen. Denn er war ein Mann von fast zwei Meter Höhe mit entsprechenden Kräften. Aber er besann sich noch rasch, daß er den Heiland bei sich trug. Dennoch klang es nicht sehr freundlich, als er den Menschen anfuhr:

„Können Sie nicht anständig sagen, was Sie zu sagen haben? Was habe ich Ihnen getan, daß Sie mir in dieser Weise entgegentreten?"

„Ich hasse alle Pfaffen! Ist das nicht Grund genug?"

Kaplan Brenner ging gar nicht weiter auf seine Widerrede ein, sondern wandte sich zur Frau: „Ich fürchte, daß ich mich in der Hausnummer geirrt habe. Jetzt fällt mir ein, daß ich nach Haus Nummer 18 sollte. Aber ich glaube, daß Gottes Vorsehung mich zu Ihnen geführt hat; denn ich sehe, daß auch Sie mich brauchen."

Dankbar schaute die Frau ihn an und flüsterte mit schwacher

Stimme: „O ja, ich danke Gott, daß er Sie hergeschickt hat! Es war mein einziger Wunsch, vor dem Sterben noch einen Priester zu bekommen. Der Tod ist nicht mehr ferne."

„Seit zwanzig Jahren hat kein Pfaffe das Haus betreten und soll es auch keiner jemals mehr betreten. Darum gehen Sie hinaus, und lassen Sie uns in Ruh! Wir können schon allein fertig werden", unterbrach sie der Mann mit haßerfüllter Stimme.

Tränen traten in die Augen der Sterbenden, die wie ein armes, hilfloses Kind die Arme dem Priester entgegenstreckte. Der machte nun nicht mehr viel Federlesens. Mit einer raschen Bewegung wandte er sich gegen den Mann und sagte:

„Woher nehmen Sie das Recht, Ihre Frau zu hindern, die Sterbesakramente zu empfangen? Ihre Seele gehört ihr allein, und sie allein ist dafür verantwortlich. Deshalb darf ich Sie wohl bitten, uns allein zu lassen, damit ihre Frau beichten kann."

Er blieb ruhig sitzen und brummte vor sich hin: „Hier ist mein Haus, und darin bin ich Herr. Machen Sie sich hinaus, sonst hole ich die Polizei und verklage Sie wegen Hausfriedensbruch."

Kaplan Brenner hatte für sein Temperament länger Geduld bewahrt, als ihm eigentlich möglich war. Dem Heiland zulieb hatte er so lange an sich gehalten. Jetzt aber stand er da mit blitzenden Augen, seine Rechte hob sich und er zeigte nach der Tür, ohne ein Wort zu sagen. Und als der Mensch noch sitzen blieb, ging er auf ihn zu, als wollte er ihn mit Gewalt vor die Türe setzen. Da schlich sich der Feigling wie ein geprügelter Hund zur Türe hinaus, immerfort knurrend und schimpfend. Der Kaplan störte sich nicht mehr daran, sondern hörte die Beichte der Frau und gab ihr die hl. Wegzehrung. Als er fertig war, zeigte sie dem Geistlichen einen Rosenkranz und sagte mit gebrochener Stimme:

„Sehen Sie, dieser Rosenkranz hat mich gerettet. Seit fünfzehn Jahren habe ich aus Furcht vor meinem Manne die Religion verlassen, ging nicht mehr in die Kirche und nicht mehr zu den heiligen Sakramenten. Aber ich war dabei namenlos unglücklich. Er ist ein grausamer Tyrann, der mir keine Stunde Freiheit ließ, sondern mich wie eine Sklavin behandelte. Ich verzweifelte an Gott und an den Menschen. Eines nur tat ich immer noch. Jeden Tag betete ich ein Gesätzlein vom Rosenkranz, und ich bin fest davon überzeugt, das hat mich gerettet.“ Sie war ganz ruhig geworden, weil sie sich wieder als Kind Gottes fühlte.

Der Kaplan sprach noch einige tröstende Worte zu ihr und eilte dann, um nach Haus Nummer 18 zu kommen, wo man gewiß auf ihn wartete.

*

Sei gegrüßt, Blüte der Unvergänglichkeit;
sei gegrüßt, Sieg der Gewaltlosigkeit.
Sei gegrüßt, der Auferstehung leuchtende Spur;
sei gegrüßt, den Engeln gleich lebst du im Lichtschein.

Sei gegrüßt, herrlich fruchtender Baum, der die Gläubigen labt;
sei gegrüßt, schützendes Laubdach darunter viele sich bergen.
Sei gegrüßt, den Ziellosen hast du den Weg gewiesen;
sei gegrüßt, anheimgestellt hast du den Unfreien die Freiheit.

Sei gegrüßt, ehrfürchtig stehst du vor dem All-Richter;
sei gegrüßt, in dir findet unser Fehlen Beistand bei ihm.
Sei gegrüßt, denen die ohne Zuversicht wandern, bist du ein Gewand;
sei gegrüßt, dein Lieben ist über alles Verlangen groß.

Sei gegrüßt, du jungfräuliche Mutter!

Aus: Hymnos Akathistos (Ostkirchliche Liturgie seit 700 - 800)

Du Stern im Meere

Es war im Kriegsjahr 1943. Ich diente bei der Marineartillerie, wurde von Kiel nach Athen versetzt und zum Schluß auf die Insel Ägina zum Schutz der Hafeneinfahrt von Pyräas, dann ins Festland von Pyräas abkommandiert.

Mit ca. 70 Mann waren wir im Schiffsladeraum untergebracht, als sich plötzlich ein starker Sturm erhob, der unsere gesamte Ruderanlage zerbrach. Es bestand nun die große Gefahr, die Einfahrt nicht mehr zu erreichen und auf Minen aufzulaufen. Doch gelang es nochmals, sie zu reparieren, so daß wir gut in den Hafen kamen. Dort stand ein großes Schiff, auf das wir alle einstiegen: 600 Soldaten, 300 Mann ins Vorder- und 300 Mann ins Hinterdeck, mit viel Munition und Material. Nachts gabs plötzlich Fliegeralarm! Alle Lichter verlöschten. Es wurde stockfinster. Der Bombenangriff galt aber dem Flugplatz. So ging er gut vorüber. Morgens halbvier Uhr ging's dann mit Sicherung, U-Bootjägern, Minenräumboot, zwei Flugzeugen und

Begleitschutz in Richtung Türkei weiter — wie St. Paulus auf Missionsreise, nur umgekehrt. Schon am zweiten Tag war ein feindliches Flugzeug über uns. Wir waren also entdeckt!

So liefen wir den Hafen an und blieben eineinhalb Tage dort.

Dann ging die Fahrt zur Insel Samos. Über Nacht blieben wir im Hafen und brachen um halbsieben Uhr auf. Kaum waren wir ausgelaufen — ich frühstückte am Schiffsdeck, hatte ich das unangenehme Gefühl — es ist etwas los. Als ich wieder die Augen öffnete, lag ich ca. 30 m entfernt auf der Kommandobrücke. Mein erster Gedanke war: Schwimmweste! Ich merkte auch, daß ich jetzt barfuß war, Schuhe und Socken waren weggerissen. Im Vorschiff stand schon das Wasser, im Vorderdeck war ein großes Loch, meine 300 Kameraden waren verschwunden. Alles erschien mir wie im Traum. Wie im Traum watete ich weiter. Das Wasser stieg höher, das Schiff sank. Mein einziger Gedanke jetzt war: hinauf zur höchsten Mastspitze! Am Tau versuchte ich hochzuklettern. Da sank das Schiff und riß mich mit in die Tiefe. Neben mir sah ich noch einen stark blutenden Kameraden, der nach mir rief. Erst in der Tiefe des Wassers kam ich wieder zu mir und versuchte verzweifelt, wieder hochzukommen. Die Luft ging mir fast aus, und ich glaubte, der letzte Augenblick meines Lebens sei gekommen. In dieser Todesnot dachte ich an die liebe Mutter Gottes. Im Augenblick war ich wieder über Wasser. Doch nochmals zog es mich hinunter, ich kam aber nach einigen Bemühungen wieder hoch. Da entdeckte ich plötzlich einen Kameraden an einer Kiste hängen, der nach mir schrie, ich schwamm zu ihm, um ihm Mut zu machen. Wir beteten gemeinsam ein Ave Maria. Jetzt erst bemerkte ich, daß meine Füße schmerzten. Wir versuchten wohl, uns bemerkbar zu machen, doch weit und breit war niemand zu sehen. Bald war ich völlig apatisch. Nach ca. 20 Minuten steuerte ein Schiff auf uns zu und zog uns heran. Ich wurde sofort verbunden, dann gings in den Hafen von Samos, wo uns schon Sankas empfingen. Stundenlang lag ich noch in meiner nassen

Uniform. Ein Flugboot für Schwerverwundete wurde angefordert, kam an, landete aber zu hart, mit der Schnauze im Sand. Alle sechs Mann Besatzung waren sofort tot. Mein blutender Kamerad kam zwar noch ins Rettungsboot, starb aber bald. Die Nacht durchdrang das Jammern und Stöhnen der Schwerverwundeten. Dann kamen wir ins große Marienhospital »Sismanakian« von Athen. Der damals mit mir an der Kiste gehangene Kamerad wurde geheilt, in einem Flugzeug zurücktransportiert, um wieder eingesetzt werden zu können. Das Flugzeug wurde jedoch abgeschossen. Nach acht Tagen Lazarett kam ich dann in einem Lazarettzug nach Salzburg.

Soweit ich feststellen konnte, war ich der einzig Überlebende meiner 300 Kameraden vom Vorschiff. Ein U-Boot hatte gelauert und zwei Torpedos ins Schiff geschossen. Die meisten der 300 Kameraden waren ins Meer geschleudert worden und ich mit wenigen auf die Kommandobrücke.

Es war eine Kette unwahrscheinlicher Fügungen, die ans Wunderbare grenzen. Zuerst wurde ich ca. 20 m durch die Luft geschleudert und kam auf festen Boden. Dann dieser Sturz, ähnlich einem aus dem 4. Stockwerk, brach mir aber nicht das Genick, sondern das Fersenbein. Mein Fuß sollte abgenommen werden, im letzten Augenblick aber wurde davon abgesehen.

Das 3. Wunderbare war, daß das Schiff innerhalb von 4 Minuten gesunken war, ich aber in den letzten Minuten wie im Traum zu mir kam. Und 4.: mit dem Schiff am Tau hängend unterging und immer wieder hochkam — es war am 27. November 1943, dem Festtag der Wunderbaren Medaille. Ich hatte Maria schon immer besonders verehrt.

Heute bin ich katholischer Priester und versuche in meiner priesterlichen Verbindung immer wieder hinzuweisen auf die große Macht unserer himmlischen Mutter.

Pfr. Kammermeier

1000 km für eine Beichte

Pfarrer Albert O Ki Sun (60), Verfasser mehrerer volkstümlicher Bücher, erhielt seine theologische Ausbildung in Nagasaki (Japan), wo damals der inzwischen seliggesprochene Franziskanerpater Maximilian Kolbe ein Priesterseminar zur Heranbildung des einheimischen Klerus gegründet hatte. P. Maximilian Kolbe setzte auf den jungen koreanischen Seminaristen die größten Hoffnungen und schickte ihn nach Rom zum Weiterstudium. Nach der Priesterweihe war Albert O Ki Sun zunächst einige Jahre Kaplan und Pfarrer an verschiedenen Kirchen der Diözese Jeonju, dann 10 Jahre lang Philosophieprofessor am Priesterseminar in Seoul, und ist heute Pfarrer der Märtyrerkirche in Jeonju. Der folgende Artikel (gekürzt) ist entnommen seinem Buch: ,,Die Liebe ist ewig.''

Der Übersetzer, P. Paul-H. Schmidt SM, war bis 1970 Pfarrer der Nachbargemeinde von Pfarrer Albert O Ki Sun. Hier der Bericht:

Der Krieg in Korea (1950-1953) ging seinem Ende entgegen. Die ganze Nacht hindurch schickten die UN-Truppen ihre Geschosse vom Nam-san (Berg südlich der koreanischen Hauptstadt Seoul) herunter, und die Nordkoreaner schossen hinauf. Es war ohrenbetäubend, pausenlos feuerten die Kanonen drauflos, die ganze Stadt Seoul bebte. In jeder Straße, in jeder Gasse ausgebrannte, verkohlte, ausgebombte, zerstörte Häuser, hier und dort Leichen, in den letzten Zügen liegende Schwerverwundete, Schreien und Winseln, Feuerschein und Rauch. Wohin man hörte: fürchterliches Getöse, markerschütternde Schreie, Hilferufe. Die Hölle war losgelassen.

Ich zweifelte, ob ich noch am Leben sei. Auch unser Luftschutzbunker war von Feuer und Rauch umgeben. Da gewahrte ich plötzlich, wie sich mir ein nordkoreanischer Soldat und eine Frau im mittleren Alter näherten. Das Herz schlug mir bis zum Hals.

Da hörte ich wie von weitem eine Stimme rufen: ,,Hochwürden, Hochwürden!'' Innerlich kochte es in mir: ,,Weshalb ruft man unter diesen Umständen laut nach dem Priester? Der nordkoreanische Soldat bringt mich um!''

Doch nein, nicht von weit her kam die Stimme, sondern direkt vor mir stand eine mir wohlbekannte Ordensschwester, schüttelte und rief mich. Der Nordkoreaner, in einer Hand das abschußbereite Gewehr, fuchtelte mit der anderen Hand in meinem Gesicht herum. Mir wurde es klar: Das ist das Ende! In meiner verzweifelten Ausweglosigkeit schrie ich: ,,Warum?" Als ich so rief, kamen die Schwester und der Nordkoreaner ganz dicht an mich heran und zogen mich zu sich. Für einen Augenblick wußte ich nicht, ob ich noch lebte oder schon tot sei. Langsam kam ich jedoch wieder zu mir. Da vernahm ich die von Tränen erstickte Stimme des Nordkoreaners: ,,Hochwürden! Hochwürden!", stammelte er.

Er war Katholik. Von Sinui-ju (an der chinesischen Grenze) war er gekommen, bis zum Naktong vorgedrungen (südliche Stelle, die die Nordkoreaner erreichten), hatte tausend Gefahren überstanden, und war nun auf der Flucht gen Norden.

Er legte seine beiden Hände auf meinen Kopf, schob seinen Mund in mein Ohr und begann seine Beichte. Ich spürte seinen heißen Atem in meinem Ohr, seine beiden Hände zitterten mitleiderregend auf meinem Kopf. Weil in dem kleinen Luftschutzbunker eine große Menschenmenge auf engem Raum zusammengepfercht war, mußte die Beichte auf diese ungewöhnliche Weise vor sich gehen. In dem einen Ohr weiterhin die Schreie nach Hilfe, der betäubende Kanonendonner, das Getöse der einschlagenden Granaten, in dem andern Ohr gleich einem ratternden Maschinengewehr die Sünden, die der Nordkoreaner losschoß. Der Atem ging mir aus; endlich war die Beichte zu Ende. ,,Hochwürden, danke!", sagte er. Sichtlich erleichtert faßte er meine beiden Hände und erzählte mir kurz unter Tränen und Seufzern die erregende Geschichte, wie er mich gefunden hatte.

Als der Krieg ausbrach, hatte er die seit zehn Jahren vergeblich gesuchte Gelegenheit ausgenützt, nach dem Süden zu kommen, um dort einen Priester zu finden, dem er nach 16 Jahren zum ersten Mal wieder seine Sünden beichten könnte. Das war sein brennendster Wunsch, seine große Hoffnung. Wer in diesem Kriege Sieger oder Verlierer sein würde, interessierte ihn nicht. Nach Überquerung des 38. Breitengrades (Teilungslinie zwischen Nord- und Südkorea) hatte er jede erreichbare katholische Kirche aufgesucht, konnte aber nirgends einen Priester finden. Er kam nach Seoul, war Tag und Nacht unterwegs auf der Suche nach katholischen Kirchen, aber wen auch immer er ansprach, niemand konnte oder wollte ihn mit einem Priester bekannt machen. Er warf sich vor der großen Muttergottesstatue vor der Myeng-Dong-Kathedrale nieder und betete aus ganzem Herzen, die Muttergottes möge ihm einen Priester schicken. Aber auch jetzt fand sich kein Priester. Weiter auf dem Weg nach Süden schlich er sich zu jeder nur denkbaren Kirche; aber mit dem gleichen Mißerfolg. Am Naktong-Fluß wurde seine Einheit völlig vernichtet, er war der einzig Überlebende. Bevor er sich über den 38. Breitengrad zurückzog, machte er nochmals verschiedene Versuche und wieder ohne Erfolg. Er war sich jedoch klar; daß er später in Nordkorea wohl zeitlebens keinem Priester mehr seine Sünden beichten könnte, und so zog es ihn nochmals zu der Marienstatue von der Myeng-Dong-Kathedrale, warf sich vor ihr nieder, und als er so unter Seufzern mit seinem Gewehr auf dem Boden stampfte, ging gerade eine Ordensschwester (natürlich ohne Ordenstracht) vorüber. Sie brachte ihn in unsern Luftschutzbunker.

Unsere Brüder und Schwestern in Nordkorea sind schon 30 Jahre ohne Priester. Auch in der Todesstunde steht ihnen kein Priester zur Seite. Wir sollten für die Kirche des Schweigens mehr beten und gleichzeitig eine Gewissenserforschung machen. Man redet viel über die Priester. Wo gibt es denn auf dieser Welt einen Menschen ohne Unzulänglichkeiten und Fehler? Ich frage mich, ob nicht jene, die mit Vorliebe Priester kritisieren, nicht doch weit mehr und größere Sünden auf ihrem Gewissen haben. Das Erlebnis mit jenem Nordkoreaner, der mitten im Kriege unter Todesgefahr 1000 Km zurücklegte, um einen Priester zu finden, stimmt zum Nachdenken.

Pfarrer Albert O Ki sun, Jeonju

Der Rosenkranz des Paters Ogilvie

Der junge Baron Johann von Eckersdorf hatte ein unseliges Liebesabenteuer hinter sich. Trotz seiner Schönheit, seines Reichtums und seiner Liebenswürdigkeit war die kleine Komtesse Viola Martini ins Kloster gegangen, statt, wie er es gewollt und erwartet gehabt, Protestantin zu werden aus Liebe zu ihm.

Er hätte es nie für möglich gehalten, daß Viola, seine Spielgenossin von Kindheitstagen an, im entscheidenden Augenblicke Nein sagen und zu den Klarissinnen gehen könnte, wie sie getan. Hoch bäumte sich der Trotz in der Brust des jungen Edelmannes; denn bisher war ja alles immer nach Wunsch in seinem

Leben gegangen. Auf der hohen Schule war er wohlgelitten gewesen, in den erlesensten Salons huldigte man ihm ob seiner Bildung und seines Auftretens, das Schicksal hatte ihn in jeder Weise bevorzugt ... und nun sagte dieses verarmte Mädchen, das er durch seine Persönlichkeit auszeichnen wollte, ganz einfach Nein.

Dennoch, diese Weigerung traf ihn härter, als er wünschte, als er geahnt hätte, denn sie traf ihn überraschend.

Er konnte den Giebel des nachbarlichen Herrenhauses, in dem Viola als verarmte Verwandte seit Kindheitstagen gewohnt hatte, nicht mehr ohne ein wehmütiges Erinnern sehen, und er schickte sich daher an, auf Reisen zu gehen, fremde Länder und Menschen kennenzulernen, wie es damals, zu Anfang des 17. Jahrhunderts, Sitte gewesen und auch heute noch ist.

Sein Weg führte ihn zunächst durch die Schweiz nach Frankreich, und wo es Kunstschätze und Naturschönheiten zu bewundern gab, sah man den jungen Baron in den ersten Reihen. Er wollte das Leben auskosten, das kurze, herrliche, aber doch einmal begrenzte Leben. Wozu war man jung und angesehen? Doch nicht, um im heimatlichen Deutschland betrübt an der Türschwelle des väterlichen Hauses zu sitzen und in den Nachbarsgarten hinüberzustarren, dessen schönste Blume verschwunden war ...?

O, in den Adern des jungen Barons lebte das Blut der Abenteuerlust, er wollte genießen und froh werden!

So kam er auch nach England, dessen düstere Nebel wieder ein wenig die Schwermut in ihm zu wecken drohten, die Schwermut, die ihn in die Fremde getrieben hatte.

Es war am 10. März des Jahres 1615, als er zu Glasgow in Schottland haltmachte. Eine große Menschenmenge war in der Stadt versammelt und ein aufgerichteter Galgen schrie nach seinem Opfer.

Der junge Baron, der froh war, seiner Schwermut durch neuartige Eindrücke abzuhelfen, mengte sich gar bald unter die aufgeregten Leute. Schnell war er in die Situation eingeweiht. Ein junger Jesuitenpater, Johann Ogilvie mit Namen, sollte hingerichtet werden, weil er sich erkühnt gehabt zu behaupten, daß die Obergewalt in geistlichen Dingen auch in Schottland dem Hl. Vater in Rom und nicht dem König Jakob I. zustehe.

Der Standplatz des jungen Barons war so günstig, daß er den Todeskandidaten mit einem protestantischen Prediger an sich vorbeigehen sah und auch die Worte hörte, die zwischen den beiden fielen. Der lutherische Priester bot dem Jesuitenpater Ehre, Macht und Reichtum an, wenn er sich vom Glauben lossage. Doch der Ordensmann wies diese Zumutung entschieden zurück. „Wohl", rief er aus, als der Protestant vor der ganzen Menge sein Ansinnen wiederholt hatte, „einzig meiner Religion wegen bin ich verurteilt und für sie wollte ich hundert Leben mit freudigem Herzen hingeben. Nehmt also das eine, das ich besitze, und zögert nicht; meine Religion werdet Ihr mir niemals rauben!"

Pater Ogilvie umarmte und küßte den Galgen, ja, er tröstete selbst den Henker, der vor soviel Jugend, Schönheit und Opfermut nur schwer seines traurigen Amtes zu walten sich entschließen konnte. Als man daran ging, seine Hände zu binden, warf der Märtyrer seinen Rosenkranz, den er so oft für die Bekehrung der Irrgläubigen gebetet, auf gut Glück in die Volksmenge, daß ihn einer der nahestehenden Katholiken zum Andenken erhaschen möge.

Aber die Perlenkette mit dem Kreuz des Erlösers traf die Brust des jungen Barons von Eckersdorf so günstig, daß er sie mit hohler Hand auffangen konnte. Die ungestümen Katholiken aber bedrängten den Fremden nur zu bald, das kostbare Ding wieder herzugeben.

Jedoch die Hand, die wenige Sekunden bloß das Liebespfand

eines Märtyrers umschlossen, schmerzte, und es war dem jungen Edelmann, als hätte ihm der Rosenkranz eine Wunde geschlagen. Er mußte immer und immer wieder an diesen letzten Blick des bereits Hingerichteten denken.

Tieferschüttert suchte der Adelige später seinen Gasthof auf und grübelte den ganzen Abend und die ganze Nacht über dieses eigenartige Erlebnis, das ihn tief ergriffen hatte. Und noch manche Wochen und Monate dachte er über den heldenhaften Tod des jungen katholischen Priesters nach und mußte sich endlich eingestehen, daß es doch interessant sein müßte, die Lehre, die soviel Opfermut aufbrachte, lieber näher kennenzulernen als zu bespötteln oder gar zu verurteilen.

An die Stelle seiner Vergnügungs-, Abenteurer- und Genußsucht war ein beständiges Forschen getreten und vier Jahre später, nachdem der geworfene Rosenkranz des jungen Märtyrers in seiner Hand geruht, stand auch Baron von Eckersdorf in den Reihen der katholischen Glaubensbrüder.

„Alles Geld der Welt würde ich nicht scheuen, könnte ich heute noch den Rosenkranz des Paters Ogilvie bekommen“, sagte er am Tage seiner Aufnahme in den Schoß der Kirche, „denn nur er hat meine ganz wundersame Bekehrung verursacht.“

*

Maria,

beschütze in den Stürmen dieser Zeitlichkeit die Kirche deines Sohnes. Gib Hilfe und Stärke, daß nichts uns zu trennen vermag von dem Glauben unserer Väter, nichts uns entmutige in den Schicksalsschlägen des Lebens, nichts uns erschrecke als einzig die Sünde und Untreue gegen deinen göttlichen Sohn und gegen seine heilige Kirche. Amen.

Die SS wollte mich erschießen

Es war in den letzten Tagen des Zweiten Weltkrieges. Ich war damals ein Mädchen im Alter von 23 Jahren und in der Nähe von München als Verkäuferin beschäftigt. Meine Mutter wohnte in dieser Zeit mit meinem zehnjährigen Bruder in einem stillgelegten Bauernanwesen in einer Ortschaft des Chiemgaues. Mein Vater und zwei Brüder waren beim Militär an der Ostfront und ein Bruder in Frankreich. In Sorge um meine Mutter entschloß ich mich trotz der damals herrschenden Verkehrsunsicherheit infolge der Bombenangriffe, besonders auf die Stadt München — erfahrungsgemäß mußte man zu Fuß durch die ganze Stadt marschieren —, sie Samstagabend bis Montag früh zu besuchen. Als ich daheim ankam, war meine Mutter krank. Da sich ihr Gesundheitszustand bis zu meiner geplanten Rückreise nicht besserte, entschloß ich mich, noch eine Woche bei ihr zu bleiben und entschuldigte mich telefonisch bei meinem Arbeitgeber. Inzwischen erfuhr man in dem Dorf, daß die Amerikaner weiter vorgedrungen waren und bereits München besetzt hatten. Es wurde davon gesprochen, daß die »Amis« bald Rosenheim erreichen und wohl auch in unser Dorf kommen werden. Die Leute rieten, weiße Tücher an den Fenstern und Balkonen aufzuhängen. Wir taten dies, wie auch die meisten Dorfbewohner. Als wir jedoch nach einer Stunde hörten, daß die Amerikaner noch nicht so weit vorgedrungen seien, zogen die Leute ihre weißen Tücher wieder zurück. Auch ich nahm das weiße Tuch, merkte aber nicht, daß die in unserem Hause wohnende Mieterin das Hereinnehmen vergessen hatte. Es dürften wieder einige Stunden vergangen sein; meine Mutter, deren Gesundheitszustand sich im Laufe der Tage gebessert hatte, verschaffte sich in einem Schuppen Ablenkung durch Arbeit. Mein kleiner Bruder spielte draußen mit anderen Dorfbuben und ich befand mich ganz allein in dem großen Hause. Um meine unsichere Stimmung los zu werden, putzte ich auf dem 10 m langen Gang des Erdgeschosses, so etwa in der Mitte, vor der Küchentür die Schuhe. Da plötzlich wurde die Haustür, die von der Straßenseite her den Zugang zu dem Hausgang bildete, aufgestoßen und ein SS-Kommandant mit sieben SS-Männern im Gefolge stürzte herein und auf mich zu. Der Kommandant schrie mich an: Wer hat Ihnen gesagt, die weiße Fahne zu hiessen?

Sofort umringten mich die SS-Männer. Ich gab zur Antwort: Ich kenne die Leute hier nicht. Dies stimmte auch, denn meine Eltern waren erst in das Dorf gezogen, als ich schon von daheim weg und in dem Geschäft bei München angestellt war.

Nun schrie der SS-Kommandant: „Sie werden erschossen!“ In meiner Todesnot rief ich innerlich zur Gottesmutter, denn meine Gedanken waren: jetzt kann mich nur mehr sie retten. Ich verehrte sie ja schon von Kindheit an und hatte ein großes Vertrauen zu ihr. In demselben Augenblick gingen der SS-Obere und die sieben SS-Männer zur Haustür und sie verließen, ohne etwas zu sagen, das Haus. Eine Zeit darauf kam meine Mutter wieder in das Haus und ich erzählte ihr, was geschehen war. Wir erkannten, daß es gut war, daß meine Mutter bei dem Vorfall nicht im Hause war; denn was tut eine Mutter in einer solchen Situation für das Leben ihres Kindes! Es wäre wahrscheinlich ein größeres Blutbad zu befürchten gewesen. Am Abend desselben Tages kam einer von den sieben SS-Männern zu uns und sagte: Es ist noch nicht vorgekommen, daß unser Kommandant einen derartigen Befehl nicht durchführen ließ. In den letzten Tagen ließ er mehrere Leute erhängen. Seine Kameraden, so berichtete er, haben gesagt: Uns hätte nur das junge Mädchen leid getan.

Mir aber wurde damals sogleich klar und in den vielen Jahren seit dem schrecklichen Erlebnis kommt es mir immer wieder zum Bewußtsein, daß ich das Überleben der damaligen Stunde der Gottesmutter verdanke. *M. R.*

*

,,Überall,

wo die Menschen nicht auf mein unbeflecktes Herz vertrauen, hat der Teufel Macht. Wo aber die Menschen an die Stelle ihrer sündigen Herzen mein unbeflecktes Herz setzen, hat er keine Macht. Er wird aber meine Kinder verfolgen. Sie werden verachtet werden, aber er kann ihnen nichts anhaben.“

Aus der Botschaft von Marienfried)

So geschehen in Lourdes

Die ersten Zeichen der Krankheit meines Mannes hielt jeder für vorübergehende Erschöpfung. Pierre war ja erst siebenundfünfzig Jahre alt. Aber als sich sein Zustand verschlimmerte, mußten wir mehrere Ärzte konsultieren, die ihm kaum noch ein Jahr gaben.

Mein Mann hatte keinen Glauben. Mich aber hielt mein Glaube aufrecht. Und meine Gedanken gingen nach Lourdes. Es fiel mir nicht schwer, eine Reise nach Europa zu begründen, konnten wir doch dort eine Reihe Spezialisten aufsuchen. So war Pierre auch damit einverstanden, in Lourdes haltzumachen, trotz seiner Gleichgültigkeit. Im Jahre 1956 fuhren wir von

Kalifornien über New York und Le Havre zuerst nach Paris. Nach drei Tagen hatte Pierre genug von den Ärzten. „Laß uns gleich nach Lourdes fahren."

Am ersten Abend ging ich allein zur Grotte. Pierre zeigte zwar für die geistlichen Einflüsse eine gewisse Empfänglichkeit, hielt aber im übrigen Religion und Wunder für Unsinn. Und niemand diskutierte mit ihm.

Zwei Wochen nach unserer Ankunft wurde ein dreizehnjähriges Mädchen zur Grotte gebracht. Beide Beine waren amputiert. In seiner skeptischen Stimmung fragte Pierre sie, ob sie vielleicht erwarte, Gott werde ihr die Beine zurückgeben. Doch lachend sagte das Mädchen, dazu sei sie nicht nach Lourdes gekommen, sondern nur um den Seelenfrieden von Gott zu erflehen. Und das Kind fügte hinzu: „Warum sind eigentlich Sie so mutlos? Ihr Fall ist lange nicht der schlimmste."

Als man am nächsten Tag das Eis in den Bädern zerschlug, schloß sich Pierre dem jungen Mädchen an und ließ sich untertauchen. Es schadete ihm körperlich nichts — aber er faßte neuen Mut.

Mit Pierre ging eine Veränderung vor. Er fing an, den wahren Frieden zu entdecken. Täglich machte er im Rollstuhl den Rundgang um das Heiligtum. Er sollte das ein ganzes Jahr lang tun. Die Krankheit besserte sich nicht, aber Pierre wurde wieder der energische Mann von einst. Vor allem die Genesungen und Bekehrungen änderten seine religiösen Ansichten. Es war ein langsames, aber stetiges Aufwärtsschreiten einer ringenden Seele mit dem Ziel: GOTT.

Als man wieder einmal einen völlig gelähmten Knaben brachte, den mein Mann mit eigenen Augen geheilt sah, faßte Pierre den Entschluß, katholisch zu werden. Auch er wollte zu dieser Religion gehören, die sich in Krankenhäusern und Spitälern der Flut von Krankheit und Elend widmete. Er fing an, mit der Not all dieser Leidenden mitzuleiden. Eines Tages erfuhr er, es fehle den »Schwestern von der Liebe« an Decken für tausend Krankenbetten. Er versprach ihnen tausend Decken der besten Qualität, ohne die Geldfrage zu bedenken.

Pierre lebte wirklich in einem tiefinnerlichen Frieden, der auf mich ansteckend wirkte. Sein Rollstuhl wurde ein echter Anziehungspunkt für echte Freunde. Doch die Krankheit untergrub seinen Organismus immer mehr, und ich bereitete alles vor, um ihn im Krankenhaus von Toulouse in eine eiserne Lunge aufnehmen zu lassen. Kurz nachdem man meinen geliebten Mann in die eiserne Lunge gepackt hatte, ließ er sich in den Schoß der katholischen Kirche aufnehmen. Drei Tage später, am 1. Dezember 1956, starb er. Kaum wage ich es zu bekennen: *Die Freude besiegte meine Trauer.* Mein geliebter Gatte war tot, aber ich wußte jetzt, daß er für immer lebte. Und so war uns — meinem Mann und mir — ein Wunder geschehen in Lourdes.

Zu Hause ließ mir der Gedanke an Pierres Versprechen gegenüber den »Schwestern von der Liebe« keine Ruhe. Den Freunden meines Mannes hatte ich davon erzählt, und sie halfen mir. Tausend Wolldecken ließen sie auf ihre Kosten herstellen. So landete ich mit Hilfe der Air France und eines französischen Kraftfahrers am 18. Dezember 1957 mit meiner Fracht in Lourdes. Welch eine Überraschung für die Schwestern! Das Versprechen Pierres war eingelöst, und ich erkannte staunend — zum zweiten Mal: Meine Freude war größer als mein Leid.

*

„Maria

zeigt sich von Zeit zu Zeit auf der Welt. Sie will dem Leid und dem Schmerz der Menschen abhelfen. Sie will uns helfen. Aber von uns erwartet sie, daß wir bei ihr stehen und mit ihr wachen; daß wir sie unterstützen in der Erfüllung der Aufgaben, die sie in der Menschheitsfamilie zu erfüllen hat."

Stefan Kardinal Wyszynski

„Ich kam aus dem Staunen nicht heraus"

Pfarrer Oh Ki Sun, ein koreanischer Priester, berichtet über seine Erlebnisse mit P. Maximilian Kolbe in Nagasaki.

Kaum waren einige Tage seit seiner Ankunft in Nagasaki vergangen, entschloß sich P. Maximilian Kolbe, sofort mit der Herausgabe eines Monatsblattes unter dem Titel »Ritter U. L. Frau« zu beginnen. Er besaß keinen roten Heller, und außerdem sprach und verstand er kein Wort japanisch. Dennoch beschloß er, das Blatt gratis zu vertreiben, selbst auf die Straße zu gehen und es allen zu geben, die vorübergingen. Ein klar denkender Mensch wird sich sagen, daß dies ein unmögliches Unternehmen ist, das an den Wahnsinn eines Verrückten grenzt. Aber für ihn gab es nichts Unmögliches, er war keineswegs geisteskrank. Mit einigen Franziskanerbrüdern ging er los, eine Druckmaschine zu kaufen. Der Verkäufer und die Angestellten konnten ihr Erstaunen und ihre Neugierde über den Fremden nicht verbergen, der kein Wort japanisch sprechen und auch nicht verstehen konnte. Mit Händen und Füßen gab er zu verstehen, daß er eine Druckmaschine kaufen wolle. Der Verkäufer schrieb den Preis mit arabischen Ziffern auf ein Blatt Papier: 150 Yen. Der Pater zog seine Brieftasche hervor, wühlte darin, faltete dann beide Hände und senkte den Kopf tief.

Der Verkäufer verstand zwar, daß der Pater kein Geld habe, konnte aber nicht erkennen, ob er die Maschine geschenkt haben oder auf Kredit kaufen wollte. Der Verkäufer streckte seine Hände verwirrt und ablehnend aus; aber die Haltung des Fremden war doch so fesselnd, daß der Verkäufer seinen Angestellten sagte, sie sollten die Maschine zum Verkauf fertigmachen. Eine Stunde später erschien eine völlig unbekannte Person und bezahlte den Preis, verlangte aber, dem Ausländer nichts davon zu sagen und verschwand. So hatte man nun die Druckmaschine, niemand aber kannte die Person, die den Betrag stellvertretend bezahlt hatte, außer dem Pater. Ich befragte ihn mehrmals darüber, erhielt aber nie eine Antwort, sondern nur ein Lächeln. Ich sagte, daß es in diesem Land eine Sitte gäbe: Wenn man ein Geschenk erhalte, gehe man zum Haus des Wohltäters und bedanke sich. Aber der Pater lächelte nur, zeigte mit liebevollem Blick auf die Marienstatue auf seinem Schreibtisch und sagte: ,,Die Summe für die Druckmaschine hat diese Muttergottes entrichtet. Da sie auf dieser Erde kein Haus hat, kann man nicht in ihr Haus gehen, um zu danken.

Auf die gleiche Weise erwarb er Papier, Tinte und alles übrige Notwendige. Er schrieb zunächst in Latein, brachte dann das Manuskript zu einem in Nagasaki wohnenden Priester und ließ es ins japanische übersetzen. Liebe zu Gott, innige Verehrung der Muttergottes waren seine Themen. Es ist zwar kaum zu glauben: Die Übersetzung ließ er sich vorlesen, schloß dabei die

Augen, und wenn der Inhalt der Übersetzung mit seinem Original nicht übereinstimmte, ließ er sofort innehalten und berichtigte auf lateinisch. Und dabei verstand er kein Wort japanisch. Jedesmal geriet ich von neuem in Staunen. Erst später verstand ich, daß da die Muttergottes am Werk war.

Eines Tages machte ich mit dem Pater nach der Philosophievorlesung nachmittags einen Spaziergang in die Umgebung von Nagasaki. Auf einem Bergabhang setzten wir uns nieder. Er betrachtete die Umgebung und meinte dann: ,,An diesem Ort muß ein Haus gebaut werden, wo die Muttergottes leben und arbeiten kann.“ Ich wußte, daß der Pater nicht einen blanken Heller in der Tasche hatte und glaubte an einen Scherz. ,,Wie der Pater möchte ...“, sagte ich. Aber da erwiderte er jäh: ,,Keineswegs wie ich möchte, sondern wie die Muttergottes möchte. Wenn die Muttergottes will, gibt es nichts Unmögliches.“ Mein Pater schaute mich von der Seite an, zog dann eine Wundertätige Medaille hervor und begrub sie andachtsvoll in der Erde: ,,Muttergottes! Wenn du willst, so baue dir auf diesem Fleck ein Haus und eine Arbeitsstätte. Und auch uns, deine Söhne, laß auf diesem Platze wohnen! Wir werden deine Arbeiten nach Kräften unterstützen.“ Auch ich faltete die Hände und schloß mich dem Gebet des Paters an. Zehn Tage später eröffnete mir der Pater, daß er das Gelände kaufen wolle.

Mit einem Yen in der Hand kam er auf mein Zimmer und erklärte, daß er den Kaufvertrag für jenes besagte Gelände abschließen wolle. Besorgt ging ich mit ihm ins Empfangszimmer. Tatsächlich wartete dort jemand, der sein Land verkaufen wollte. Wir boten uns gegenseitig den Gruß und setzten uns. Da P. Kolbe kein japanisch konnte, übertrug ich sein Polnisch ins Japanische.

Mein Gesicht errötete, als ich die Worte des Paters ins japanische übersetzte, daß er mit nur einem Yen den Kaufvertrag abschließen wolle. Aber der Pater blieb wie immer ruhig und selbstsicher. Als jedoch der Grundstücksbesitzer diese Worte hörte, riß er verwirrt beide Augen weit auf, starrte erst mich und dann den Pater an: „Für ein Grundstück im Wert von 100.000 Yen wollen Sie eine Anzahlung von 1 Yen machen? Das ist mir in meinen sechzig Jahren noch nicht vorgekommen. Wie kann man ...?" Wörtlich übersetzte ich. Der Pater zeigte ein Lächeln. „Ja! Für Menschen ist das unmöglich. Aber die Muttergottes kann es in der Kraft Gottes. Zum fälligen Termin werde ich ganz bestimmt den Betrag zahlen. Seien Sie ohne Sorgen." Sei es, daß dem Grundstücksbesitzer unheimlich zumute war oder er sich erpreßt fühlte oder was es sei. „Gut", sagte er, „schließen wir den Vertrag ab. In drei Tagen geben Sie mir den Betrag!" Der Pater stimmte voller Freude zu.

Ich folgte dem Pater in sein Zimmer. Er legte das Papier mit dem Vertrag vor der Marienstatue nieder: „Muttergottes! Ich habe Deinem Wunsche entsprechend den Vertrag abgeschlossen. In drei Tagen habe ich den Betrag zu zahlen. Muttergottes, vergiß das nicht!" Ich kniete mich neben dem so betenden Pater nieder, faltete die Hände und war in Sorgen. Vor vierzig Jahren waren 100.000 Yen für mich eine astronomische Summe. Niemals hatte ich so viel Geld zu Gesicht bekommen oder gar in Händen gehabt. Aber wie der Pater so zur Muttergottes emporblickte, strahlte sein Gesicht vor Freude. Ein schlichtes, ungezwungenes Lächeln umspielte seinen Mund wie bei einem kleinen Kind, das seine Mutter anschaut.

Der Tag kam, wo das Geld zu zahlen war. Der Kaufvertrag lag noch vor der Marienstatue. Der Pater zeigte keinerlei Besorgnis. Mir selber war unwohl zumute, ich hatte Sorgen. Als die Philosophievorlesung zu Ende war, blickte mich der Pater gütig an und sprach: „Warum zeigst du dich so besorgt? Warum quälst du dich innerlich? Weil du kein rechtes Vertrauen zur Muttergottes hast. Das darf nicht sein. Die Muttergottes ist deswegen recht betrübt. Rasch, knie dich nieder und bitte sie um Verzeihung!" Kaum waren die Worte gesprochen, lag ich schon auf den Knien, und mit brennender Liebe im Herzen bat ich

Maria um Verzeihung. ,,Nie mehr werde ich zweifeln an den Werken, die Du, Maria, tust. Ich will deswegen keine Unruhe mehr in mir aufkommen lassen. Ich werde fest glauben, daß Dir alles gelingt. Obwohl doch nur Mensch, bist Du Gottes Mutter geworden. Nichts gibt es auf Erden, was Dir unmöglich wäre! Muttergottes! Verzeihe mir!"

Der Tag, wo die 100.000 Yen zu zahlen waren, war da. Nach der Philosophievorlesung rief mich der Pater: ,,Geh in das Empfangszimmer! Es wartet dort eine Frau. Ohne auch nur ein einziges Wort zu verlieren, nimm dort in Empfang, was dir die Frau gibt!" Damit wandte er sich der Muttergottesstatue zu, kniete davor nieder, faltete die Hände und senkte den Kopf.

Wortlos ging ich ins Empfangszimmer. Tatsächlich saß dort eine mir völlig unbekannte Frau. Auf den Knien hielt sie einen großen Beutel. Ruhig stand sie auf, gab mir schweigend den Beutel und verschwand wie der Wind. Was mochte das sein? Mit dem Beutel in der Hand ging ich ins Zimmer des Paters, der noch immer vor der Marienstatue kniend betete. Schweigend nahm der Pater den Beutel entgegen und legte ihn ehrfürchtig der Statue zu Füßen! ,,Muttergottes! Danke! Laß uns mitarbeiten an dem Werk, das Du beginnen willst. Einstmals ließest Du die Krüge mit Wasser füllen und ließest Deinen Sohn das Wasser in Wein verwandeln. Wie Du einst Deinen Sohn zu seinem ersten Wunder anregtest, so gib auch mir jetzt eine Dir wohlgefällige Arbeit! Ich will tun, was es auch immer sei!"

Auf dem so gekauften Gelände entstand die »Werkstatt der Muttergottes«, nämlich die Druckerei und das Haus in dem wir wohnen sollten. Natürlich war wieder kein Geld vorhanden, als man mit dem Bau anfing, aber auch diesmals halfen niemals bekanntgewordene Wohltäter.

Ich wenigstens kenne jene Personen nicht. Aber der Pater mußte sie doch jedenfalls kennen. Bei jeder sich bietenden Gelegenheit fragte ich ihn, wer jene Personen seien. Wenn ich fragte, ob er sie denn kenne, so deutete er gewöhnlich auf die Muttergottesstatue und sprach: „Auch ich kenne sie nicht, aber die Muttergottes kennt sie.“

Die Monatsschrift »Ritter U. L. Frau« erschien. Kaum waren einige Monate vergangen, erschien sie schon in einer Höhe von 100 000 Exemplaren. Die Zeitschrift wurde in ganz Japan und auch in Korea verbreitet. Natürlich wurde sie gratis vertrieben. 100 000 Exemplare monatlich gratis auszuteilen erfordert ein gewaltiges Kapital, aber auch diesmal war kein einziger Yen vorhanden. Von Monat zu Monat wurden die Unkosten von unbekannten Wohltätern beglichen. Aber das Eigenartigste: Niemals kam auch nur ein einziger Yen zuviel, wie auch niemals auch nur ein einziger Yen am Betrag fehlte.

Da ist noch ein Phänomen; bis heute habe ich das Rätsel nicht lösen können. Als ich anfing, bei dem Pater Philosophie zu studieren, vergingen kaum drei Monate, und ich konnte fließend polnisch sprechen. Und dennoch hatte ich nicht eine einzige Stunde polnisch studiert, und überdurchschnittlich begabt bin ich auch nicht. Wenn er die Manuskripte verfaßte, mußte ich oft für ihn schreiben. Wenn er vor der Muttergottes saß und polnisch sprach, saß ich daneben, übersetzte ins Japanische und schrieb seine Worte nieder. Ich las dann das japanische Manuskript vor. Obwohl er kein japanisch konnte, berichtigte er mich sofort, wenn die Übersetzung fehlerhaft war, wenn sie unnötige Wendungen enthielt, wenn sie unvollkommen war, und fügte Ergänzungen an, was mich immer wieder von neuem in Staunen versetzte. Inzwischen sind vierzig Jahre vergangen, aber auch heute noch spreche ich mit jedem Polen, dem ich begegne, fließend polnisch. Der Pater muß damals direkt auf mein Gehirn eingewirkt haben.

Eines Tages machte ich mit dem Pater wieder einen Spaziergang vor der Stadt. Es gab dort viel Wald, die Vögel zwitscherten, Bäche rauschten. Wir ließen uns an einer Stelle nieder, wo es viel Gras gab und machten es uns gemütlich. Der Pater blickte zwischen den Bäumen hinauf zum hellen Himmel: ,,Muttergottes! An dieser Stelle müssen wir Dir noch ein weiteres Haus bauen. Hier mußt Du als Mutter der zahllosen Waisenkinder walten und den hilfsbedürftigen Menschen Deinen Trost ins Herz gießen. Wenn Du willst, werde ich das Werk in Angriff nehmen. Sind diese Waisen nicht allzu armselig? Was wirst Du dann mit diesen hilfsbedürftigen Menschen machen?" Ich saß neben dem Pater und schaute ihn von der Seite an, wie er so mit der Muttergottes sprach und lauschte seinen Worten mit Ehrfurcht und Erstaunen. Sein Gesicht leuchtete, seine Augen strahlten Liebe aus. Leise fragte ich: ,,Herr Pater! Hat die Muttergottes geantwortet, daß sie das Werk wolle?" Der Pater antwortete nicht, sondern senkte leicht das Haupt. Er schien ganz Freude zu sein. Wenn der Pater durch die Muttergottes Liebe zu Gott in die Herzen der Menschen säen wollte, wagte er Dinge, die nach menschlichem Dafürhalten undurchführbar waren, und ich wußte bereits aus Erfahrung, daß seine Pläne vollständig und genau realisiert wurden. Aber diesmal fragte ich mich erstaunt, wo denn die Waisenkinder seien und die vielen notdürftigen Menschen. Zweifel kamen in mir auf. Als ich so meinen Gedanken nachhing, schaute mich der Pater an: ,,Mach dir keine unnötigen Gedanken! Du kannst es zwar nicht verstehen, aber später, in der Zukunft, wirst du begreifen. Im Augenblick müssen wir alle unsere Kräfte dem Werk der Muttergottes leihen: Arbeiten müssen wir."

Einen Monat danach entschloß er sich, das 100 000 Pjong (1 Pjong = 1,8 m2) große Grundstück zu kaufen. Geld besaß er natürlich keines. Aber, was er hatte, war seine brennende Liebe und seine Hingabe an die Muttergottes. Der Tag rückte näher, wo der Kaufvertrag mit dem Grundstücksbesitzer abgeschlossen werden sollte. Der Pater und ich hatten nicht die geringste Besorgnis. Im Zimmer des Paters brannte bis tief in die Nacht hinein Licht. Durch das Fenster konnte man die Umrisse des Paters erkennen, wie er vor der Marienstatue kniete.

Als ich nach einigen Tagen vor der Philosophievorlesung bei ihm eintrat, war er wie eingeschlummert, wie ohne Bewußtsein vor der Statue. Sein Gesicht war rot, Stirn und Gesicht in Schweiß gebadet, der Atem ging schwer. Dem Pater hatte ohnehin Lungenschwindsucht zu schaffen gemacht und manchmal befiel ihn hohes Fieber. Aber daß er vor Fieber fast das Bewußtsein verlor, geschah jetzt zum erstenmal. Furcht befiel mich. Vorsichtig suchte ich ihn aufzurichten: ,,Herr Pater! Herr Pater! Kommen Sie zu sich! Gehen Sie zu Bett!", flüsterte ich ihm ins Ohr. Jäh wachte er auf, riß erstaunt die Augen auf, stützte sich auf meinen Arm und wischte sich den Schweiß aus dem Bart. Dann begann er die Vorlesung über Metaphysik. Es plagte ihn jedoch ein so heftiges Fieber, daß sein Gesicht vor Glut brannte, von Stirn und Gesicht der Schweiß wie Regentropfen niederfiel und der ganze Leib geschüttelt wurde. Ich konnte das nicht länger mit ansehen: ,,Herr Pater! Unterbrechen Sie Ihre Vorlesung und legen Sie sich hin! Soll ich den Arzt holen? Der Pater entgegnete nichts und setzte die Vorlesung fort, bis die 60 Minuten um waren.

Der herbeigerufene Arzt stellte erstaunt fest, daß dieser Mensch nicht aus eigener Kraft lebe, sondern aus der Kraft jenes Gottes, an den er glaube. Der Arzt war ein eifriger Buddhist; unter dem Einfluß des Paters bekehrte er sich zum Christentum und unterstützte die Arbeiten des Paters nach Kräften. Er stellte fest, daß die eine Lungenhälfte des Paters völlig gelähmt sei, und von der anderen Hälfte über zwei Drittel außer Tätigkeit seien und daß ein solcher Mensch eigentlich gar nicht leben könne. Und doch arbeitet der Pater mehr als ein durchschnittlicher Mensch.

Am Tage nach dem hohen Fieber und der Bewußtlosigkeit nahm mich der Pater mit ins Empfangszimmer, ohne ein Wort zu verlieren. Eine vornehme Dame stand auf, grüßte ehrerbietig und reichte dem Pater einen Gegenstand, der in ein kleines Tuch gewickelt war. ,,Hier sind die Papiere für das Grundstück. Das Geld habe ich gestern vollständig bekommen. Eine

Frau kam und bezahlte alles. Dann gab sie mir diese Papiere mit der Bitte, sie Ihnen zu bringen. Deshalb bin ich heute hier.“ Die vor uns stehende Dame verneigte sich zum Gruß und entfernte sich. Ich wußte von nichts. Ich schaute den Pater an, wie er mit dem Papier in der Hand da stand, ohne jede Erregung und selbst ohne Erstaunen. Es war wie selbstverständlich für ihn, er war jedoch ganz voller Dankbarkeit. Am folgenden Tag, als eben die Philosophievorlesung zu Ende war, legte er sich ohne ein Wort zu sagen eine ganz kleine Marienstatue an die Brust, brach auf, und ich folgte ihm.

Er ging zu der gleichen Stelle, wo er einige Tage zuvor die Worte gesprochen hatte: „Muttergottes! Hier mußt Du als Mutter der zahlosen Waisenkinder walten und den hilfsbedürftigen Menschen Trost ins Herz gießen!“ Behutsam stellte er die kleine Statue, die er an der Brust trug, vor sich hin und kniete sich nieder: „Du weißt, Mutter, daß ich nicht hier sein kann, wenn Du dich all der Waisen annehmen mußt. Aber Deine Söhne werden Dir helfen.“ Ich begriff keines dieser Worte, die er an die Muttergottes richtete. Aber als die Atombombe mitten im Zentrum von Nagasaki niederging, fast die ganze Stadt in einem einzigen Augenblick zu Asche wurde, 500 000 Menschen jäh verbrannten, da gab es plötzlich die vielen Waisenkinder und die vom Unglück heimgesuchten Mitleid erregenden Flüchtlinge, die sich an dieser Stelle sammelten, und ich verstand die Prophezeiung des Paters. Auf dem 100 000 Pjong großen Grundstück errichteten die Franziskaner-Brüder Hütten und schafften damit eine Bleibe für die hilflosen Verwundeten, um sie zu retten.

*

Im Miriam-Verlag sind über den heiligen Pater M. Kolbe wertvolle Bücher erhältlich.

Warum erschien Maria in Lourdes?

Ohne Zweifel ist Lourdes der meistbesuchte Gnadenort Mariens in Europa und sicher ereignen sich an keinem anderen Ort so viele Gnadenerweise an Leib und Seele wie an diesem Ort. Wenn wir uns fragen, warum hat die Gottesmutter gerade Lourdes dazu ausersehen, so heißt die klare Antwort darauf: weil Lourdes schon mehr als 1000 Jahre Eigentum Mariens ist, und sich die Grafen von Lourdes seit dem 9. Jahrhundert als Lehensherren der Gottesmutter betrachteten.

Zwei alte Schriftstücke seien hier angeführt von den vielen, die diese Tatsache immer wieder bestätigen.

Das erste Schriftstück ist die erste Aufzeichnung der alten Überlieferungen von Lourdes, die ein Mönch wahrscheinlich im 13. Jahrhundert gesammelt hat. Diese Pergamentaufzeichnung befindet sich im Archiv der Stadt Pau und es besteht kein Grund, den geschichtlichen Kern der Erzählung zu bezweifeln, wenn auch einige dichterische Ausschmückungen vielleicht dazugekommen sind.

,,Als Karl der Große seine Eroberungen gegen Spanien hin fortsetzte, hatte er schon die ganze Grafschaft Bigorre mit Ausnahme des Schlosses Mirambel, das jetzt Lourdes heißt, eingenommen. Der Herr dieser Festung, namens Mirat, ein Sarazenenfürst, wollte sich keinem sterblichen Menschen ergeben, solange er das Schloß, das von drei Seiten her von Karl belagert war, auch nur noch einen Tag lang halten konnte. Karl, einer so langen Belagerung überdrüssig, wollte sie schon aufgeben, als der Bischof von Le Puy ihn ermahnte, seine Zuflucht zu Unserer Lieben Frau von Le Puy zu nehmen und ihre Hilfe anzurufen.

Da begann Unsere Liebe Frau ihre Wunder zu wirken. Ein Adler brachte einen großen lebenden Fisch auf den höchsten Punkt des Schlosses, den man noch den »Adlerstein« heißt. Mirat nutzte das Ereignis zu seinen Gunsten aus; er sandte den Fisch dem König und ließ ihm sagen, daß die Lebensmittel des Schlosses noch lange nicht erschöpft seien, wie der König glaube, da man im Schloßweiher noch solche Fische fange. Der König war darüber erzürnt, aber der Bischof von Le Puy, dem alles klar war, versicherte ihm, Unsere Liebe Frau fange an, ihre Wunder zu wirken. Er bat den König, ihm eine Unterredung mit Mirat zu gestatten, was der gern gewährte.

,,Mirat", begann der Bischof, ,,wenn du dich dem großen Karl nicht ergeben willst, dem mächtigsten Herrn der Welt, so ergib dich wenigstens der erhabensten und edelsten Frau, die es jemals gab, der Mutter Gottes, die in Le Puy verehrt wird. Wenn du keinen Herrn anerkennen willst, erkenne wenigstens eine Herrin an. Ich bin ihr Diener, werde du ihr Ritter!" Mirat, bereits vom Gnadenstrahl getroffen, erwiderte darauf: ,,Ja, ich strecke die Waffen und ergebe mich mit allem, was ich habe, der Mutter des Herrn, Unserer Lieben Frau von Le Puy. Zu ihrer Ehre will ich Christ und ihr Ritter werden. Aber ich will es nur aus ganz freien Stücken tun und stelle die Bedingung, daß meine Grafschaft keinem andern Herrn als nur ihr allein unterworfen sei. Das soll gelten für mich und alle meine Nachkommen." Als Pfand seines Wortes gab er dem Bischof eine Handvoll Gras oder Heu von dem Boden, auf dem sie sich gerade befanden.

Der fromme König war hocherfreut, daß ein ungläubiger Fürst sich der Königin der Gläubigen ergeben wolle. Er hob die Belagerung auf, und Mirat zog mit seinen Mannen, die alle ein Heubüschel an der Spitze ihrer Lanze trugen, nach Le Puy. Dort angekommen, bestreute er den Boden der Kirche mit dem mitgebrachten Heu und ließ sich mit seinem ganzen Gefolge taufen. Bei der Taufe nahm er den Namen Lordus an, welcher Name später auf das Schloß überging (Lourdes).

Seit der Zeit des Mirat oder Lordus sind alle Grafen von Bigorre, seine Nachfolger, sobald sie zur Herrschaft gelangten, mit einem Teil ihres Adels zu Unserer Lieben Frau von Le Puy gepilgert, und zwar in der gleichen Weise wie Mirat selbst, nämlich mit Heubüschlein an der Spitze ihrer Lanzen, um damit den Boden der Kirche zu bestreuen. Dieser Brauch bestand bis zum Grafen Centullus, d.h. von ungefähr 800, der Zeit der Regierung Karls des Großen, bis zum Jahre 1118, da Centullus die Heubündel in eine Summe von 60 Sols Morlaas umwandelte, die er und seine Nachfolger jährlich zu entrichten hatten."

Das zweite Schriftstück ist die erste geschichtliche Urkunde aus dem Jahr 1062. In ihr ist festgelegt, daß Graf Bernhard I. nicht nur das Schloß Lourdes, sondern von jetzt ab die ganze Grafschaft Lourdes (auch Bigorre genannt) der Gottesmutter für ewige Zeiten als Lehensgut übergibt.

Die Urkunde

„Da die Welt einem häufigen Ruin unterworfen ist, wie es in der Natur der menschlichen Dinge liegt, welche ihrem Wesen nach vorübergehend und unbeständig sind, so hat mich das Gefühl meiner menschlichen Gebrechlichkeit bewogen, nicht nur über den letzten Tag, der meinen unvermeidlichen Tod schauen wird, sondern auch über die Tage, die ich gegenwärtig zu leben habe, und über meine und der Meinigen Angelegenheiten ernstlich nachzudenken.

Von diesem weisen Gedanken beseelt, habe ich, Graf, nicht durch meine Verdienste, sondern durch die Barmherzigkeit Christi von Gott Selbst — Er verfügt über alle Throne der Welt — mit der Grafschaft Bigorre belehnt, gegenwärtige sehr nützliche Verfügungen getroffen, nämlich die ganze obengenannte Grafschaft Gott dem Allmächtigen anzuvertrauen und mich selbst, wie auch alles, was von mir abhängig ist, dem Schutze und der Fürsorge der allerseligsten Jungfrau Maria zu empfehlen. Darum bin ich, Bernhard, Graf von Bigorre, in diesem Jahre 1062 der Menschwerdung des Herrn, da Petrus Bischof der Kirche von Anis ist, in der genannten Kirche erschienen, um zu beten und um Gebete für das Heil meiner Seele und meines Leibes zu bitten, In Gegenwart der versammelten Kanoniker habe ich mich also in ihr immerwährendes Gebet empfohlen, und ich habe meine Person und die Gesamtheit meiner Grafschaft der Kirche von Anis, die der unbefleckten Jungfrau Maria geweiht ist, übergeben, damit die gütige Königin des Himmels, die Herrin der ganzen Welt, die Trösterin der Betrübten und Retterin der Sünder mich, ihren Diener, und alles, was mir unterworfen ist, beschirme, verteidige und befestige.

Ich verpflichte mich, während des ganzen Lebens, das mir der allmächtige Gott nach seinem Wohlgefallen schenken wird, der Kirche von Anis für mein Heil und meine Rettung als immerwährenden Vasallenzins sechzig Sols zu entrichten, die ich meinen Brüdern, den Kanonikern, die das Kapitel bilden, entweder selbst aushändigen werde oder werde aushändigen lassen.

Ich verpflichte nicht nur mich selbst, sondern zugleich meine ganze Nachkommenschaft, die verpflichtet sein soll, diese Vasallenschaft zu achten und auf immerwährende Zeiten zu meinem Gedächtnis und als Lehensschuld die genannten sechzig Sols zu entrichten.

Um diese im Geist der Frömmigkeit und Religion vollzogene Schenkung zu einer unwiderruflichen und immerwährenden zu machen, habe ich, Bernhard, Graf von Bigorre, mit meiner Gemahlin, der Gräfin Clementia, gebeten, die vorliegende Urkunde auszufertigen zum Beweis der genannten Schenkung, und wir haben sie, damit sie unverletzlich sei, mit unserer eigenen Unterschrift bestätigt und bekräftigt.

Sollte jemand aus uns oder unserer Nachkommenschaft, oder wer auch immer unser Nachfolger in dem Grafentitel sei, mit dem Gott uns beehrt hat, es wagen, diese Schenkung zu mißachten, so sei er verflucht und unserem dauernden Fluche verfallen, bis er seinen Fehler wieder gutgemacht und Gott und der allerseligsten Jungfrau Maria, sowie der Kongregation der Kanoniker Sühne leistet."

Gezeichnet: Bernhard von Bazilliac, Wilhelm von Aster, Arnold Wilhelm (Zeugen).

All die Jahrhunderte wurde von den jeweiligen Grafen und später vom König von Frankreich der Tribut an die Marienkirche von Le Puy entrichtet. Nach der Französischen Revolution wird 1829 von den Bürgern von Lourdes zum letztenmal die ursprüngliche Huldigung durch »Blumen und Gras vom Felde des Grafen« dargebracht. Nach geltendem französischen Recht wären nach 30 Jahren, also 1859, die Rechte der Kirche von Le Puy erloschen. Da erscheint ein Jahr vorher, 1858, Maria als die »Unbefleckte Empfängnis«, nimmt gleichsam Besitz von ihrem Eigentum und macht es zu einem Weltheiligtum, noch bedeutender und größer als Le Puy es je gewesen.

»Der Unbefleckten Jungfrau, der Herrin der ganzen Welt« hatte Graf Bernhard I. von Bigorre 1062 die ganze Grafschaft Lourdes geweiht.

Aus »Warum in Lourdes?«, Verlag Grignionhaus Altötting

*

Maria,

du allzeit Hilfsbereite, erfülle uns mit jenem Eifer, der in äußerer Erfolglosigkeit nicht ermüdet, der treu ist im Kleinen, mutig und vertrauend in Widerwärtigkeiten, klug und besonnen in Schwierigkeiten. Amen.

Der kostbare Rosenkranz

Von Consilia Maria Lakotta

Es hatte damit begonnen, daß der jungen Ann Thornwall das Rosenkranztäschchen zu Boden fiel, alle Mädchen bückten sich mit ihr, viele Hände griffen danach — das Täschchen öffnete sich, und ein schimmernder Rosenkranz wurde hochgehoben, so köstlich, wie man ihn selten sah. Auch der Missionar, der dieser Mädchengruppe in der Heimstunde von Japan erzählte, blickte ganz verblüfft drein.

„Ist es möglich, Miß Thornwall — sind es echte Perlen?" Die Kleine wurde rot, man wußte nicht, ob vor Stolz oder vor Verlegenheit. „Ja, Pater, es sind japanische Perlen. Mein Vater gehörte lange der Besatzungstruppe um Tokio an — er brachte ihn mir zum Andenken mit.

Eigentlich war es ein buddhistischer Rosenkranz, wir haben ihn ändern lassen, die Perlen neu gefaßt." Der Pater streckte die Hand aus und prüfte das Material. „Ich glaube wahrhaftig, das sind Perlen von Mikimotos Zucht. Sie haben tatsächlich einen Rosenkranz von erlesener Schönheit, Miß Thornwall — aber er erinnert mich lebhaft an einen anderen, den kostbarsten, den ich je in Japan sah. Ich will es Ihnen erzählen — wenn Sie mögen — er gehörte ebenfalls einem jungen Mädchen, einer Perltaucherin von Mikimotos Farm." Die Mädchen umdrängten den Missionar. „Ja bitte, wir möchten es gern hören." Er behielt den Perlenrosenkranz nachdenklich in seinen Händen und erzählte nach einer kleinen Pause:

„Ich weiß nicht, ob Sie wissen, was der Name Mikimoto bedeutet; in Japan ist er ein Begriff, den jedes Kind kennt. Mikimoto, das ist der ungekrönte König des Perlenhandels der ganzen Welt. Die Geschichte, wie er sich vom armen Arbeiter zum Perlforscher und Besitzer einer riesigen Taucherfarm in der Ago-Bay entwickelte, ging oft genug durch die Weltpresse. Er ist heute ein uralter, steinreicher Mann. Aber nicht von ihm wollte ich berichten, sondern von einer seiner jungen Amas, so nennt man die Taucherinnen im Alter von 16 bis 20 Jahren, die täglich den Meeresgrund nach Perlen absuchen, ebenso gesunde wie geschickte Schwimmerinnen.

Ich war entsetzt, als ich zum erstenmal Bekanntschaft mit ihnen machte, denn sie ließen sich in große Tiefen hinab, ohne den Schutz, den jeder normale Taucher beanspruchen kann. Nur eine dünne Gesichtsmaske hielt Augen und Nase frei gegen das Eindringen des Meerwassers. Nur zu bald erfuhr ich, daß die langen weißen Taucherhemden oft zum Totenkleid der Trägerinnen wurden. Da waren Haie, die plötzlich auftauchten und ein Blutbad anrichteten, oder es passierten Unfälle beim Tauchen und Aufwärtsholen.

Trotzdem beschäftigte Mikimoto laufend an die 2000 Amas, »Töchter des Meeres«. Die Arbeit wurde verhältnismäßig gut bezahlt, und viele daheim überflüssige Mädchen begrüßten die Gelegenheit, sich für die Familie nützlich zu machen, zumal bei dem japanischen Kinderreichtum große Not herrschte.

Kikuno — ihr Name bedeutet Chrysantheme und ist einer der häufigsten in Japan — war Studentin und tauchte nur in den Semesterferien, als ich sie als Taufschülerin kennenlernte. Sie erzählte mir viel aus dem Leben der Taucherinnen, Frohes, aber viel mehr Trauriges; durch sie nahm ich tieferen Einblick in die Seele des Landes. Niemals aber verlor sie bei ihrem anstrengenden Tagewerk den Mut und ihr leuchtendes Lächeln, dieses rätselhafte Lächeln, das oft viele ungeweinte Tränen verbirgt. Lächelnd berichtete sie mir auch eines Sommerabends von der Strenge eines Vorarbeiters, Matsu-san, der, wie alle seinesgleichen, nur dazu bestellt war, die Tagesleistungen der Amas zu überwachen und sie am Hebeseil hinab- und heraufzuheben. Als sein Name öfters fiel, horchte ich auf. Sie gestand mir ungefragt, daß Matsu-san sie begehrte — sie fürchtete sich vor der unverhohlenen Leidenschaft in seinen Augen, wenn er sie ansah. So ein Vorarbeiter war mächtig, ja zuweilen der Herr über Leben und Tod seiner Amas, aber das wußte ich erst später. Ich gab Kikuno gute Ratschläge und bat sie, wenn Matsu-san lästig würde, doch lieber die Arbeit dort abzubrechen. Sie lächelte und sagte nur: „Mein Vertrag lautet auf sechs Monate, verehrungswürdiger Father!" Da wußte ich, daß sie ihr Wort nicht brechen würde.

Regelmäßig kam sie nach dem schweren Tagewerk zur Katechese; besonders über die Gottesmutter verlangte sie immer wieder Neues zu erfahren. Dadurch wurde meine Unterweisung ganz marianisch, und ich zögerte nicht, ihr noch vor der Taufe einen Rosenkranz zu schenken, nein, keinen aus Perlen; die wenigsten Amas konnten sich den Erwerb einer einzigen leisten. Es war ein schlichter Holzrosenkranz; sie nahm ihn mit tiefer Verbeugung ehrfurchtsvoll entgegen; sie versprach, ihn täglich zu beten. Es war sechs Wochen vor ihrer Taufe, als sie plötzlich nicht mehr kam. Ich wurde unruhig — sollte der heidnische Matsu-san es fertiggebracht haben, sie wankend zu machen?

Arbeitete Kikuno doch in vollständig unchristlicher Umgebung. Da war es ein leichtes — ich beschloß, sie aufzusuchen.

Lächelnd berichtete mir ihre Gefährtin, daß Kikuno gestorben sei. Ich erstarrte, verlor fast das Gesicht; die junge Ama wartete, bis ich mich gefaßt hatte. ‚Es war kein Hai und auch das Senkseil hat gehalten', sagte sie im furchtbaren Gleichmut der Japaner, ‚der Gott des Meeres hat sie schonen wollen, aber Matsu-san wollte ihren Tod.' — ‚Er hat sie ermordet?', rief ich entsetzt.

Die Ama sah sich um, ob niemand lauschte, ‚Ehrenwerter Fremdling', sagte sie vorsichtig, ‚das Wort ist gefährlich. Matsu-san bedient das Hebeseil — er zog sie zu rasch hoch, als sie ihm am Tage zuvor seine Wünsche abschlug. Sie bekam den üblichen Lungenriß und war auf der Stelle tot.' Ich schwieg erschüttert, dann fuhr ich auf: ‚Das ist ein Verbrechen, man muß es anzeigen!' Die Ama lächelte. ‚Mikimoto schützt seine tüchtigen Vorarbeiter mehr als uns unnütze Mädchen, niemand kann Matsu-san etwas nachweisen, so etwas kommt immer wieder vor. Kiku wollte ihn nicht — als sie starb, sah Matsu den Grund — sie war Christin.' Ich berichtigte: ‚Sie wollte Christin werden.' Die Ama schüttelte den Kopf: ‚Nein, sie war es, Father! Dies hielt sie in der Hand, als sie hochgezogen wurde — sie tauchte nie mehr, ohne die christliche Gebetsschnur bei sich zu haben. An jenem Morgen muß sie etwas geahnt haben, denn sie trug sie offen in der Hand. Wenn sie mögen, gebe ich Ihnen die Schnur zurück, ihre Eltern sind ja Buddhisten.' Ob ich wollte! Ergriffen nahm ich Kikunos hölzernen Rosenkranz, dieses letzte Zeugnis ihrer Liebe zu Maria und ihrer stummen, heldenhaften Treue zu Christus.

Sehen Sie, meine Damen, darum halte ich auch heute noch Kikunos Rosenkranz für den kostbarsten, der mir je zu Gesicht kam, und gäbe es solche aus Gold und Edelstein. Es wäre schön, Miß Thornwall, wenn Sie an Japans junge Christin dächten, so oft Sie diesen Perlenrosenkranz beten" — und er reichte die köstliche Schnur dem ergriffenen Mädchen zurück.

Wir saßen auf der Bombe

Es waren die letzten Tage des Krieges; ein Bombenangriff löste den anderen ab. Schon am 20. 2. 1945 hatte man unsere schöne Stadt mit einem stundenlangen Bombardement bedacht. Am 21. 2. 1945 wurden wir von 10.45 bis 15 Uhr erneut heimgesucht. Ich war, schon Kriegerwitwe, mit meiner Schwester in einem Nürnberger Industrieunternehmen tätig, in dem auch russische Kriegsgefangene beschäftigt wurden. Der Luftangriff war, wie am Tag vorher, entsetzlich. Unser großes Gebäude, in dem sich auch der Luftschutzkeller befand und in dem wir, ein großer Teil der Angestellten und die russischen Kriegsgefangenen, die während des Tages schlafen durften, weil sie Nachtschicht hatten, waren, erbebte immer wieder und drohte jeden

Augenblick einzustürzen, um uns alle unter sich zu begraben. Die Hölle war los. Wir saßen nicht mehr auf Stühlen und Bänken, sondern hockten am Boden, die Köpfe eingezogen, keiner sprach ein Wort. Da fing ich allein laut zu beten an. Ich kam nicht weiter als „Maria, breit den Mantel aus, mach Schirm und Schild für uns daraus". Ich konnte mich nicht mehr konzentrieren. Nur diesen Anruf habe ich immer wieder gebetet, immer wieder, immer wieder. Neue Flugzeugwellen kamen und luden ab, unser Haus hebte und senkte sich wie ein Schiff auf hoher See, jeden Augenblick mußte es passieren ... Es passierte nichts. Endlich um 15 Uhr war Entwarnung. Die Direktion befahl, die Frauen möchten noch im Keller bleiben, da vermutet wird, daß Blindgänger im Fabrikgelände sind. Mein Elternhaus befand sich nicht weit von unserem Arbeitsplatz. So ließen meine Schwester und ich uns nicht abhalten, wir wollten sehen, was mit den Eltern ist. Gott sei Dank hatten sie alles gut überstanden. (Wir hatten im Elternhaus noch eine Lourdes-Statue und Lourdes-Wasser, das mein Vater aus dem 1. Weltkrieg mit heimbrachte.) Aber auf dem Weg, nach den Eltern zu sehen, mußten wir feststellen, daß in dem Gebäude, in dem wir während des Luftangriffes saßen, zum Keller ein riesiger Trichter war. Was war passiert? Eine 10 Zentner-Bombe kam zwischen einem Schulhaus und einem Wohnhaus nieder, ohne Schaden anzurichten, bohrte sich bei uns in das Haus ein, riß Kanalisation und Leitungen auf, drückte eine schwere, eiserne Luftschutztüre, die fest verriegelt war, auf und blieb als Blindgänger dort stecken, wo wir saßen. Wir saßen also praktisch auf der Bombe. Der Feuerwerker, der die Bombe später entschärfte, stellte fest, daß sie soweit noch voll intakt war, nur das Leitwerk hatte sich etwas verbogen. Hier hat Maria mein Gebet für uns alle erhört und ihren Schutzmantel ausgebreitet. Ein Mann, der aus der Kirche ausgetreten war, hat damals zu mir gesagt, Sie haben uns das Leben gerettet. Was nicht ganz stimmt, denn nicht ich habe es gerettet, sondern die Muttergottes.

Das erste Wunder in Lourdes

In dem Zimmer der Bouhouhorts finden sich schon die Nachbarinnen ein, um nach altem Brauch das Totenhemdchen des Kindes zu nähen, wenn es soweit ist. Und es scheint bereits soweit zu sein. Verhängnisvollerweise war Mutter Soubirous heute nicht zu Hause, als der neue Anfall kam, der schlimmste, den das elende Geschöpf je zu erdulden hatte. Die Bouhouhorts glaubt fest an die heilkräftigen Griffe und Mittel der Madame Soubirous. Sie zürnt ihr unaussprechlich, weil sie, als die große Not kam, nicht zu Hause gewesen ist. Denn was half es, daß sie selbst getreulich alle Mittel der Soubirous anwandte, heiße Packungen, unablässiges Geschüttel des verkrampften und doch fiebernden Körperchens? Obwohl sie die Mutter ist, hat sie doch die richtige Hand nicht. Alles war vergebens. Nun liegt das Kind da, mit schnellen, gurgelnden Atemzügen, die Augen nach oben verdreht, so daß man nur das Weiße sicht. Trotz des Fiebers ist das verschrumpfte Gesichtchen braungelb.

Neben dem verzweifelten Weib steht der Mann Bouhouhorts, einer von den Schieferbrechern, die meistens auswärts arbeiten und nur einmal in der Woche nach Hause kommen. Der Mann Bouhouhorts ist recht froh in seinem Herzen, daß dieses Elend im Sterben liegt, daß man endlich befreit sein wird von der Sorge und Seelenlast, wenn man heimkehrt nach der schweren Arbeit. Der Mann Bouhouhorts ist kein Unmensch, und was ihm da vor Augen stirbt, ist sein eigener Sohn. Aber was bedeutet schließlich ein zweijähriges Kind? Man ist selbst achtundzwanzig alt und kann Söhne und Töchter haben, so viel man will, wenn Gott das Weib von dem Alpdruck erlöst hat. Die Weiber sind einmal so. Sie klammern sich mit Löwenkräften an einen solchen Alpdruck; er füllt ihr Leben so mächtig aus, daß sie sich sogar dem Manne verwehren. Bouhouhorts klopft seiner Croisine zärtlich auf den Rücken. Sie ächzt mit gehetzter Stimme:

„Geh noch einmal zu Dozous, Bouhouhorts, oder zu Peyrus, vielleicht kommt einer von ihnen ...“

„Wozu das“, zuckt der Mann die Achseln. „Peyrus ist über Land, und Dozous hat Sprechstunde. Und du siehst ja, es ist zu spät. Der Kleine röchelt schon. Das nennt man Agonie ... “

Francoinette Gozos, die Tochter des Bouchers, eine der Nachbarinnen, erhebt ihre Stimme zum üblichen Trost: „Was jammerst du, liebe Croisine? Sei doch glücklich. Willst du, daß dein Kind sich als armer Krüppel durchs Leben schleppt? Es ist getauft und ohne Sünde. Als Engel wird's dort oben auf dich warten ...“

Die Mutter preßt ihren Kopf auf das Bett des Kindes. Leicht haben's diese Frauen, sie zu trösten, wie Francoinette Gozos oder die Germaine Raval. Sie erfleht ja nichts Besseres vom Himmel in diesem Augenblick, als daß ihr Kleiner sich als Krüppel durchs Leben schleppe. Wenn er nur am Leben bleibt! Sie hat durchaus nicht den Wunsch, einen Engel im Himmel zu besitzen, der dort oben auf sie wartet. Wilde Phantasien durchrasen ihren Geist. Ein Bild wiederholt sich immer wieder: Bernadette, wie sie den Kopf in das Quellenbecken taucht und sich wäscht. Plötzlich schlägt der Blitz der Erkenntnis in das Herz der Bouhouhorts. Dieses Tauchen und Waschen ist kein zwecklos heiliges Spiel, sondern ein sehr zweckmäßiges Rezept, das die Dame durch Bernadette ununterbrochen der Menge anempfiehlt.

Mit einem Schrei springt Croisine Bouhouhorts auf die Beine. Ihr Entschluß ist gefaßt. Sie reißt ihr Kind aus dem Korb, der ihm zum Bette dient, wickelt es in die Schürze und stürzt aus dem Haus. Der Besitz der Erkenntnis ist so grell, daß sie sich nicht einmal Zeit nimmt, den Kleinen in eine warme Decke zu hüllen. Jean Bouhouhorts und die Nachbarinnen, überzeugt, daß der Schmerz Croisine um den Verstand gebracht hat, rennen ihr schreiend nach. Sie aber läuft tatsächlich mit den Sprüngen einer Wahnsinnigen durch die Gassen. Das Aufsehen in der erregten Stadt ist groß. Niemand aber hält sie auf. Der Vorsprung dieser Wettläuferin mit dem Tode wird immer beträchtlicher. Nicht einmal ihr Mann kann sie einholen. Eine große Menschenmenge drängt nach zur Grotte.

Vor dem Wasserbehälter stürzt das Weib zu Boden, schweißübergossen, atemlos, halbtot. Es hat gerade noch Kraft genug, das Kind bis zum Hals ins Becken einzutauchen.

„Nimm ihn ober gib ihn mir zurück, Jungfrau!“, lallt die Sinnverwirrte. Sie beachtet die Frauen nicht, die auf sie einreden:

„Ihr tötet den Kleinen, Bouhouhorts ... Das Wasser ist ja eiskalt ...“

„Wenn ich ihn nicht retten kann, töte ich ihn, was liegt daran!“ keucht die Croisine immer wieder. Man will ihr das Kind entreißen. Sie bleckt die Zähne und faucht. Es ist gefährlich, ihr nahe zu kommen. Endlich lassen die Leute sie gewähren. Totenstill wirds. Nur das kurze, agonische Röcheln des Kleinen ist zu hören. Dann hört man auch dieses Röcheln nicht mehr. Plötzlich sagt eines der Weiber beim Becken:

„Heilige Jungfrau ... der Kleine hat geschrien ...“

Und wirklich, das fadendünne Quäken eines Neugeborenen wird wenige Sekunden lang vernehmbar. Die Leute schaun ein-

ander an und sind blaß. Die Bouhouhorts — das Bad hat genau eine Viertelstunde gedauert — wickelt das Kind wieder in ihre Schürze, preßt es an die Brust und jagt davon. Als die schwerer bewegliche Menge das Haus neben dem Cachot erreicht hat, wo die Bouhouhorts wohnen, steht Croisine schon mit ausgebreiteten Armen schirmend vor der Tür und flüstert:
„Ruhe doch! Er schläft ... Mein Kind schläft ...“

Das Kind Bouhouhorts schläft den Rest des Tages und die ganze Nacht durch. Am Morgen trinkt es, gierig wie noch nie, zwei volle Gläser Milch aus. Der Mann Bouhouhorts geht darauf zur Arbeit. Einige Minuten später holt Croisine Wasser vom Brunnen Vater Babous. Als sie zurückkommt, sieht sie, daß der Kleine in seinem Korb sich aufgesetzt hat, zum erstenmal im Leben. Sie möchte schrein, kann's aber nicht. Das Kind lacht, wie ein Sieger. Der Brust des Weibes entringen sich kurze, rauhe Laute, jammernd vor Seligkeit. Die erste Heilung, das erste Wunder ist geschehen. In Lourdes.

Aus »Das Lied von Bernadette« von Franz Werfel

Sei gegrüßt, Reis des nie verdorrenden Stammes;
sei gegrüßt, reich bist du an lauterer Frucht.
Sei gegrüßt, du ernährst den, der uns Nahrung gewährt;
sei gegrüßt, du geleitest zum Leben den, der unser Leben leitet.

Sei gegrüßt, solchen Reichtum des Erbarmens ziehst du auf deiner Flur;
sei gegrüßt, wie von einem Altar hebst du den Segen der Versöhnung.
Sei gegrüßt, daß du dem Leibe Stärkung in Fülle gewährst;
sei gegrüßt, daß du den Seelen die bergende Hülle bereitest.

Sei gegrüßt, des Lobgesanges Weihe
sei gegrüßt, du Aussöhnung für das unendliche All.
Sei gegrüßt, du bist Gottes Wohlgefallen bei den Sterblichen;
sei gegrüßt, der Sterblichen Fürbitte bei Gott bist du.

Sei gegrüßt, du jungfräuliche Mutter!

Maria fand die beste Lösung

Nach einer Beerdigung wurde ich noch zum sogenannten Leichenschmaus eingeladen. Bei Kaffee und Kuchen erzählte mir dann Frau N., eine Verwandte des Verstorbenen, die als Köchin bei einem Arzt angestellt ist, folgende Begebenheit:

Die Tochter des Hauses fuhr weg, und Frau N. winkte ihr unter dem Garagentor nach. Dabei stieß sie unversehens an das Tor, das überschnappte, heruntersauste und mit Wucht auf den schönen Mercedes des Arztes aufschlug. Eine ansehnliche Delle war das Ergebnis. Der Mercedes war der Augapfel des Arztes, und noch dazu war der Arzt ein sehr energischer und manchmal jähzorniger Mann, »ein Löwe«.

Erschüttert wandte sich Frau N., die eine große Marienverehrerin ist, nun an die Muttergottes. „Den Schaden ungeschehen zu machen, das geht nicht mehr; aber hilf doch, liebe Muttergottes, daß es wenigstens nicht so schlimm abgeht und es kein großes Theater gibt! Du hast doch eine so große Macht bei Gott. Hilf, Muttergottes, daß das gut abgeht.“ So und in ähnlicher Weise betete sie voll Vertrauen. Und nun hören und staunen Sie, welch geniale Lösung Maria, die kluge Jungfrau und Mutter fand: Kurze Zeit nach dem Unfall kam der Arzt aus dem Haus, ging auf das Auto zu. Er bemerkte nichts, öffnete den Wagen und setzte sich hinein. Da gewahrte er, daß die Garagentür nicht ganz geöffnet war. Er stieg aus und wollte die Garagentür ganz hinaufschieben, und da geschah es: Anscheinend faßte er nicht richtig zu, so daß die Garagentür nach vorne überschnappte und zum zweitenmal auf den schönen Mercedes auf dieselbe Stelle aufschlug. Frau N. hatte heimlich aus dem Fenster zugeschaut, und als sie den Krach hörte, war es für sie wie himmliche Musik in den Ohren.

Verärgert fragte der Arzt seine Frau, ob sie denn die Garagentüre nicht ganz aufgemacht hätte — Frau N. zog sich vorsorglich etwas zurück, um nicht auch angesprochen zu werden — und den ganzen Nachmittag war der Arzt natürlich bedrückt und verschlossen wegen seines Mißgeschicks. Bis zum heutigen Tag weiß er nicht, daß der Schaden am Mercedes schon vorher passiert war.

Man kann sich wirklich keine günstigere Gebetserhörung in diesem Falle vorstellen und es ist anzunehmen, daß auch Maria mit einem gütigen und verständnisvollen Lächeln auf das dankbare Aufatmen ihrer treuen Dienerin herabgeschaut hat, die auf diese Weise nun ganz ungeschoren davongekommen ist.

Beten, als ob alles von Gott abhinge, —
arbeiten, als ob alles von uns abhinge!

Sie verdankten ihre Rettung der Gnadenmutter von Altötting

Vor Jahren einmal stand ich am Waginger See vor einem Bildstock, einem sogenannten Marterl. Ein frischer Wind schlug die Wellen mit kleinen weißen Schaumkronen ans Ufer. Auch das einfache Bild in dem rissigen Holzrahmen zeigte die gleiche Szene. Auf einem wildbewegten Wasser schwimmt ein kleines Schifflein wie eine Nußschale; zwei Menschen klammern sich an den Holzbord, ein Mann hebt flehend seine Hände zum Himmel.

Während ich noch verwundert die alte Schrift entzifferte, kam ein alter Bauer vorüber. Er lächelte mir zu. „Ich weiß es noch gut, wie es zu dem Bildstock gekommen ist. Wenn du mit mir gehen willst, kann ich dir alles erzählen!“

Das hörte ich gern, und mit Freuden schloß ich mich dem Alten an. Er überlegte eine kleine Weile, dann begann er zu erzählen:

Es gibt wohl selten eine so dicke Freundschaft, wie sie der Maier Heinrich und der Obermaier Peter geschlossen hatten. Ihre besondere Leidenschaft aber galt den Tauben. Sie waren bald richtige und ernsthafte Taubenzüchter, und in den Taubenschlägen der zwei Nachbarhäuser herrschte immer ein frohes Taubenleben. Bald besuchten der Heinrich und der Peter alle Taubenmärkte weitum und brachten von manchen Ausstellungen schöne Preise heim.

Es war an einem Sonntag im Juni, als in Waging großer Taubenmarkt abgehalten wurde. Früh am Morgen schritten Heinrich und Peter mit ihren Taubenkäfigen auf dem Rücken gegen den See zu. Der alte Fischer ruderte sonst immer die Leute hinüber nach Waging. Doch als die Freunde am Ufer standen, da schüttelte der alte Mann den Kopf. ,,Die Wolken gefallen mir heute nicht, und so schwül ist es schon am Morgen. Es kann leicht ein jäher Wind einfallen. Aber wenn ihr selber hinüberrudern wollt, ein Schiff kann ich euch geben!" Die Freunde überlegten ein Weilchen — aber der Taubenmarkt zog sie allzu sehr. Sie erwarteten wieder einen ersten Preis für das schönste Taubenpaar — was blieb da anders übrig, als doch hinüberzurudern? ,,Kommt wieder gut zurück in Gottes Namen!", rief ihnen der Fischer noch nach; dann stießen sie das Boot ab, und es glitt hinaus auf das unruhige, bleigraue Wasser.

Die Taubenkäfige stellten sie vorne an den Kiel des Schiffleins; die Vögel flatterten heute erschreckt hin und her. Aber die zwei starken Männer setzten sich an die Ruderbänke und ruderten hochgemut auf den offenen See hinaus.

Rasch kamen sie voran. Sie waren schon über die Mitte des Sees hinaus, da fegte der erste Windstoß über das Wasser hin. Die Wolken sanken ganz tief.

,,Schneller, Peter, schneller!", keuchte Heinrich, und die Ruder bogen sich unter ihren Griffen. Das Wasser brauste auf, im Nu hoben die Wellen das Boot auf und ab. Ein neuer Wellenschlag übersprühte die Freunde, so daß sie plötzlich bis auf die Haut durchnäßt waren. Die nächste Woge riß das Boot auf die Seite, und wie ein Sturzbach schoß das Wasser in das Schiff.

Verzweifelt drückten die Freunde die Ruder ein. Aber bald fühlten sie es, daß sie statt näher an das schon fast greifbare Ufer wieder zurück in den offenen See hinausgetrieben wurden.

Immer wieder drehte sich das leichte Schiff im Kreis herum, und wehe, wenn eine Welle längsseits kam! Einmal neigte sich das Boot hinüber, daß die zwei Männer mit einem erschreckten Ausruf auf die höhere Kante des Bootes herübersprangen. In diesem Augenblick faßte ein neuer Sturmstoß die zwei Taubenkäfige und schleuderte sie hinaus auf das Wasser. „Unsere Preistauben!", rief noch der Peter, dann tauchten die eisernen Gitterkäfige mit den armen Tieren hinab in die aufgewühlten Fluten. Hilflos mußten die Freunde zusehen.

Der Sturm trug das Boot hinaus auf die Mitte des Sees. Die Freunde gaben es auf, gegen den Sturm anzurudern; sie suchten jetzt ihr Heil in einem starren Rudern mit den Wellen. Ein tosender Regen setzte ein, daß alle Ufer aus der Sicht verschwanden. Von dem Wasser im Boot sank das Schiff immer tiefer ein. „Heinrich, du mußt schöpfen! Nimm deinen Hut!", rief Peter keuchend. So war nur einer noch zum Rudern, und das wilde Wasser wurde immer noch mehr Herr über das kreisende Boot. Heinrich kniete auf dem Boden des Schiffes im Wasser und schöpfte und schöpfte. Es wurde von Minute zu Minute mehr. „Wir erreichen das Ufer nicht mehr, wenn uns nicht ein Höherer hilft!", rief er mit einer jähen, unausweichlichen Erkenntnis. Peter hatte das gleiche gefühlt. In seine Arme sank es wie Blei von der übermenschlichen Anstrengung. Wenn er das Ruder losließ, dann wurde das kleine Boot vollends ein Spiel der Wellen, und die nächste hohe Woge schon konnte es umkippen! Ich kann — nicht — mehr!", stöhnte er verzweifelt und ließ das Ruder sinken.

Heinrich wurde todbleich im Gesicht. Er sprang auf und griff nach dem Ruder, ehe es davonschwamm. „Schöpf du, Peter!", schrie er durch das Heulen des Sturmes und das Toben der Wellen. Ein Ruder brach splitternd; schon drehte sich das Boot im Kreise! „Jetzt ist es vorbei!", fuhr es durch Heinrichs Seele. Und da kam es wie eine helle Eingebung über ihn, daß er das Gesicht nach Norden hin wandte, wo er die Gnadenkapelle von Altötting wußte. Mit lauter Stimme rief er in das Toben hinaus: ,,Heilige Mutter Gottes zu Altötting, steh uns bei in unserer großen Not!“ Und Peter ließ den Hut sinken, erhob sich ebenfalls und stand nun frei im Boot. ,,Hilf uns, Maria, hilf uns!“ und auch er faltete seine Hände.

Heinrich fühlte sich auf einmal leicht und erlöst. Nun mochte es so oder so kommen; er wollte sich ganz dreinfügen! Er hatte sich der Mutter Gottes anvertraut; er war auf einmal nicht mehr allein als armer, zagender Mensch! Er blickte auf Peter, und das Gebet des einen wirkte in dieser Nähe des Todes auch hinüber in die Seele des anderen. Sie waren sich einig wie noch nie zuvor.

Der Wind drehte sich plötzlich und ließ nach an Wucht. Die Wogen schlugen seltener in das Boot, das zwischen hohen Wasserrücken steuerlos dahintrieb. Ein grauer Strich tauchte nach einer langen Weile vor dem Kiel des Schiffes auf. Der Regen lichtete sich, und die Freunde erkannten, daß sie die ganze Länge des Sees hinabgetrieben sein mußten. Das sandige Ufer tauchte aus der Tiefe herauf; ein ächzendes Schleifen des Bootes, dann kippte dieses von dem Wellendruck über und warf die Geretteten in das kaum metertiefe Wasser. Sie tappten sich mit erstarrten Gliedern an das Ufer. Jetzt erst fühlten sie ganz das Maß ihrer Erschöpfung und sanken zu Boden.

Als sie sich später erhoben, hatte sich der Sturm gelegt. Die Wellen klatschten immer noch hoch an das Ufer; ein gleichförmiger Regen rieselte nieder. Kein Mensch war in der Nähe, und die zwei Freunde blickten wie erwachend um sich. ,,Wir leben noch — wer hat uns gerettet?“, fragte einer den anderen. Seit dem Augenblick, da sie die Muttergottes von Altötting angerufen hatten, war Ruhe und Zuversicht in ihre Herzen gekommen. Sie fühlten, daß Mariens Fürbitte wundersam herübergewirkt hatte, als die Todgeweihten aus tiefstem Herzen gebetet hatten.

Peter atmete tief auf. ,,Wir wissen es für alle Zeit, wem wir unsere Rettung zu danken haben. Und von heute an will ich alle Jahre am ersten Sonntag im Juni eine Wallfahrt nach Altötting machen.“ Heinrich nickte. ,,Und ich will mit dir gehen, solange mich meine Füße tragen.“

Dann aber beschauten die Freunde die Stelle ihrer Rettung. Hundert Schritte außerhalb des kleinen Gehölzes führte die Straße vorbei. Sie fanden eine Stelle, wo sich zwei Wege kreuzten. „Hier stellen wir einen Bildstock auf zum Dank für unsere Rettung", so sagten sie. Sie merkten sich die Stelle gut; dann ging es heim zu ihren Lieben, die schon in tiefster Sorge waren.

Es geschah alles, was die Freunde beschlossen hatten. Ein Maler fand sich, der das furchtbare Erleben auf dem See darstellte, und der Bildstock wurde eingeweiht. Alle Jahre schritten die Freunde zur Wallfahrt nach Altötting, und jedesmal war es den Freunden, als lächle die Muttergottes auf sie herab. Heinrich starb in hohem Alter, doch der Peter ging auch noch allein Jahr für Jahr auf Wallfahrt.

Heute ruhen die zwei Freunde längst von ihrem Erdenleben im Friedhof aus, aber der Bildstock am See erzählt immer noch von der wunderbaren Rettung.

So erzählte es der alte Bauer, und tief im Gedanken an die Freunde Heinrich und Peter schieden wir voneinander.

Franz Braumann.

*

Gebet zu Maria

Mutter der Barmherzigkeit, du Hilfe der Christen, du warst ein getreues Werkzeug der göttlichen Vorsehung. Du bist die Verwalterin aller Gnaden. Denke daran, es ist auf Erden unerhört, daß du die ohne Trost gelassen, die in Demut zu dir ihre Zuflucht nahmen. Darum vertraue ich auf dein inniges Erbarmen und dein gütiges Walten.

Deinem liebevollen Mutterherzen empfehle ich dringend die heilige Kirche, den Papst, die Bekehrung der Sünder, die Ausbreitung des katholischen Glaubens sowie die Seelen, die der Herr sich erwählt, die aber noch leiden müssen in den Qualen des Fegfeuers, daß sie bald Trost und ewige Erquickung finden. Amen.

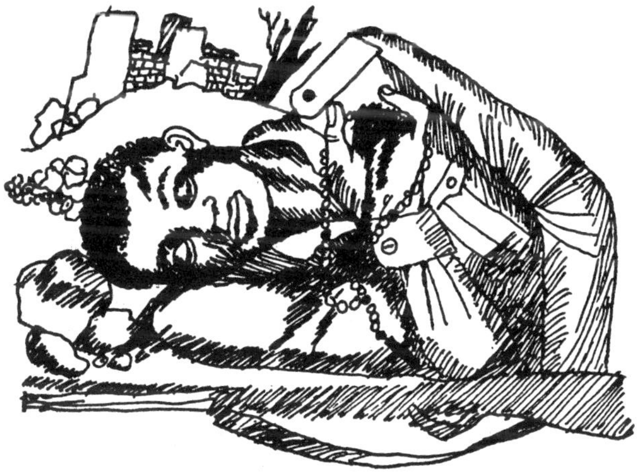

Der Blutrosenkranz

28. September 1950. Ich werde diesen Tag nie vergessen. Die ganze Nacht hindurch feuerten die UN-Truppen ihre Geschosse vom Nam-San (Berg im Süden von Seoul) herunter, und die Kommunisten schossen hinauf. Die ganze Stadt war ein Feuermeer. Sie dröhnte vom fürchterlichen Geratter der Panzer. Ich war wie betäubt, ich glaubte, das Herz müßte mir versagen. In dieser Ausweglosigkeit zog ich den Rosenkranz hervor und begann, unsere Mutter flehentlich und bestürmend anzurufen.

Ich betete, ohne zu wissen, worum und wofür. Endlich ging die schreckliche, lärmerfüllte Nacht zu Ende. Ich ging an der Tong-kuk-Universität vorüber. Dort in dem Tale lagen UN-Soldaten und Nordkoreaner wild durcheinander. Wahrscheinlich waren die feindlichen Heere hier aufeinandergeprallt.

Die Mütter der jungen Soldaten werden Tag und Nacht beten und warten, daß ihre Söhne zurückkommen. Aber diese sind so elendig hier umgekommen, ohne Laut, ohne Worte.

Sie liegen hier, welch ein Bild des Grauens! Nun richtete ich meinen Blick direkt vor mich. Ich erstarrte vor Entsetzen. Direkt mir vor den Füßen lag ein toter Nordkoreaner, ein Bein war wie abgesägt, das andere streckte er in die Luft, die Zähne hielt er zusammengebissen, die beiden Augen waren weit offen, die Zunge streckte er halb heraus, das erbrochene Blut klebte an seinen Lippen. Ein ekelerregendes, herzerbarmendes Bild. Daneben ein Neger, groß an Wuchs. Als ich genauer hinsah, stellte ich fest, daß er von der rechten Hand nur noch den Daumen und den kleinen Finger hatte, die drei mittleren Finger hatte er verloren. Aus der großen Wunde floß noch das Blut. Als ich näher hinzutrat, entdeckte ich mitten in diesem Grausen, daß er mit den beiden verbliebenen Fingern einen Rosenkranz festhielt. Ich kniete neben ihm nieder, legte ihn etwas gerade, wobei das noch vorhandene Blut aus der Brust quoll. Dann rief ich mit lauter Stimme auf englisch in sein Ohr: „Ich bin Priester! Ich bin Priester!" Er antwortete jedoch nicht.

Er atmete nur tief auf und ließ seine bereits eine einzige Blutkruste gewordenen Finger zur nächsten Perle des Rosenkranzes gleiten. Seine von Blut verschmierte Brust war noch warm. Ich schrie ihm nochmals ins Ohr, daß ich Priester sei. Mit seinem angeschwollenen rechten Auge starrte er mich an. Ich gab ihm sofort die Lossprechung, zog aus der Tasche das Krankenöl hervor, das ich immer bei mir trug, und salbte ihn auf der Stirne. Meine Finger waren nun auch ganz in Blut gebadet. Er lächelte und zeigte eine zufriedene Miene. Statt Worten zeigte er mir mit den beiden blutigen Fingern den ebenso blutigen Rosenkranz. „Ave Maria ...!", stammelte er mehrmals kraftlos. Die Hand fiel ihm auf die Brust. Er war tot.

Als ich dem unter so schrecklichen Umständen und doch so schön und heiligmäßig gestorbenen Neger die Augen zudrückte, konnte ich die Tränen nicht zurückhalten: „Mutter! Hast du das Rufen dieses verblutenden Soldaten gehört? Mutter! Heilige Mutter Maria! Hast du das Schreien seiner Seele und seines Leibes gehört? Wenn du es gehört hast, mußt du die Seele dieses Jünglings zu dir nehmen. Er ist so einsam in einem fernen, fremden Lande, an einem namenlosen Tag namenlos und grausam dahingesunken. Wische alle Tränen und alles Blut fort aus seinem Auge! Treibe fort von ihm jede Trauer und jeden Schmerz!" Ich sehe nochmals genau hin: Drei Finger sind weg, die zwei noch verbliebenen haben gerade das vierte Gesätz des Rosenkranzes zu Ende gebetet. Ich fasse den blutigen Rosenkranz und bete das fünfte Gesätz des glorreichen Rosenkranzes. Mit meinen Lippen bete ich die Ave Maria und durch die blutigen Finger des toten Soldaten lasse ich dabei den Rosenkranz gleiten, Perle für Perle. Da er für ewig von hier Abschied genommen hatte, betete ich seinen Rosenkranz stellvertretend zu Ende.

Glücklich dieser Soldat, der im Beten des Rosenkranzes, die Mutter anrufend, von hier Abschied genommen hat! Obwohl die Finger abgeschossen, bereits alles Blut verloren war, obwohl einsam und hilflos im Sterben liegend, hatte er beharrlich zur Mutter gebetet. Wir aber, die wir uns gesunder Glieder erfreuen und uns in keiner Todesgefahr befinden, rufen unsere Mutter nicht an. Wir gehen nicht zu ihr, zu unserer Mutter Maria. Im Gedenken an den schönen und heiligmäßigen Tod des Negersoldaten laßt uns andächtig und inständig den Rosenkranz beten! Wenn immer ich das Rosenkranzgebet beginne, kommt mir jene Szene wieder in den Sinn, wie der ganz von Blut verschmutzte Rosenkranz des schwarzen Soldaten durch meine Finger glitt. „Mutter, hast du den verhallenden Ruf des Soldaten gehört? Höre unser aller Rufen! Neige gnädig dein Ohr und verlaß uns nicht!"

*

In deiner mütterlichen Güte,

seligste Jungfrau, schau herab auf alle deine Kinder! Siehe die Sorge der Hirten, die fürchten, daß die ihnen anvertraute Herde von schrecklichem Unheil heimgesucht werde! Stimme die Kriegführenden um und mache, daß Gott, der das Unrecht bestraft, seine Barmherzigkeit zeigt! Amen. *Papst Paul VI.*

Die schmerzhafte Mutter hat geholfen

Wenn ich an meinen nun schon lange verstorbenen Vater zurückdenke, steigt in mir eine große Dankbarkeit auf, daß ich einen so guten Vater hatte. Er erfüllte mit peinlicher Gewissenhaftigkeit seine Pflichten und hatte ein mitfühlendes Herz und eine hilfreiche Hand für fremde Not. Nie versäumte er, wenn nicht gesundheitliche Gründe ihn hinderten, den Sonntagsgottesdienst der Pfarrgemeinde, und war längere Zeit aktives Mitglied beim Kirchenchor. Fleißig las er in der Heiligen Schrift und zitierte oft ein Wort daraus als Beweggrund für sein Handeln. Seine edle Gesinnung ist mir heute noch vielfach Vorbild für mein eigenes Leben.

Eines jedoch betrübte mich: Ich sah ihn nie an der Kommunionbank. Ehrfürchtige Scheu hielt mich zurück, ihn zu fragen, warum er den heiligen Sakramenten fernbleibe. Auf einem Spaziergang eröffnete er mir, daß er Glaubenszweifel habe über die Gegenwart Christi im heiligen Sakrament, und zwar begründete er sie damit, daß der heilige Evangelist Johannes kein Wort über die Einsetzung des allerheiligsten Altarssakramentes erwähnt. Vater meinte, etwas so Wichtiges könne doch nicht mit Stillschweigen übergangen werden. Leider war ich nicht fähig, ihm eine Antwort zu geben, die ihm aus diesen Schwierigkeiten geholfen hätte. Wie bedauere ich es jetzt noch, daß mein apologetisches Wissen zu gering war! Heute könnte ich ihm sagen, daß der Evangelist Johannes mit einer ganz großen Ausführlichkeit über die Verheißung des Altarssakramentes geschrieben hat und sich deshalb, da die drei Synoptiker bereits die Einsetzung berichtet hatten, mehr auf die tiefen und herrlichen Worte Jesu beim letzten Abendmahl verlegte.

Es war ein sonniger Sonntagvormittag im Mai, als mir telefonisch mitgeteilt wurde, mein Vater sei mit rasenden Leibschmerzen ins Krankenhaus gebracht worden. Die Ärzte nahmen sofort eine Operation vor und glaubten zuerst, es handle sich um eine Blinddarmentzündung. Sie mußten aber feststellen, daß ein Magendurchbruch die tobenden Schmerzen hervorgerufen hatte, was zuerst wegen der starken Verkrampfung des Magens nicht erkennbar gewesen war.

Ich war sofort nach dem Anruf ins Krankenhaus gefahren. Die Operation hatte ziemlich lange gedauert. Vater lag bei meinem Kommen zwar schon im Bett, war aber noch nicht aus der Narkose erwacht. Ich bat die Schwester, bei ihm bleiben zu dürfen, bis er zum Bewußtsein komme. Die Schwere der Operation machte seinen Zustand bedenklich.

Am nächsten Tag ging ich zur schmerzhaften Mutter in die Herzogspitalkirche. Mit großer Innigkeit betete ich zur Schmerzensmutter in erster Linie darum, daß Vater, falls er sterben müsse, zuerst noch die heiligen Sakramente empfange. In der Sakristei bestellte ich in dieser Meinung eine heilige Messe und war freudig überrascht, als sie mir schon für den kommenden Freitag zugesagt wurde. Sofort kam mir der Gedanke, der Freitag sei ein besonders geeigneter Tag, da es ja an einem Freitag war, daß Maria unter dem Kreuze in ein Meer von Leiden getaucht wurde und daß sie uns an diesem Tage zur Mutter gegeben worden war.

Ein Priester, der meinen Bruder gut kannte, versprach ihm, ohne von mir zu wissen, am nächsten Freitag seine heilige Messe für unseren schwerkranken Vater aufzuopfern. Er zelebrierte ebenfalls in der Herzogspitalkirche. So wurde die Schmerzensmutter an diesem Tage von zwei Seiten um Hilfe bestürmt.

Fast täglich besuchte ich meinen Vater in der Klinik. Ich sah, daß seine Kräfte zusehends abnahmen. Als ich am Ende der Woche ins Krankenhaus kam, war sein Zustand so schlecht, daß man nur mehr mit einigen Stunden rechnen konnte. Die drei meiner Geschwister, die damals noch in München wohnten, waren ebenfalls anwesend. Auf dem Gang besprach ich mich mit meinem Bruder, wie wir es anstellen könnten, daß noch ein Priester zu Vater komme. Mein Bruder hatte Bedenken, Vater werde sich bei seiner bisherigen Einstellung zu den Sakramenten sehr aufregen. Während wir noch überlegten, kam die Stationsschwester des Weges, und wir trugen ihr unsere Sorge vor. Da sagte sie: ,,O, das ist alles in bester Ordnung! Er hat heute selbst nach einem Priester verlangt, hat gebeichtet und es wurde ihm die hl. Ölung gespendet. Als man ihm sagte, die hl. Kommunion könne er dann morgen, am Sonntag, empfangen, bat er, ihm gleich heute noch den Heiland zu bringen.'' Ich kann es nicht beschreiben, was für ein tiefes Glücksgefühl mich überkam. Ich wußte genau, daß es die schmerzhafte Mutter war, die diese Wandlung hervorgebracht hatte.

Wir Geschwister durften, da Vater allein lag, noch bis zu seinem Tode nachts um 1/2 1 Uhr bei ihm bleiben. Über seinem Wesen lag ein tiefer Friede. Er segnete noch jedes seiner Kinder und schlief ganz ruhig ein.

Liebe schmerzhafte Mutter, Du hast ein Gnadenwunder gewirkt. Hab innigen Dank dafür! *M.C.*

Aschermittwoch 1945

Wunderbare Rettung

Eines nachts, beim Erwachen aus einem traumlosen Schlaf, sagte ich dieses Gedicht auf. Ich nannte es: *Auf zur Mutter!*

Wir sind dem Bann verfallen,
von Gottes Zorn umdroht;
schon bricht aus unseren Hallen
des Richttags Flammenrot.
Die Mutter fehlt uns allen
in dieser letzten Not,
an ihrer Hand zu wallen
den Weg durch Nacht und Tod.

Es war kurz vor dem schweren Luftangriff auf Dresden im Jahre 1945. Wir hatten am Abend einen Vortrag über Reinhold Schneider und sein Werk gehört. Eine Lesung aus einer seiner Schriften über die schmerzhafte Mutter hatte besonders tiefen Eindruck auf mich gemacht, und der Satz *„Die Mutter fehlt uns allen, allen ..."* war mir bis in den Schlaf nachgegangen. Um diesen Kern hatte sich obiges Gedicht gebildet. Erst viel später kam mir die Erkenntnis: Dieses Gedicht gehört in die Reihe der Gnadenhilfen, die mir die himmlische Mutter in der Zeit der Heimsuchung — und als Vorbereitung darauf — gewährte. So hatte ich schon am 8. Dezember 1943 die Eingebung gehabt, für die Vigil des Festes von der Unbefleckten Empfängnis ein lebenslängliches Fasten zu geloben, damit wir bei einem künftigen Fliegerangriff — an den niemand ernstlich glaubte — gerettet würden. Es war mir erlaubt worden, so zu tun, und mehrere Mitschwestern hatten sich mir angeschlossen. — Eine frühere Mitschwester, die wegen Krankheit ausgetreten war, schrieb um die Jahreswende 1944/45, sie habe uns in einem Traumgesicht alle mit einem Bündel das Stift verlassen sehen. Die Erinnerung daran belebte meine Hoffnung in der Schreckensnacht des 13. Februar 1945.

Am Nachmittag des 13. Februar kehrte ich vom Königsweinberg zurück, wo ich die Töchter des Grafen M. unterrichtet hatte. Ein Gefühl der Wehmut, wie bei einem Abschied, befiehl mich, als ich das herrliche Stadtbild von Dresden am Elbstrom vor mir hingebreitet sah ... mit den Silhouetten des Schloßturmes, der Hof- und Frauenkirche auf dem Goldgrund des westlichen Himmels. —

Aber ich mußte eilen. Im Josefinenstift sollte um diese Zeit die feierliche Schlußandacht des vierzigstündigen Gebetes stattfinden, und ich gehörte zum Sängerchor ... Die Gläubigen füllten Flur und Treppe, da in der Kapelle kein freier Platz mehr war, und der Chorraum war dicht mit Geistlichen und Ministranten besetzt. Nie werde ich vergessen, wie der hochwürdige Herr Propst frei aus dem Herzen zum eucharistischen Heiland betete. „Wir bieten dir auch Sühne an für diejenigen, für die zu beten uns schwerfällt." Er selbst und zwei andere Priester — wenn ich nicht irre, die beiden, die ihm zur Seite knieten —

wurden in der kommenden Nacht als Sühnopfer angenommen.

Es war Fastnachtsdienstag und die Feinde spielten den Dresdenern zum Tanz auf. Gegen 10 Uhr abends setzte das Heulen der Sirenen ein. Nie zuvor war mir's so durch Mark und Bein gedrungen, wie an diesem Abend. In einer unbestimmten Ahnung war ich in den Kleidern geblieben (ich trug noch meine Zivilkleidung, die ich sonst bei meiner Rückkehr zu wechseln pflegte), und so stürzte ich Hals über Kopf in den Keller. Da ertönte auch schon das dumpfe Trommeln fallender Bomben. Dergleichen hatten wir noch nicht gehört. Kein Laut kam über unsere Lippen. Nur der Hausgeistliche sprach mit gedämpfter Stimme die Worte der letzten Lossprechung. 35 Minuten lang regnete es Phosphor und Schwefel, so erfuhr ich später.

Als wir danach wieder in die oberen Räume hinaufstiegen, sahen wir, daß inmitten eines Feuermeers unser Stift eine Insel bildete, auf die sich die Obdachlosen der Umgebung flüchteten. Sie fanden den Zugang offen; denn Türen und Fenster waren eingedrückt. Ein Greuel der Verwüstung bot sich rings dem Auge dar. Meine Mitschwestern griffen eilig nach Besen und Schaufel, um Schutt und Glasscherben notdürftig wegzuräumen. Das schien mir unnütz. Ich schaute im Refektorium nach meiner Butterration, ließ vor Aufregung die Marmeladebüchse fallen und eilte fort, ohne mich um die Spuren auf dem Fußboden zu kümmern. Es trieb mich in die Kapelle. Ich stieg über die Fensterkreuze, die quer über beide Bankreihen lagen, und kniete mit unbeschreiblichen Gefühlen am Altar. Dann gesellte ich mich denen zu, die Betten, Kleider und Koffer in die Speisekammer trugen, weil diese keine Außenfenster hatte und darum sicher schien.

Da — wild kreischten wieder die Sirenen auf, und schon krachten die Bomben. So schnell hatten wir uns noch nie im Luftschutzraum eingefunden. Viele geflüchtete Umwohner waren uns gefolgt. Im Hauptkeller hockten wir so dicht zusammengedrängt, daß es unmöglich war, sich zwischen den Reihen hindurchzuzwängen. Wer von einem entfernten Platz zum Notabort gelangen wollte, mußte über die Rücken der anderen gehen. Ich entkam in einen Seitenkeller, wo weniger Gedränge herrschte. Die beiden Räume waren durch einen reservierten

Gang getrennt, der als Verbandsplatz dienen sollte. Nur der Luftschutzwart, die Frauenärztin, die bei uns wohnte, und eine Invalidin, unsere Oberin, hielten sich darin auf. — Ich kniete an der offenen Tür und betete mit ausgebreiteten Armen den Fünf-Wunden-Rosenkranz. Dazwischen rief ich laut meine verstorbenen Eltern um Hilfe an. Aber wenn eine Luftmine mit unheimlichem Pfeifen daherfuhr und die Mauern über uns dröhnend zusammenstürzten, duckten wir uns wie Halme vor dem Sturm zu Boden. Acht Volltreffer zählte ich; beim nächsten Einschlag war der Luftdruck so stark, daß er die Verbindungstür zerriß. Ein Stück davon schlug mir mit solcher Gewalt an den Kopf, daß ich das Bewußtsein verlor und der obere Zipfel des rechten Ohres mir abgequetscht wurde. Infolge Schleuderns trug ich am Kopf und an der einen Körperhälfte Blutergüsse davon. Als ich mit verbundenem Kopf auf der Tragbahre liegend wieder zu mir kam, fiel mir ein neues Gefahrenmoment ein: nämlich, daß im Binnenhof, an der Außenwand des Luftschutzkellers ein Kohlenberg aufgehäuft lag. Ich flüsterte es meiner Schwester zu, und diese gab es an den Luftschutzwart, einen Offizier, weiter. (Wir hatten nach Wegnahme unserer Schule eine Militärbehörde im Hause, daher der große Kohlenhaufen.) Ich las Entsetzen in seinen Mienen. „Schweigen", gab er zurück, „sonst entsteht eine Panik". Stunde um Stunde warteten wir drei in tödlicher Angst: Schon nach dem ersten Angriff hatte draußen der Feuersturm gerast und einen Funkenregen in unseren Binnenhof getrieben! ... Wir ahnten nicht, daß uns von einer anderen Seite her der Tod durch Feuer und Rauch ebenso bedrohte. Zwei russische Gefangene, so erfuhr ich nachher von einer Augenzeugin, die diesen Angriff auf der Kellertreppe überstanden hatten, spritzten ohne Unterbrechung Wasser aus den aufgestellten Behältern gegen die schwerbeschädigte eichene Kellertüre und preßten nasse Säcke gegen die Spalten, durch die der Schutt von den niederprasselnden Wänden sowie Funken und Rauch eindrangen. Man hatte uns oft zuvor versichert, daß die starken Deckengewölbe des Stiftes standhalten würden. Das bewahrheitete sich jedoch nur als Ausnahme. Die Decke des Schutzkellers und die des Ganges darüber blieben als die einzigen des großen Gebäudes erhalten.

So erlebten wir alle den nächsten Morgen — bis auf ein im Rauch ersticktes Kind — und vernahmen endlich das erlösende Wort, daß wir uns jetzt hinauswagen könnten. Jeder erhielt eine kleine Scheibe Knäckebrot zur Stärkung — weiter reichte der Vorrat nicht. Dann nahmen wir die wenigen geretteten Habseligkeiten und verließen unsere Rauchhöhle. Ein glühender Wind und greller Feuerschein schlugen uns entgegen, und ich wäre gleich wieder umgekehrt, hätten nicht Freunde auf uns gewartet — mit rußigen Gesichtern und tränenden Augen wie wir selber. Sie sagten uns, daß sie einen Weg ins Freie ausfindig gemacht hätten. Ich warf einen scheuen Blick um mich: Vom lieben Stift sah ich nur noch rauchgeschwärzte Mauerreste. Gespenstisch standen die verkohlten Bäume in der rötlich flimmernden Luft ... Aschermittwoch, unvergeßlich! — Über hohe Schuttmauern stolperten wir vorwärts, von der Angst getrieben, um Schutz und Hilfe flehend, immer von einem Häuserzwischenraum zum andern rennend, um nicht begraben zu werden: brennende Häuser sanken hüben und drüben ein; vor uns knickte ein hoher Fabrikschlot zusammen. Unser Fuß stieß an einen verkohlten Leichenstummel — immer vorwärts; denn die feindlichen Flieger sollten uns nicht mehr im Stadtinnern finden. Wirklich erreichten wir ein einzelstehendes Haus vor der Stadt, ehe aufs neue Alarm geblasen wurde und das bekannte Geräusch in der Höhe das Nahen des Würgengels ankündigte.

„Die Katastrophe von Dresden war beispiellos", hörte ich einige Tage später im Radio sagen. Es war das erstemal, daß wir den Mut fanden, dem Verbot von oben zuwider den Auslandsender einzuschalten. Ich erfuhr, daß nach amtlicher Feststellung in der Nacht vom 13. auf den 14. Februar 300 000 Menschen in Dresden umgekommen waren. Viele derer, die den Bombenangriff überlebt hatten, waren auf der Flucht von einstürzenden Häusern verschüttet oder von Tieffliegern mit Phosphor übergossen worden.

Selbst die andersgläubigen oder ungläubigen Offiziere, die mit uns im Stiftskeller gewesen waren und den Mitschwestern, wie diese erzählten, zugerufen hatten: „Laut beten!", sprachen vom Wunder unserer Rettung! Ich bin überzeugt, daß wir die Rettung Maria verdanken.

R. J. M.

Eine Lourdes-Heilung, die gefilmt wurde

Anerkennung durch bischöfliches Dekret vom 15. August 1956

Die schmerzvolle Geschichte von Marie Bigot begann im März 1951 und wird uns mit allen ihren Einzelheiten von ihrem eigenen Arzt in einer ausführlichen medizinischen Studie berichtet. Marie Bigot bemerkte in jenen Märzwochen die Verschlechterung ihrer Augen, verbunden mit Kopfschmerzen. Schon ist ihre Sehkraft auf 3/10 zurückgegangen. Innerhalb weniger Wochen steigt ihre Temperatur auf vierzig Grad. Nach gründlicher klinischer Untersuchung schließt man auf die Existenz einer Schädigung innerhalb des Schädels. Man stellt eine Erkrankung der Spinnwebenhaut des Gehirns fest, die von feinen Nerven durchkreuzt ist, so z.B. auch dem Sehnerv. Was war geschehen? Eine Infektion unbekannter Ursache hatte an dieser Stelle Verwachsungen hervorgebracht, welche die Sehnerven einschnürten und zusammendrückten. Die Verbindung zwischen Gehirn und Auge und den Organen des Hörens und Riechens wurde damit immer mehr gestört, ja unmöglich gemacht. Bei der Öffnung (Trepanation) des Schädels wurden zwar die krankhaften Wucherungen und Verdickungen operativ beseitigt, und die Schmerzen ließen etwas nach, das Sehen aber wurde keineswegs besser. Im Gegenteil, im Juli 1951 verschlimmerte sich die Krankheit: das rechte Bein und der rechte Arm wurden gelähmt, und die Sehkraft sank bis auf 1/10 und 1/20, dazu kam Taubheit des rechten Ohres. Die Ärzte schlossen, daß die Verwachsungen langsam alle Teile des Gehirns erreichten. Auf dem rechten Auge trat völlige Erblindung ein, auf dem linken bestand nur noch 1/100 Sehkraft, bis auch diese verschwand. Es stellten sich schwere Atem- und Schluckbeschwerden ein, die einen nahen Tod erwarten ließen.

Der tiefste Stand ihres Leidens war erreicht, jeder Kontakt mit der Außenwelt unterbrochen, bis auf eine gewisse Zeichensprache auf dem Ballen der linken Hand. Doch ereilte sie bei dieser Krise noch nicht der Tod. Man nahm sie im Oktober 1952 mit zur Wallfahrt nach Lourdes.

Nichts geschah auf dieser ersten Fahrt, außer daß sie die Sterbesakramente erhielt, da man nicht an ihre Rückkehr glaubte. Nach dem ersten Bad wurde sie sterbend im Eilschritt in das Hospital gebracht, wo ihr Dr. Debroise mehrere Spritzen verabreichte. Nach einigen Stunden ist er erstaunt, daß sie noch lebt. Sie erreicht sogar die Heimat wieder.

Im Oktober 1953 unternimmt sie die zweite Wallfahrt. Bei dieser verschwanden mit einem Schlag die Lähmungen von Armen und Beinen. „Plötzlich habe ich“, so erzählte sie, „eine Erstarrung meines ganzen rechten Fußes gespürt und einen schrecklichen Krampf (obwohl sie an dieser Seite seit langem nichts mehr fühlte). Dann spürte ich etwas Schweres auf meinem Bein. Es war meine Decke.“ Darauf wechselte sie den Rosenkranz von der einen zur andern Hand und spürte wieder die

Perlen. Sie konnte sich sogar vor ihrem Bett wieder aufstellen. Als sie dann zum Ärztebüro gebracht wurde, konstatierte man immer noch ihre Erblindung ,,durch ein enormes Oedem der Pupille''. Die geringe Besserung in ihren Gliedmaßen wollte man kaum beachten. Auf dem Bahnhof von Rennes aber erhielt sie plötzlich ihren Geruchsinn zurück. Sie roch zum erstenmal wieder Tabaksqualm.

Aber man wollte sie keineswegs zu einer dritten Wallfahrt mitnehmen. Als sie untersucht wurde, konnte allerdings Dr. Debroise feststellen, daß sie wieder normal gehen konnte. Dagegen wiesen ihre alten Schuhe, die sie vor der Heilung trug, noch den schweren Gehschaden ihrer Beine nach. Das diente dem Arzt gegenüber der Leitung des Pilgerzuges zum Beweis ihrer früheren, aber jetzt beseitigten Lähmung der unteren Gliedmaßen. Sie wurde zum dritten Mal zugelassen.

Als der Arzt sie erneut im Ärztebüro vorstellte, wollte der neue Präsident, Dr. Pellisier, keineswegs etwas von einer wunderbaren Heilung wissen — trotz der mitgebrachten Schuhe als Beweismittel. Diese aber interessierten einen Film- und Fotomann, der gerade dabei war, einen Lourdesfilm zu drehen ...

Bei der Sakramentsprozession — bei der sie übrigens mitgefilmt wurde — empfand sie plötzlich ein ungeheures Geräusch. ,,Ich habe Angst gehabt. Ich wußte nicht, was mit mir geschah. Ich habe die Menge klar singen hören: Sei gegrüßt, Königin des Rosenkranzes. Zu gleicher Zeit schwanden meine Halsschmerzen. Ich konnte den Kopf drehen.'' Sie ging zum Hospital zurück zum Essen und wurde von dem Arzt befragt, dessen leise Stimme sie sogar verstand. Die fachärztliche Untersuchung erbrachte normales Gehör. Sechsunddreißig Stunden später erlangte Marie Bigot schlagartig ihr Sehvermögen wieder, und zwar im Abteil des Pilgerzuges. Sie schilderte den Vorgang dem Arzt wie folgt: ,,Gegen zwei Uhr morgens habe ich ein Licht gesehen, dann wie einen Blitz, der an meinen Augen vorbeiging.'' Wahrscheinlich waren dies die für sie wahrnehmbaren Lichter beim Durchfahren eines Bahnhofs. ,,Ich habe danach einen sehr lebhaften Schmerz gehabt, viel stärker als die Kopfschmerzen, die gegen 19 Uhr geendet hatten.''

Die Fachärzte stellten nach Heimkunft die volle Wiederherstellung ihres Gehörs auf beiden Ohren und die volle Sehstärke auf beiden Augen (zu 10/10) fest. Die Heilung wurde dann von der Internationalen Ärztekommission untersucht, der allein acht Universitätsprofessoren angehörten. Das Gutachten lautet folgendermaßen:

„Der organische Ursprung der Leiden des Fräulein Bigot war ohne Zweifel vorhanden. Professor Ferey hat im Lauf der Operation die Tatsächlichkeit der Arachnoiditis (Spinnwebenhaut-Entzündung) des äußeren Grabens feststellen können. Ohne Zweifel würde die Erkrankung der Spinnwebenhaut allein nicht alle die beobachteten Schäden erklären können; aber sie existiert niemals allein, sie wird von der Entzündung der Nervaxe begleitet, die die beobachteten Leiden erklärt. Keinerlei psychiatrische Beobachtung ist bei dieser Kranken festgestellt worden. Und daß sie ihren Tastsinn ausbildete, um mit ihrer Umgebung in Verbindung zu treten, spricht zu Gunsten der Organerkrankung.

Schlußfolgerung: Die plöztliche Heilung von der Taubheit und dann der Erblindung, die beide auf zwei Jahre zurückgingen, kann nicht natürlich erklärt werden."

Aufgrund dieses ärztlichen Entscheides wurde der Fall der Kanonischen Untersuchungskommission des Erzbistums von Rennes, Dol und Sant-Malo vorgelegt, worauf diese unter dem Vorsitz des Kardinal-Erzbischofs Roques am 15. August 1956 erklärte, „daß diese Heilung wunderbar ist und einem besonderen Eingreifen Gottes durch die Vermittlung Unserer Lieben Frau von Lourdes zugeschrieben werden muß".

Es war eine der ergreifendsten Heilungen von Lourdes, die damit ihre Bestätigung erhielt. Bemerkenswert ist, daß diese Heilung durch eine besondere Fügung durch den Film »Lourdes und seine Wunder« festgehalten werden konnte.

Wer aber beschreibt die tiefe Ergriffenheit und Freude derjenigen, die hier nach qualvoller organischer Krankheit, die fast in die Schrecken des Todes führte, wieder vollauf gesunden durfte? In inniger Dankbarkeit ist sie 1956 zur Krankenpflegerin in Lourdes geworden, diejenigen betreuend, die wie sie auf die Macht Unserer Lieben Frau von Lourdes vertrauen.

Ein Hund im Dienst Unserer Lieben Frau

Still senkte sich die Winternacht übers verschneite Altöttinger Land. Ein einsamer Feldstadel, eine Straße: wenn man genauer hinschaute, konnte man den Fußwanderer erkennen, der in seinen Wintermantel gehüllt, an die Scheunenwand gelehnt sitzend schlief.

Es war der einzige schneefreie Flecken, der ihn zum Niedersitzen ermuntert hatte. Des Fußwanderns ungewöhnt, war er erschöpft eingeschlafen. Hupender Autolärm weckte ihn auf. Mit steifen Gliedern setzte er seinen Marsch fort: eine Wallfahrt zur Gnadenmutter von Altötting. Der Anliegen hatte er genügend.

Aber er hatte seine Kräfte überschätzt und so zwang ihn die Müdigkeit ein zweites und ein drittes Mal im freien niederzusitzen, bis er endlich das Städtchen Tüßling erreichte, wo er im Gasthof Steiner einkehrte. Dort saß er dann, bis man zusperrte, das heißt: bis kurz davor. Es war auf dem Rückweg. Sein Auto mit Winterschlafsack und Heizung stand in Kraiburg. Eine Portion Kaffee hatte ihn munter gemacht.

Als er tüchtig Richtung Polling ausholte, wurde es ihm plötzlich bewußt, daß er bis mindestens 3 Uhr nachts auf dem Weg sein würde. „Was ist, wenn ich wieder einschlafe?" „Was ist, wenn mich die furchtbare Müdigkeit wieder überfällt, mich, den untrainierten Büromenschen, der sich mit einem 46-Kilometermarsch sinnlos übernommen hat?" — „Wie will ich neuerliche vier Stunden Nachtmarsch durchhalten, wenn ich schon vor der halben Strecke am Tag eingeschlafen bin?"

Ein bitterkalter Nebel lag über dem einsamen Land, welcher sowohl jedes Licht als auch alle Geräusche verschluckte. „Bis Kraiburg kommt ganz gewiß kein Auto mehr!" sinnierte der Wanderer, „und wenn ich einschlafe, dann — dann weckt dich niemand auf, bis du erfrierst", sagte die Stimme des Versuchers: „Das hast du von deiner verrückten Wallfahrt. Bis dich einer findet, bist du wie ein Brett steif gefroren! Und einschlafen wirst du, weil du wegen deiner nervösen Herzrythmusstörungen von Zeit zu Zeit niedersitzen mußt!" — „Allerseligste Jungfrau, du wirst mich doch nicht auf einer Wallfahrt zugrundegehen lassen," betete der erschrockene Mann. „Vor 9 Uhr früh findet dich keiner!". Die Stimme des Versuchers war höhnischer denn je: „Und deine allerseligste Jungfrau wird doch nicht wegen dir ein wärmeres Klima kommen lassen! 8 Grad minus bleiben 8 Grad minus!" — „Aber mich stärken, daß ich das Stück noch durchhalte." — „Wenn du am Nachmittag schon halb umgefallen bist, wirst du's in der Nacht erst recht. 16 km hast du noch, das schaffst du nie!" — „Heilige Jungfrau! ..."

„Deine Jungfrau kann nicht helfen, außerdem ist sie nichts anderes als eine Holzfigur, zu der nur die Verrückten gehn."

Aus dem klirrend kalten Nebel tauchten verschwommene Lichter auf. Polling! Noch 13 Kilometer bis zum Ziel. Alle Fenster waren dunkel. Nur die Straßenbeleuchtung schimmerte weiß. Langsam begann sich die Müdigkeit wieder bemerkbar zu machen. Da! Was war das? — Über einen Gartenzaun sprang ein riesiger Hund. Noch ehe der nächtliche Wanderer abwehren konnte, stand das Tier mit den Vorderpfoten auf seinen Schultern und leckte ihm das Gesicht ab.

„Blödes Vieh! Geh, verschwinde!“ Dem Hund in seinem Zottelpelz wars anscheinend nicht kalt, jedoch ziemlich langweilig. Nur durch heftiges Streicheln verhinderte der erschreckte Mann weitere »Küsse« in seinem Gesicht. „Rolfi, oder wie du heißt, geh, sei g'scheit. Geh heim!“

Keine Chance! Rolfi hatte einen Spielgefährten gefunden und ließ ihn nicht mehr aus. „Ich muß jede Anstrenung vermeiden und erst recht jede Verzögerung. Bis vier Uhr früh halte ich niemals durch!“ Rolfi blieb gegen alle Argumente uneinsichtig.

Endlich ging der Wanderer einfach weiter, gefolgt dicht bei Fuß von einem hocherfreuten Hund. „Rolfi, geh ich bitte dich! Das ist dein Dorf. Da hinten ist dein Garten und Zaun! Geh jetzt zurück!“ Das Tier wedelte mit dem Schweif und ging nicht zurück. „Ich kann nichts machen“, dachte sich der geplagte Mann. „Jetzt hab ich das Vieh auch noch auf dem Hals.“

Als das Dorf zurückblieb, verschlang der nächtliche Nebel einen verzweifelten Wanderer und einen munter herumspringenden großen Hund. Wälder, Wiesen, Bäche, Brücken, alles im Schnee. Langsam begann die Wirkung des Kaffees nachzulassen und die Müdigkeit kam wieder. „Durchhalten!“

„Was nützt durchhalten, wenn's durch notwendige Pausen die lästigen Herzrythmusstörungen zu vermeiden gilt! — Dann kommt der Schlaf einfach, und wenn erst die Augen zu sind, dann ...“

An einer Omnisbushaltestelle legte sich der Wallfahrer auf eine Bank zurück und dämmerte augenblicklich ein. Die Augen waren einfach nicht mehr offen zu halten.

Rolfi leckte sich derweilen das Eis aus seinem Fell. Dann fuhr seine Zunge übers Gesicht des Wallfahrers. Aufwachen, Erschrecken, Ekel, Weitergehen war eines.

Dreimal setzte sich der müde Wanderer auf diesen letzten nächtlichen 13 Kilometern nieder; dreimal fielen ihm die Augen zu und dreimal trieb ihn sein vierbeiniger Begleiter wieder auf.

Monate waren übers Land gegangen. Frühling wars, ein warmer Tag. Der Wallfahrer war wieder da, diesmal mit Auto. Er fuhr kreuz und quer in Polling umher, einen großen zottigen Riesenschnauzer zu suchen, um sich mit einem Ring Wurst bei ihm zu bedanken. Er fand das Tier jedoch nicht mehr.

Aber an anderer Stelle bedankte er sich dafür umso heftiger: Vor dem Bildnis der Jungfrau in der Gnadenkapelle zu Altötting. Die Allerseligste Jungfrau brauchte kein »anderes Klima« kommen zu lassen, um einen erschöpften Wanderer vor dem Erfrieren zu retten. Sie brauchte auch nicht eine Art kleines Heilungswunder zu wirken, das dem erschöpften untrainierten Organismus die fehlende Leistungskraft gab.

Heißt sie nicht in der lauretanischen Litanei »die weiseste Jungfrau«? Sie ließ einfach einen großen zottigen Riesenschnauzer in dieser Nacht Langeweile empfinden: Rolfi, oder wie er hieß. Und dieses Tier wurde dann zum Lebensretter.

Zur Ehre des Wallfahrers sei noch gesagt, daß er an jenem bitterkalten Dezember morgens um 3 Uhr in Kraiburg angekommen, bei Nacht und Nebel das Tier in sein geheiztes Auto lud, um es nach Polling zurückzubefördern, vor den heimischen Gartenzaun, ehe er im angenehm geheizten Auto in seinen kältesicheren Winterschlafsack kroch.

Werner

*

Du erhabene Frau,

voll lebendigen Glaubens! Laß den Glauben die Leuchte sein in unserem Wirken. Laß uns erkennen, was es Großes ist um den Dienst vor Gott und an den unsterblichen Seelen. Lehre uns, alles zu sehen und zu werten mit jener heiligen Einsicht, die der Glaube uns gibt, und Schicksalsschläge und Heimsuchungen zu betrachten im Lichte der weisen Vorsehung unseres gütigen Gottes. Amen.

Rettung aus Bergnot

Es war Samstag, 10. August 1974. Ein herrlicher, klarer Tag. Ringsum gleißten die Gipfel und Scharten der Rosengartengruppe in Südtirol. Wahres Glück für jeden echten Bergsteiger! Seit 22 Jahren hatte ich viele gefährliche Touren in den Bergen unternommen und so manchen Dreitausender erreichen dürfen.

Diesmal war ich mit meiner Tochter (10 Jahre) und meinem jüngsten Sohn (7 Jahre), beide geübt und begeistert, seit fünf Tagen unterwegs, durch das Zentralmassiv des Rosengartens. Heute wollten wir den Übergang zum hochalpinen Nordmassiv wagen.

Wir mußten zunächst über den 2561 m hochgelegenen Cigolade-Paß hinunter zur Catinaccio-Hütte (meist von Italienern besucht), dann wieder zügig bergan in Richtung unseres Tageszieles, nämlich der lt. Dolomitenführer so malerisch und hoch gelegenen Antermoia-Hütte.

Wir stiegen nach ausgiebiger Rast in den nicht sehr bekannten, jedoch sehr lohnenden Scalette-Paß ein. Dieser besteht aus mehreren übereinander liegenden Steilstufen, flankiert von fast senkrecht aufsteigenden Felswänden, die nur einen ganz beschränkten Blick zum Himmel ermöglichen. So konnten wir das heranziehende Unwetter natürlich nicht wahrnehmen.

Einige Felspassagen waren immer wieder mit Drahtseilen gesichert. Dann kamen wir auf ein sehr abschüssiges Geröllstück. Es begegneten uns mehrmals Bergsteiger, die uns in der Absicht bestärkten, die Hochtour fortzusetzen. Plötzlich kam starker Wind auf. Einige Bergsteiger, die von oben kamen, warnten uns vor der Witterung. Der Höhenmesser zeigte ca. 2 100 m an und wir kehrten um, hatten wir doch alle einen Rucksack zu schleppen. Es gelang uns noch, einen schmalen Felsvorsprung unterhalb einer senkrechten Felswand zu erreichen, als ein fürchterliches Gewitter losbrach. Blitze zuckten und schlugen in die Seilsicherungen über und unter uns ein. Der Donner brach sich laufend an den gegenüberliegenden Felswänden. Der Regen prasselte nur so auf und nieder. Trotz unserer Wetterbekleidung waren wir bald durch und durch naß. Über die Felswand, an die wir uns preßten, toste nach kurzer Zeit ein gewaltiger Wasserfall. Wir konnten jedoch nicht ausweichen, da von oben, über die Steilstufen, unzählige kleine, mittlere und große Felsbrocken vorbeiflogen. Das Unwetter wurde zu einem Inferno.

Über meine Kinder gebeugt an der Felswand stehend, mußte ich zusehen, wie unsere Rucksäcke vom Felshagel zerschlagen und zerfetzt wurden. Bei dem Versuch, wenigstens meinen Rucksack in Sicherheit zu bringen, wurde ich von einigen Felsstücken am Arm getroffen. Der kleinere Rucksack meines Sohnes flog davon; wir fanden ihn später zwischen zwei riesigen Felsbrocken weiter unten in einer Felsrinne. Inzwischen mußten wir befürchten, daß wir bald den immer rissiger werdenden Standplatz unter den Füßen verlieren würden, da der Regen unaufhörlich wolkenbruchartig niederrauschte.

Miteinander beteten wir laut mehrmals das »Vater unser und das Ave Maria«. Meine tapferen Kinder bekamen Angst und weinten, denn das grausige Unwetter dauerte bereits ca. eine gute halbe Stunde und die Naturgewalten wuchsen ständig an.

Wir hatten alle drei »Wunderbare Medaillen« bei uns und ich hatte trotz des Getöses ringsherum — es war die Hölle — Vertrauen auf die Hilfe Gottes und der Gottesmutter. Dies sagte ich, während wir beteten, auch den Kindern, die spürbar ruhiger wurden.

Der Steinhagel wurde schwächer, der Regen ließ nach. Wir konnten es fast nicht begreifen, daß wir weder verletzt waren, noch einen Schock erlitten hatten.

Leider waren Fotoapparat, Taschenlampe, alpine Touren- und Lehrbücher, Verbandszeug und Bekleidung vollkommen zerschlagen bzw. verschmutzt, die Rucksäcke waren voll Sand und Kies.

Nachdem ich die Kinder nacheinander aus dem Einstieg geborgen hatte, traten wir, völlig durchnäßt und noch stark beeindruckt von diesen Naturgewalten, den Rückweg zur unten gelegenen Catinaccio-Hütte an. Trotz des Erlebten hatten besonders die Kinder frohen Mut, und wir alle empfanden volle Dankbarkeit für die Gottesmutter.

Später erfuhren wir von anderen Bergsteigern, daß in der Geislergruppe (nördlich gelegene Berggruppe) ein Mann durch Steinschlag getötet und zur selben Zeit das Stromaggregat des Rosengartenlifts getroffen (durch Blitzschlag) worden sei, und die Insassen der Gondeln die ganze Zeit über in dem Unwetter, schaukelnd in großer Höhe, ausharren mußten. Zugleich wurde die gesamte Obst-, Gemüse- und Weinernte im Gebiet um Meran durch das gleiche Unwetter vernichtet.

Wir sind überzeugt, daß uns die Gottesmutter durch die »Wunderbare Medaille« gerettet hat, da wir doch im Zentrum des Unwetters an exponierter Stelle standen.

Ein Kenner des hier beschriebenen Passes (Route Süd-Nord) wird, wie wir, ein Entkommen aus einer derartigen Gefahrenlage mit natürlichen Kräften nicht erklären können.

A. Hirschauer

Ich wäre arbeitslos geworden …

Praktisch hätte ich ab 1. April auf der Straße gelegen und wäre arbeitslos geworden, wenn die Gottesmutter sich nicht wieder einmal in besonderer Weise verherrlicht hätte. Im Augenblick der größten Not hat sie auf stürmisches Bitten und Beten hin gezeigt, daß sie noch da ist und für uns sorgt.

Vor etwa vier Wochen erhielt ich die Kündigung. Man hatte eine jüngere und billigere Kraft gefunden, die am Ort des Arbeitsplatzes wohnt. Ich bin in den letzten 1½ Jahren täglich hundert Kilometer gefahren. Die 2½ stündige Mittagspause wollte ich nicht in D. bleiben, somit fuhr ich zweimal am Tage zur Arbeitsstätte. Gesundheitlich war ich völlig heruntergekommen, so daß eigentlich nichts Schlimmeres kommen konnte, als ausgerechnet jetzt, da alle Kinder herangewachsen sind und nun die größten Kosten entstehen, arbeitslos zu werden.

Der Kündigung voraus ging noch, daß ich am 30. April letzten Jahres auf der Rückfahrt von unserem Heiligtum an der Stadtgrenze in F. mit meinem Wagen einen Unfall hatte, der uns DM 1 500,- kostete.

Vor Weihnachten erlitt ich schließlich mit meinem Wagen Totalschaden; ich hatte gerade ein neues Auto gekauft — natürlich zum größten Teil auf Bankkredit — und dann kam die Kündigung hinzu. Wir waren ziemlich am Ende. In den vergangenen vier Wochen hatte ich Anzeigen aufgegeben und auf Anzeigen geschrieben. In der Zeit wurde in der ganzen Familie gebetet. So ist die Gottesmutter noch nie von uns bestürmt worden. Es verging kaum ein Tag, an dem nicht wenigstens einer aus der Familie dem hl. Opfer beiwohnte. Schließlich bin ich dann zu Familie X. gefahren, die die nächsten bekannten Familien — auch die Schwestern in Schönstatt — auf unsere Sorge aufmerksam machte. Als erster Silberstreifen am Horizont zeigte sich ein Angebot einer Firma aus D. Weiter bot ein großes Maklerbüro eine selbständige Agentur hier im Raum an — eine vage Angelegenheit, von der niemand sagen kann, was dabei herauskommt. Die Zeit drängte nun immer mehr, daß irgend etwas geschehen müßte. Am vergangenen Freitagabend fuhr ich nochmals zu X. Wir kamen zu dem Entschluß, die Stelle in D. mit einem verhältnismäßig niedrigen Gehalt und einem enormen Unkostenapparat anzunehmen. Ich wollte die Zusage zu dieser Stelle am Samstagnachmittag schreiben.

Nun hatte ich am vergangenen Montag in unserer Zeitung die Todesanzeige eines Firmeninhabers gelesen, den ich sehr gut kannte, und für den ich während meiner früheren Tätigkeit nebenbei viel gearbeitet hatte.

Am Samstagmorgen kam mir beim hl. Opfer der Gedanke — du könntest eigentlich bei dieser Firma nachfragen, ob sie dich nicht gebrauchen kann. Der Betrieb liegt etwa fünf Kilometer von unserem Haus entfernt. Ich bin dann dorthin gefahren und traf auch den jungen Firmeninhaber an. Ohne viel Umschweife brachte ich meine Frage vor. Zu seinem Gehaltsangebot konnte ich nur Ja sagen.

Aber der junge Mann wollte sich noch besinnen: er würde mich im Laufe des Spätnachmittags anrufen und mir endgültig Bescheid geben, da er am anderen Tag in Urlaub fahre.

Ich habe bis 17.30 Uhr gewartet, aber ein Anruf kam nicht. Mit unserem älteren Sohn fuhr ich dann nach F. zu unserem Kapellchen. Wir beteten gemeinsam den Rosenkranz. Am Samstagabend hatten wir Familiengruppe. Als wir zurückkamen, sagte unser Sohn, Herr Y. habe gegen 20.30 Uhr angerufen, es ginge alles in Ordnung, morgen früh gegen 11 Uhr sollte ich bei der Firma sein. Ich fuhr dorthin.

Herr Y. holte aus dem Schreibtisch vorgedruckte Vertragsformulare, gab mir zwei mit der Erklärung, sie auszufüllen. Das war im Nu geschehen. Wir unterschrieben beide.

Als ich zuhause ankam, war ich noch ganz benommen. Wir haben zuerst einmal der Gottesmutter für die offensichtliche Hilfe gedankt. Dann habe ich bekannte Familien angerufen, um sie an unserer Freude teilhaben zu lassen. Wie ehrlich diese Mitfreude war, war offensichtlich zu spüren. So haben sich die Dinge in der letzten Stunde fast überschlagen. Die Gottesmutter hat gezeigt, daß sie wirklich unsere »Brotmutter« ist.

*

Heilige Jungfrau Maria,

bewahre du mein Herz, daß es kindlich bleibe, frisch, offen und lauter wie eine reine Quelle. Schenke mir ein mutiges Herz, das sich nicht gefällt in Traurigkeit; ein Herz, das großmütig ist in der Hingabe, das Verständnis hat für die Schwäche und erfüllt ist von zärtlichem Mitleid. Mache mein Herz tief und treu, damit es nichts vergißt, mache es sanft und demütig, damit es liebt und nichts dafür verlangt, damit es ganz klein wird vor deinem göttlichen Sohn. Gib mir ein Herz, das sich verzehrt für die Ehre Jesu Christi, verwundet von der Liebe zu ihm; und laß die Wunde erst im Himmel heilen. Amen.

Léonce de Grandmaison

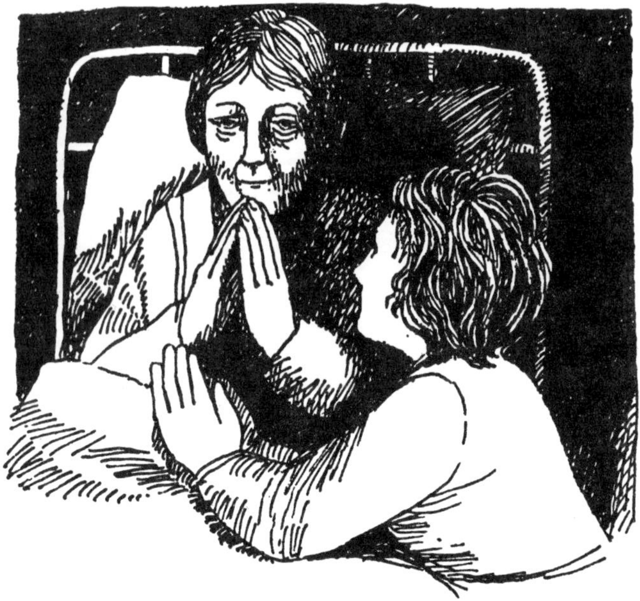

Die Muttergottes von Birkenstein und der Traum

Im Jahre 1942 besuchte ich meine schwer zuckerkranke Mutter in München. Beim Abschied sagte sie zu mir, wobei sie sich an die Brust klopfte: „Die Muttergottes von Birkenstein macht mich gesund!"

Am Montag brachte Papa sie dorthin.

Ich fuhr wieder nach Veitshöchheim.

Von Donnerstag auf Freitag träumte ich von einem Grab mit Chrysanthemen bepflanzt, die im Winde hin und her schaukelten, daneben stand eine geschwungene Barockuhr, deren Zeiger auf fünf vor Zwölf zeigten. Ich war sehr aufgeregt und wußte, daß ich zu meiner Mutter mußte. Aber wie der Mensch so ist, habe ich den Traum im Laufe des Tages als Einbildung abgetan — und beruhigte mich wieder. Im Sonntagshochamt bei der hl. Wandlung hörte ich deutlich eine Stimme in mir: ,,Du mußt morgen zu Deiner Mama!"

Mein Heimweg führte durch den schönsten Rokokogarten Deutschlands — aber ich sah davon nichts.

Am nächsten Tag stieg ich in einen Zug, der sehr lange nicht abfuhr. Weil der Zug lange nicht abfuhr, überkamen mich neue Zweifel, und ich wollte gerade wieder aussteigen, als er doch abfuhr.

Als Gepäck führte ich unter anderem eine gebratene Gans für meine Mutter mit, was damals eine Seltenheit bedeutete. Meine Schwester, die durch ein Telegramm verständigt war, holte mich am Bahnhof ab. Sie überschüttete mich mit Vorwürfen, ich solle unsere kranke Mutter doch in Ruhe lassen. Ich war gezwungen, bei einer Freundin zu übernachten. Tags darauf fuhr ich nach Fischbachau. Zu Fuß legte ich, mit einer furchtbaren Unruhe im Herzen, den Weg vom Bahnhof bis nach Birkenstein zurück.

Meine Mutter war im Hospiz »Hildegard« untergebracht. Bei meinem Eintritt fragte mich eine Schwester nach dem Namen. Sie war gerade auf dem Weg zu meiner Mutter. Vor der Türe meiner Mama hörte ich so komische Laute. Ich trat ein und sah meine so ordentliche Mutter mit den Kleidern im Bett. Das ganze Zimmer roch nach vergorenen Äpfeln. Sie hatte die schwerste Azetonvergiftung! Ganz mühsam sprechend, kam es stoßweise aus ihr heraus:

,,Geh zur Mutter Gottes hinauf, die macht mich wieder gesund!"

Sie unterstrich die Dringlichkeit ihrer Bitte mit einer Handbewegung zur Gnadenkapelle hinauf. Ich erfüllte ihren Wunsch. Unter Tränen brachte ich aber nur soviel hervor:

,,Mutter Gottes von Birkenstein, hilf, sonst stirbt meine Mutter!" Die Schwestern versuchten mich zu trösten, daß morgen schon wieder alles gut sei. Es mußte aber etwas geschehen.

Ich legte mich zur Ruhe, stand bald darauf wieder auf, legte mich wieder hin. Das Rauchen des Baches vermehrte noch meine Unruhe. Erneut betrat ich das Zimmer meiner Mutter. Lange Zeit erwiderte sie keine meiner Fragen.

Gegen Mitternacht richtete sie sich in ihrem Koma auf, sprach wie eine Sterbende vom Gehen, und betete stoßweise das Glaubensbekenntnis. Aufgeregt rannte ich aus meinem Zimmer und klopfte an alle Türen, ehe ich im 3. Stock die Oberin fand. Diese weckte sogleich alle übrigen Schwestern auf, die hierauf in das Zimmer der Todkranken eilten und die Sterbegebete sprachen.

Ich versuchte noch mehrere Stunden lang den Arzt telefonisch herbeizubitten, der nicht kommen wollte, weil es, obwohl erst September, geschneit hatte, und er seinen Wagen aus der Garage nicht herausfahren könne. Erst als ich sagte: ,,Wenn Sie nicht kommen, haben Sie meine Mutter auf dem Gewissen!'', machte er sich auf den Weg. Seine erste Amtshandlung war, sämtliche homöopathischen Mittel im Zimmer herumzuwerfen. Ich schrie ihn an: ,,Tun Sie was, handeln Sie und führen Sie sich nicht so auf!'' — ,,Ich soll handeln?'', erwiderte er schroff. ,,Die Patientin liegt im Koma. Es ist jetzt zwei Uhr. Schwester, wann bringen Sie den Kaffee?'' Diese antwortete: ,,Um sieben Uhr''.

,,Ab fünf Uhr ist die Frau tot! In diesem Zustand lebt der Mensch noch höchstens drei Stunden.''

Durch die Wirkung einer Spritze atmete meine Mutter so ruhig, daß ich sie für tot hielt. Um sieben Uhr kamen dann die Sanitäter, um die Patientin nach München zu bringen.

Nie in meinem Leben vergesse ich diese Fahrt!

Erst kurz vor München getraute ich mich zu fragen: ,,Lebt meine Mutter denn noch?'' Die begleitende Schwester hob das Tuch, welches die Todkranke bedeckte, hoch — und sagte nach langen Minuten, die mir wie eine Ewigkeit erschienen: ,,Ich glaub, a bisserl schnaufts no!''

An der Donnersberger Brücke stiegen mein Vater und meine Schwester zu. Sie hoben das Tuch hoch und schrien zugleich:

,,Das ist doch nicht unsere Mama!" Tatsächlich sah die Sterbende aus wie eine Mumie.

Im Krankenzimmer meinten später Mitpatienten, die Kranke hätte wie über 100 Jahre alt ausgesehen. Sie wog nur noch 65 Pfund. Im Krankenhaus standen im Nu mehrere Apparate am Krankenbett, der Arzt kam herbeigeeilt, die Schwestern flitzten, alle arbeiteten vorbildlich.

Als der Arzt einmal stillstand, packte ich ihn an seinem weißen Kittel und sagte unter Tränen und aufgehobenen Händen: ,,Bitte Herr Doktor, machen Sie meine Mama gesund, ich habe für Sie eine gebratene Gans dabei." Der Arzt erwiderte: ,,Ich mache Ihre Mutter gesund, wenn es in meiner Macht liegt. Bitte folgen Sie mir ins Arztzimmer." Nachdem er mich dort freundlich zum Sitzen aufgefordert hatte, sagte er: ,,So, jetzt erzählen Sie mir ganz genau, wie Sie ihre Mutter angetroffen haben."

Ich begann mit meinem Traum. Am Ende meiner Erzählung sagte der Doktor: ,,Weil Sie so aufrichtig waren, erzähle ich Ihnen etwas: Ich bin jetzt 30 Jahre in diesem Krankenhaus. 75 % des Blutes Ihrer Mutter ist vergiftet, in diesem Zustand ist jeder Mensch tot. Sie dürfen an Ihren Traum glauben. Nun gehen wir in den Operationssaal und teilen uns die gebratene Gans."

Meine Mutter lebte noch drei Jahre. Dadurch konnte sie ihren einzigen Enkel und mein einziges Kind glückstrahlend zur Taufe heben. Jedes Jahr fahre ich seitdem zur Mutter Gottes von Birkenstein, um ihr dafür zu danken. *Bachmann*

*

Für die Sünder muß viel gebetet werden.

Deshalb sollen sich viele mir zur Verfügung stellen, damit ich ihnen meine Aufträge zum Beten geben kann. Es sind so viele Seelen, die nur auf das Gebet meiner Kinder warten.

Aus der »Botschaft von Marienfried«

Die Verrichtung der Buße wurde seine Rettung

Ein Tatsachenbericht aus dem kommunistischen Polen.

Ein hoher polnischer Parteibeamter war auf Dienstreise. Er hatte seine dienstliche Aufgabe bereits erledigt und es blieben ihm noch zwei freie Stunden bis zur Rückreise. Er wußte nicht recht, was er noch tun sollte. Da sah er die Wallfahrtskirche. „Meine Mutter ging oft in diese Kirche“, dachte er, „eigentlich könnte ich auch mal in diese Kirche gehen.“ So betrat er die Kirche, sah sich dort um und gewahrte schließlich einen Beichtstuhl. Mehrere Leute beichteten. Er dachte wieder an seine Mutter. „Meine Mutter hat öfter gebeichtet, eigentlich könnte ich auch mal wieder beichten.“

Und es dauerte nicht lange, da kniete der hohe Parteibeamte im Beichtstuhl. Es währte eine geraume Zeit, bis er den Beichtstuhl wieder verließ. Als Buße bekam er auferlegt, einen Rosenkranz zu beten. Einerseits erleichtert, andererseits aber doch etwas bedrückt, trat er die Heimreise an. Wie sollte er seine Buße verrichten? Er wußte nicht mehr, wie man einen Rosenkranz betet.

Bei nächster Gelegenheit kaufte er einen Rosenkranz und fragte nun seine Gattin, wie man den Rosenkranz betet. Aber auch seine Frau hatte dieses Gebet schon lange nicht mehr verrichtet und konnte es ihm nicht erklären. Es ließ ihm aber doch keine Ruhe, daß er die auferlegte Buße nicht verrichten konnte.

Eines Tages war er wieder auf einer Dienstreise. Er saß mit einer Anzahl von Fahrgästen aus dem In- und Ausland im Schnellzug-Abteil. Da dachte er wieder an seine unverrichtete Buße.

Kurzerhand stand er auf, verließ seine Mitreisenden und ging ans Ende des Waggons auf die Plattform. Dort zog er den Rosenkranz aus der Tasche und fing einfach an zu beten, wie er es konnte, er betete zu jeder Perle ein Ave Maria. Und dann geschah es: Während er da draußen auf der Plattform des Personenzuges, so gut er eben konnte, seine Buße zu verrichten suchte — auf einmal ein furchtbarer Schlag, ein Krachen und Bersten. Der Zug war mit einem anderen zusammengestoßen. Alle Fahrgäste in seinem Abteil waren auf der Stelle tot. Ihm selber auf der Plattform war nichts geschehen.

Der hohe polnische Parteibeamte berichtete dieses Erlebnis einem polnischen Weihbischof und bekannte dazu, daß er nun wieder seinen Glauben gefunden habe.

*

Mutter vom Guten Rat!

So viele unserer Brüder und Schwestern bedürfen deines Rates und deiner Wegweisung. Wir empfehlen sie dir, unsere Mittlerin, und bitten für sie. Mach unsere Augen hell für ihre Not. Gib unserem Herzen Liebe, auch für das armseligste deiner Kinder.

Du kannst uns raten, du weiseste Jungfrau und Mutter des ewigen Wortes. Du willst uns helfen, du gütigste Jungfrau und Mutter der ewigen Liebe. Segne uns, rate und hilf uns. Verlaß uns nie. Dir vertrauen wir, Mutter vom Guten Rat! Amen.

Auf die Bitte Mariens erhört

Ein Heimatvertriebener aus Ungarn berichtet uns folgende Begebenheit:

Im Sommer 1945 war ich in einem russischen Kriegsgefangenenlager in Janoshaza (Westungarn). Von dort aus ging ein Transport nach dem anderen nach Rußland ab. Eines Tages war auch die Reihe an mir. Mit 40 Mann wurde ich in einen Güterwagen gesperrt.

Unter meinen Kameraden waren 36 Katholiken und 4 Protestanten. Die meisten waren sehr traurig und niedergeschlagen. Sie hatten keine Hoffnung mehr, daß wir je unsere Heimat wiedersehen würden. Ich habe sie auf dem ganzen Wege getröstet. Unter anderem erzählte ich von der Muttergotteserscheinung in Fatima und der Verheißung Mariens: ,,Mein unbeflecktes Herz wird am Ende triumphieren."

Der hl. König Stephan hat uns ja dem Schutze der Muttergottes empfohlen. Deshalb ist sie die besondere Schutzpatronin von Ungarn.

Immer wieder munterte ich meine Kameraden auf, indem ich zu ihnen sagte: ,,Ich glaube unerschütterlich daran, daß sie uns nicht vergißt, denn sie ist unsere Fürsprecherin bei ihrem Sohn Jesus Christus.“ Und ich sagte auch aus einer Zuversicht heraus, die ich tief im Herzen spürte: ,,Wir kommen nicht nach Rußland, wir werden befreit.“ Dann beteten wir einen Rosenkranz nach dem anderen, bei Tag und bei Nacht.

Als wir bei Szoged (Ungarn) hielten, waren meine katholischen Kameraden soweit mit Gotteshilfe, daß sie sich entschlossen und versprachen, daß, falls wir hier entlassen werden sollten, sie alle zur Kirche gehen und die heilige Kommunion empfangen würden. Darüber freute ich mich sehr. Leider aber sollte es nicht so weit kommen. Der Zug fuhr weiter nach Osten. Ich glaube, der gute Wille galt hier für eine geistige Kommunion.

Als aber der Zug die Karpathen hinter sich ließ, die sogenannte 1000jährige ungarische Grenze, gaben meine Kameraden die Hoffnung auf. Nur ich allein habe desto mehr der Gottesmutter vertraut. Nie in meinem Leben habe ich mit einem solchen Vertrauen gebetet, wie auf dem Weg nach Rußland:

,,Gottesmutter, zeige deine Macht, laß' mich nicht zuschanden werden.“

Viele solche Stoßgebete schickte ich hinauf zum Himmel. Dann kamen wir in die Nähe von Pluesti. Meine Kameraden waren am Verzweifeln. Es herrschte tagsüber große Hitze, und wir litten furchtbaren Durst. Die Russen hatten uns den ganzen Tag kein Wasser gegeben, so daß wir auch nachts nicht schlafen konnten. Da sagten meine Kameraden zu mir:

,,Glaubst Du noch immer daran, daß wir entlassen werden?“ Ich blieb fest und entgegnete ihnen:

,,Wir kommen nicht nach Rußland, wir werden durch die Gottesmutter befreit.“ Darauf meinten meine Kameraden:

,,Wenn das so wäre, wie du sagst, dann wäre das wohl ein Wunder!“

Da sagte ich zu ihnen: ,,Nach der Befreiung sagt auch ihr, da ist ein Wunder geschehen!"

Nach 23 Reisetagen kamen wir am 18. August in Fogsani (Rumänien) an. Dort hielten wir. Viele Kameraden waren durch die große Hitze und das schlechte Wasser erkrankt und bekamen Durchfall. Die Kranken, darunter auch ich, blieben im Lager zurück.

Am anderen Tag fuhren meine Kameraden mit dem Zug weiter nach Osten bis Konstanza. Dort warteten sie auf ein Schiff. Wieder waren sie überaus traurig und niedergeschlagen. Der letzte Hoffnungsstrahl hatte sie verlassen. Dazu war auch das Wetter düster und neblig. Es fehlte nur der Lichtstrahl, den die Muttergottes in Fatima verheißen hat.

In der letzten Minute durchdrang der Lichtstrahl das Dunkel ihrer Hoffnungslosigkeit. Am 22. August, am »Fest des Unbefleckten Herzens Mariä«, kam der Befehl, daß alle ungarischen Soldaten, die sich auf dem Transport nach Rußland befänden oder noch in den Lagern Ungarns und Rumäniens waren, heimkehren dürfen. Unser Transport bestand aus 1200 ungarischn und 400 österreichischen Soldaten. Nach meiner Schätzung dürften es im ganzen etwa 200 000 Soldaten gewesen sein, die durch diesen Befehl zu ihren Angehörigen glücklich heimkehren konnten. Ich bin überzeugt, daß wir diese wunderbare Befreiung von der Gefangenschaft neben der Gottesmutter auch dem hl. König Stephan und dem Diener Gottes Kaiser Karl verdanken, dem letzten österreichischen Kaiser und apostolischen König von Ungarn, dessen Seligsprechungsprozeß bereits eingeleitet ist.

Anton Jelli

*

Maria,

die Mutter der Erlösten bist du. Der sterbende Heiland hat uns alle dir anbefohlen. Besser als jede irdische Mutter kennst du die Schwächen und Nöte jedes deiner Kinder. Wir flehen aus dem Dunkel unseres Erdenlebens um deine Fürbitte, du unsere Mittlerin und Fürsprecherin. Wende allzeit deine mütterlichen Augen uns zu. Amen.

Nach dem dritten Rosenkranz

Es war an einem Karfreitag, als ich in die Wiener Franziskanerkirche ging, um dort das Heilige Grab zu besuchen. Der eindrucksvollen Gestaltung wegen zog es alljährlich viele Gläubige an, so daß die Seitenkapelle, in der es untergebracht wurde, meist überfüllt war. Viel länger als es sonst meine Gewohnheit war, kniete ich vor dem Hochaltar, um in aller Ruhe die Passion unseres lieben Heilandes und seiner heiligen Mutter zu betrachten. Als mir endlich eine deutlich vernehmbare innere Stimme sagte, es sei genug, ich solle jetzt zum Heiligen Grab gehen, erhob ich mich und ging die Stufen hinauf zur Kapelle. Ich trat ein und gewahrte zu meiner nicht geringen Überraschung im Trubel der Menge meine Schwester, die gerade im Begriffe war, vom Heiligen Grab wegzugehen. Ihr Gesicht war ungewöhnlich blaß und sie atmete sichtlich erleichert auf, als sie mich auf sich zukommen sah. ,,Bitte, nehmt mir die Handtasche ab'', bat sie, ,,ich kann sie nicht mehr halten!''

Meine Schwester war um zwei Jahre älter als ich. Schon frühzeitig hatte sie sich den Herzen Jesu und Mariens geweiht und es war ihr sehnlichster Wunsch, in einen Missionsorden einzutreten. Vorher hatte sie schon mit dem Einverständnis ihres Seelenführers lebenslängliche Reinheit gelobt. Endlich kam die Zeit heran, wo dieser ihr eine Empfehlung zum Eintritt in ein Kloster gab. Der Herr jedoch hatte andere Absichten mit ihr. Schon nach drei Monaten entließ man sie mit der Bemerkung, daß sie keinen Beruf habe. Dieser Entscheid traf sie wie ein Todesurteil. Die drei Probemonate waren für sie die glücklichsten ihres Lebens gewesen. Ihre Enttäuschung war so groß, daß sie keinen Versuch mehr unternahm, anderswo unterzukommen. Statt dessen trat sie auf den Rat einer wohlmeinenden Ordensfrau eine freigewordene Stelle als Wirtschafterin in einer großen Wiener Stadtpfarrei an. Pflichteifrig wie sie war, arbeitete sie daselbst täglich bis in die Nacht hinein, was mit Rücksicht auf ihren schwächlichen Allgemeinzustand einen Nervenzusammenbruch zur Folge hatte. In dieser Verfassung traf ich sie an jenem Karfreitag beim Heiligen Grab.

Nun begann für meine arme Schwester ein langer Leidensweg. Der Arzt verordnete Bettruhe, sie stand aber zu früh auf und wurde rückfällig. So mußte sie schließlich ihre Stelle aufgeben und wieder zu den Eltern gehen. Nachdem ihr Lieblingswunsch nicht in Erfüllung gegangen war, bot sie sich dem Heiland als Sühneopfer an, der sie alsbald beim Worte nahm. Etwa ein Jahr lang litt sie an heftigen Nervenschmerzen am ganzen Körper und allerlei anderen Beschwerden, gegen die kein Mittel helfen wollte. Mit großer Geduld und bewundernswerter Ruhe ertrug sie ihre Leiden, bis ihr schließlich das Letzte genommen wurde, der Verstand.

Unsere Familie war bis ins Innerste erschüttert. Wir alle hatten das Mädchen von Herzen lieb und konnten diese schwere Prüfung nicht fassen. Zur Mutter sagte sie schlicht: ,,Ich muß jetzt für andere leiden!'' und zu mir, der sie immer eine so treue und liebevolle Freundin und Beraterin gewesen war: ,,Ich kann Dir nicht mehr helfen, das Sprechen wird mir so schwer", und mit der Hand nach oben weisend, ,,Du mußt jetzt zu IHM gehen!"

Was war das für ein ungeheurer Schmerz für mich und für alle! Der Arzt verlangte, daß man täglich zwei Stunden mit ihr spazieren gehe. Wir opferten uns nach Möglichkeit für sie auf und die Luft tat ihr wohl. Einmal aber, als Vater mit ihr ausging, geschah es, daß er sie eine Viertelstunde vom Hause entfernt an einer belebten Straßenecke verlor und trotz allen Suchens nicht mehr finden konnte. Er wußte, daß sie allein unmöglich heimfand und war zutiefst erschrocken. Es blieb ihm nichts übrig als eine Anzeige zu erstatten und der armen Mutter die peinliche Nachricht zu überbringen.

Ich war bis sieben Uhr abends im Büro. Den ganzen Nachmittag über war ich unruhig gewesen. Ich wurde die Gewißheit nicht los, daß meine Schwester heute verlorengegangen ist. Von dieser seltsamen Angst angetrieben, eilte ich nach Hause und als ich die Mutter in so ernster Stimmung antraf, platzte ich gleich heraus: ,,Gelt, sie ist verlorengegangen?" Die Mutter nickte traurig. Ich erkundigte mich nach den näheren Umständen und ging sogleich auf die Suche — in einer Großstadt natürlich ein völlig nutzloses Beginnen.

Vater und ich gingen nun abwechselnd zum Kommissariat, um nachzufragen. Ich voll Angst und Sorge, Vater hingegen mit einer erstaunlichen Gelassenheit, die sein grenzenloses Gottvertrauen zur Ursache hatte. Mütterchen aber saß vor dem Hausaltar und sandte mit bewundernswerter Ruhe, die ich einfach nicht begreifen konnte, ein Rosenkranz-Gesätzchen nach dem andern zur himmlischen Mutter empor, so lange, bis der ganze Psalter zu Ende gebetet war. Es war zwei Uhr nachts, als sie nach dem letzten »Ehre sei dem Vater« voll Überzeugung meinte: ,,Jetzt muß sie aber gefunden werden!"

Im gleichen Augenblick hörten wir Schritte im Hof. Sogleich öffnete ich das Fenster in der Hoffnung, es könnte jemand von der Polizei sein, der uns Nachricht brächte. Leider nein. Der Herr ging an unserer Wohnungstür vorbei in den zweiten Stock, wo er Untermieter war. In meiner Aufregung, ich weiß nicht warum, öffnete ich dennoch die Wohnungstür und, o Wunder, fröhlich und wohlbehalten stand meine Schwester vor mir, als ob nichts geschehen wäre. Ich stieß einen Freudenschrei aus, umarmte sie stürmisch und rief den erstaunten Eltern zu: „Sie ist da, sie ist da!“

Ein unvorstellbarer Jubel erfaßte uns alle und wir hätten gern gewußt, wie sie denn allein, ohne Haustorschlüssel ins Haus gekommen war. Daraufhin konnte sie uns keine Antwort geben. Weder der Herr, der nachts heimgekommen war, noch sonst jemand im Hause hatte sie mit hereingenommen. Auch sind Vater und ich so oft über die Stiege und durchs Haus gegangen, daß wir sie hätten sehen müssen. Für uns stand fest, daß niemand anderer als die liebe Gottesmutter selbst ihre Führerin gewesen war, die das zuversichtliche, vertrauensvolle Gebet unserer guten Eltern so offensichtlich belohnte. *J.H.*

*

Maria,

du Mutter der schönen Liebe! Erflehe uns jene übernatürliche Liebe zu Gott und zum Nächsten, besonders aber zu unseren armen verirrten Brüdern und Schwestern, die alles erträgt, alles hofft, alles erduldet; die selbstlos ist und lauter, mutig und langmütig, die allen alles werden will um alle für Christus zu gewinnen.

Du große Lehrmeisterin heiliger Opfergesinnung! Niemand war so wie du verbunden mit dem einen Hohenpriester Jesus Christus. Niemand war so mit ihm vereint wie du, seine Mutter und die geistige Mutter seiner Kirche. Gib uns, die wir berufen sind zum königlichen Priestertum des Volkes Gottes, den Geist froher Selbstentsagung und Opfergesinnung. Hilf uns durch diesen Geist, die Werke unseres Apostolates zu heiligen und sie dem Vater darzubringen mit Christus, unserem Haupte, als geistige, ihm wohlgefällige Opfergaben. Amen.

Muttergottes
der Tränen
von Syrakus

Die Mutter Gottes wartete

In der Karsamstag-Nacht, als feierlicher Glockenklang die Freude der Auferstehung verkündete, verschied Herr Dr. Michele Cassola ruhig im Herrn. Zur Zeit des Wunders der Gottesmutter war er Direktor des Medizinisch-Mikrografischen Provinzial-Laboratoriums in Syrakus und hatte das außergewöhnliche Glück, die aus dem Bild der heiligen Jungfrau in dem ärmlichen Haus in der Via degli Orti geflossenen Tränen zu erforschen und zu analysieren. Sein schwieriger geistlicher Weg fand einen glücklichen Abschluß durch die freudige und bedingungslose Hingabe an den Glauben im Verlauf der Woche, in der die Kirche das österliche Geheimnis des Herrn feiert. Ungläubig zur Zeit des Wunders, war Herr Dr. Cassola es auch nach der Analyse der wunderbaren Tränen geblieben.

Ein rechtschaffener und ehrlicher Mensch, skrupelhaft in der Pflichterfüllung und Ausübung seiner Mission, bezeugte er seine moralische Redlichkeit auch im Fall des wunderbaren Weinens.

Ich begegnete ihm zum erstenmal an einem heißen Sommernachmittag des Jahres 1954, als ich nach Beendigung meiner Bibelstudien den Anfang meines Priesterdienstes der Syrakuser Diözese widmete, indem ich mit dem unvergeßlichen Msgr. Ottavio Musumeci im Komitee der Muttergottes der Tränen auf der Piazza Euripide zusammenarbeitete.

Aus Anlaß des ersten Jahresgedenktages des Wunders hörten wir die bedeutungsvollsten Zeugenaussagen an. Für mich waren das großartige Augenblicke. Im vergangenen Jahr war ich während der Tage des Weinens von Syrakus abwesend. Die außergewöhnliche Nachricht hatte mich in Österreich erreicht und mich vollkommen verblüfft.

Herr Dr. Michele Cassola sprach mit solcher Klarheit und Überzeugung, daß ich mich nicht wenig über jenen guten Freund wunderte, der mir ins Ohr flüsterte, der Zeuge sei Atheist.

Mit dem Impuls, der jenen Jahren eigen ist, fragte ich ihn, sobald ich konnte, wie er seine Gewißheit über die Echtheit des Weinens mit seiner religiösen Stellungnahme vereinbare.

„Hören Sie", antwortete er mir mit Freundlichkeit und Heiterkeit, die jedoch in seinem tiefgründigen Blick eine große innere Qual verrieten, „es ist nicht ehrlich, das zu verneinen, von dem man Zeuge ist. Ich fühle mich wie vor einer Mauer ohne Eingang. Für dieses Ereignis habe ich keine Erklärung. Sie Glücklicher, der den Glauben hat! Wenn Sie wollen, beten Sie für mich."

Jene Worte bewahrte ich. Ich zitierte sie öfters während 19 Jahren, in denen ich Herrn Dr. Cassola nicht wiedersah.

Ich hätte nicht gedacht, daß ich diesem Mann, dessen Ehrlichkeit mich zu ernsthafter Überprüfung meiner Kenntnisse über das Glaubensgeheimnis verpflichtete, in dem für sein Leben entscheidendsten Augenblick wieder begegnen sollte.

Als mich die Tochter Bruna, die schon im Alter von acht Jahren die geistliche Qual ihres Vaters mit Liebe, Intelligenz und größter Feinfühligkeit verfolgte, ihm in den ersten Tagen der Heiligen Woche vorstellte, sprach ich nicht über Gott mit ihm. Er sagte jedoch, als nähme er ein seit langer Zeit unterbrochenes Gespräch wieder auf mit dem tiefen Blick jenes warmen Nachmittags vor neunzehn Jahren zu mir: „Ich habe begriffen." Er sagte auch deutlich, daß er sich über meinen Besuch gefreut habe, hinzufügend, daß ihn auch weitere Besuche freuen würden. „Ich habe begriffen." So begann der frohe Schlußakt eines schwierigen geistlichen Weges.

Erst einen Tag später sprach ich ihm von jenem Gott, der die Liebe, Rechtschaffenheit, Pflicht ist, jenem Gott, dem er in Wirklichkeit begegnet war, und von dem er, indem er sich als Atheist erklärte, vielleicht die Karikatur zurückwies, die ihm von wenig instruierten und inkonsequenten Gläubigen dargeboten worden war.

Ich sprach ihm von Christus, dem höchsten Beweis der Liebe und Herrlichkeit Gottes, von der Kirche, dem großen Sakrament Christi, von Maria, unserer Mutter. Ich erinnerte ihn mit viel Takt an den ihm von Gott vor zwanzig Jahren geschenkten außergewöhnlichen Augenblick und unsere Begegnung im Jahre 1954.

Gattin und Töchter, die mein priesterliches Wirken mit Klugheit und großer Zartheit unterstützten, unterließen es nicht, mich über das Auf und Ab des geistlichen Weges ihres Familienmitgliedes zu unterrichten.

Wir alle hatten den sicheren Eindruck, daß er seit langem dieses Gespräch erwartete, das am Gründonnerstag, während der Erzbischof im Dom die Messe »in coena Domini« feierte, mit seiner frohen Kapitulation dem Geheimnis Gottes gegenüber, mit der bedingungslosen Hingabe an den Glauben und mit dem Sakrament der Lossprechung endete.

Am Karfreitag litt er sehr unter der Abwesenheit des Priesters, dessen erwünschte Gegenwart ihn ruhiger machte.

Karsamstag war sein »großer Tag«. Vom Rektor der Wallfahrtskirche erbat und erhielt ich das Reliquiar der Tränen und brachte es zum Haus Cassola.

Der Doktor erforschte es lange, küßte es, küßte mit Hingabe das Kreuz, empfing mit Liebe die heilige Eucharistie. Dann schlummerte er ein. Ungefähr eine Stunde später schlug ich ihm vor, die Krankenölung zu empfangen.

Er folgte allen Gebeten bis zum Schluß mit einer Aufmerksamkeit und Gegenwärtigkeit, die das so nahe Ende nicht voraus-ahnen ließen. Er erhielt den Segen mit dem Reliquiar und schlummerte wiederum ein. Es war 14 Uhr.

In der Nacht, während der österlichen Feier, als im Dom das Knistern und der Schein des Feuers der Verkündigung der Wunder Gottes vorausging, hing ich meinen Gedanken nach, und in einem schwer zu beschreibenden seelischen Zustand brachte ich mein erstes priesterliches Wirken auf der Piazza Euripide, Ostern 1973 und die Feiern des zwanzigsten Jahresgedenktages mit der glücklichen Ankunft im sicheren Hafen Gottes des Herrn Dr. Cassola in Zusammenhang.

Ein brüderlicher Freund von ihm drückte mir gegenüber mit Frische und Begeisterung, die im Gegensatz zu seinen Jahren zu stehen schienen, aus: „Ich hörte, daß Mimi Cassola, der jetzt im Sterben liegt, die Gnade des Glaubens erhalten hat. Ich bin wirklich glücklich.“ Er drückte damit die Freude der vielen Personen, die Dr. Cassola dankbar waren, und die seit langem für ihn das Geschenk des Glaubens ersehnt hatten, aus. Er, der viele Jahre lang vor der Mauer ohne »Eingang« gelitten hatte, fand endlich seine Tür.

„Ich bin die Tür“, sagte Jesus eines Tages, „wer durch mich hineingeht, wird gerettet werden ...“ (Joh 10,9).

Wir, weder ich noch der brüderliche Freund, wußten noch nicht, daß Herr Dr. Michele Cassola gerade während des Festgeläutes der Glocken der nahen Pfarrkirche, die ihm die Freude der Auferstehung verkündeten, schon in das ewige Leben eingegangen war.

V. Migliorisi

Die Taufe des Exfinanzministers

Das Leben des Missionars ist nicht immer leicht, aber oft sehr schön, zumal, wenn man sieht, wie Gott, der Herr, an den Menschen arbeitet. Da denke ich etwa an die Geschichte eines ehemaligen Finanzministers.

Als ich diesen Mann in Peking traf, war er bereits 85 Jahre alt und einer der ärmsten Bettler, denen ich je begegnet bin. Gleich nach der Revolution (1911) war er Finanzminister gewesen, ich glaube, einer der ersten, wenn nicht gar der erste der Republik China. Ein Zeichen seines Reichtums waren seine 18 Frauen. Das heißt nicht, er habe einen Harem gehabt, sondern er hatte 18 Familien in verschiedenen Städten, die er als Finanzminister immer wieder besuchen mußte. Damals konnte jemand in China ziemlich schnell reich werden — durch Korruption; aber er konnte auch sehr schnell arm werden — durch Intrigen.

Als dieser Herr seinen Reichtum verloren hatte und seine Frauen nicht mehr unterhalten konnte, verschenkte er sie an seine Freunde. „Du hast nur eine Frau, wähl' dir noch eine von meinen aus", forderte er den einen auf. „Du hast noch gar keine Frau, nimm doch eine von mir; hilf mir!" bat er einen anderen. Nur die 18. Frau behielt er; die erste, rechtmäßige, war bereits gestorben. Die Tochter dieser 18. Frau konnte ich kurz vor ihrem Tod taufen. Ihre letzten Stunden und ihr Sterben waren dann so schön, daß der alte Herr mir ganz betroffen sagte: „Herr Pater, so möchte ich auch sterben. Darf ich auch katholisch werden?"

Das Ganze fing damit an, daß mir jemand mitteilte, in einem Winkel eines großen Tempels liege eine Frau im Sterben. Ich schickte chinesische Priester hin, aber sie kamen unverrichteter Dinge zurück; sie wurden nicht vorgelassen. Auf Drängen einer Krankenschwester suchte ich selbst die Kranke auf, obwohl ich sicher war, daß ich als Ausländer erst recht abgewiesen würde. Zu meinem großen Erstaunen ließ man mich aber sofort vor. So begegnete ich zum erstenmal der kranken Frau und ihrem greisen Vater, dem ehemaligen Finanzminister.

Ein Blick auf die junge Frau genügte, um mir zu sagen, daß sie wirklich nicht mehr lange zu leben hatte. Sie litt an schwerer Tuberkulose, hatte sich auf einer Seite völlig wundgelegen, war bis auf die Knochen abgemagert und konnte nur noch wispern. Ich begann, ihr leise von unserem Glauben zu erzählen, und suchte sie auf die Taufe vorzubereiten. Da sie aufgeschlossen war, konnte ich sie schließlich taufen.

Als ich jedoch beim Taufritus bis zur eigentlichen Taufe, dem Übergießen des Wassers, gekommen war, unterbrach ich die Handlung und tat, was ich bisher nie getan hatte; ich muß hier wirklich vom Heiligen Geist geführt worden sein. Ich fragte die junge Frau: „Haben Sie einen Feind?" Sie erwiderte: „Ja, meinen Mann." Darauf ich: „Warum denn das?" — „Er ist schuld an meinem Tod", und gibt mir kein Geld, so daß ich verhungern muß." Ich sprach nun von Christus, wie er von seinen Feinden ans Kreuz genagelt wurde und vor seinem Tod noch betete: ,,Vater, vergib ihnen, denn sie wissen nicht, was sie tun.'' — ,,Jetzt muß ich auch Sie bitten, daß Sie wirklich bereit sind, Ihrem Mann von Herzen zu vergeben. Wollen Sie das tun?'' Die Frau schwieg, wohl eine Minute oder länger; sie kämpfte mit sich; dann kam ein leises ,,Ja''.

Um zu prüfen, ob ihre Antwort ehrlich gemeint war, fragte ich weiter, ob sie bereit sei, ihren Mann noch einmal zu treffen, und ob ich bei dieser Zusammenkunft dabeisein dürfte; zuvor hatte sie mir nämlich gesagt, daß sie ihren Mann nie mehr sehen wolle. Ihre Zustimmung kam sofort, ohne Zögern, und wir vereinbarten den nächsten Tag für ein Treffen.

Daraufhin fuhr ich mit der Handlung fort und taufte die junge Frau auf den Namen Maria. Da begann die Kranke plötzlich zu strahlen. Eine tiefe Freude, ein inneres Leuchten brach aus ihrem Gesicht hervor, das alle Umstehenden, die Eltern der jungen Frau, einen amerikanischen Pater und mich, in Erstaunen setzte. Der alte Mann war ganz verwirrt und fragte immer wieder: ,,Was ist das, was ist das ...? Was ist da passiert?'' Stockend und in kurzen Sätzen berichtete die Neugetaufte, daß sie als Kind eine katholische Schule besucht habe; dort habe sie einmal bei einem Theaterspiel zu Weihnachten Maria darstellen dürfen. Daß sie nun in der Taufe »Maria« geworden war, machte auf sie solchen Eindruck, daß ihr Körper anfing zu leuchten, und auch als sie vier oder fünf Tage später starb, strahlte ihr Gesicht immer noch. Deshalb die Bitte ihres Vaters um die Taufe. Ich gab dem ehemaligen Finanzminister drei Bücher über den Glauben, die in klassischem Chinesich geschrieben waren; es war für diesen gebildeten alten Herrn etwas ganz Besonderes, in dieser alten Sprache die Glaubenswahrheiten lesen zu dürfen. Dann bat ich ein Mitglied der Legio Mariä, ebenfalls ein gebildeter Mann, ihn von Zeit zu Zeit zu besuchen, um Schwierigkeiten, die auftauchen könnten, zu besprechen. Als der aber mit den Schwierigkeiten nicht mehr fertig wurde, ging ich selbst wieder hin. Nach drei Monaten merkte ich, daß der alte Herr nicht mehr lange leben würde. So fragte ich ihn eines Morgens, als er schon nicht mehr von seiner Matte aufstehen konnte, ob er nun getauft werden möchte. Bei seiner Taufe stellte ich auch ihm die gleiche Frage, die ich an seine Tochter gerichtet hatte: „Haben Sie Feinde?" — „Herr Pater, nicht nur einen, sonst wäre ich nicht so arm geworden." Wieder wies ich hin auf den Heiland am Kreuz und auf seine Bitte für seine Feinde. „Wären Sie auch bereit, so zu sprechen, wenn Ihre Feinde jetzt hier wären?" Nach einer kurzen Pause sagte er, und ich war überzeugt, daß er es ehrlich meinte: „Ja Pater, ja, ich vergebe allen." Daraufhin habe ich ihn auf den Namen Josef getauft. Noch im Laufe des Vormittags ist er in seinem Winkel im Tempel gestorben.

Am Spätnachmittag des folgenden Tages war die Beerdigung, und weil er einmal ein angesehener Mann war, hatten sich Hunderte auf dem riesigen Tempelhof versammelt; auch einige seiner Frauen waren zur Beerdigung gekommen. Ich hatte Mitglieder unserer Pfarrei eingeladen und suchte die Beerdigung so feierlich wie möglich zu gestalten, mit Weihrauch und Weihwasser und einer kurzen Predigt.

Als ich meine Ansprache beendet hatte, trat ein Herr aus der Menge hervor und sagte: „Brüder, hört mich an!" Ich mußte unwillkürlich an die alten lateinischen Klassiker denken. Dann fuhr er, der Direktor eines Gymnasiums, wie ich später erfuhr, etwa in folgender Weise fort: „Ihr wißt alle, daß ich mein Leben lang für die Erziehung in Eurer Mitte gearbeitet habe; und ich habe immer gemeint, ich hätte Großes geleistet. Heute muß ich aber gestehen, daß ich, verglichen mit diesem Missionar, nichts Großes geleistet habe, jedenfalls nicht so Großes wie er. Als der Missionar gestern morgen diesen Mann taufte, habe ich hinter der Tür gestanden und zugeschaut; da habe ich festgestellt, daß der Pater es fertiggebracht hat, daß dieser Mann seinen Feinden vergab. Das habe ich in meinem Leben noch nicht fertiggebracht.

Ich habe daraufhin noch ein paar Worte über die Gnade Gottes gesagt, und dann zogen wir zum Friedhof. Viele schlossen sich der Prozession an. Man sieht an diesem Mann, wie Gott, der Herr, auch durch Armut und Not Menschen zu ihrem Ziele führen kann.

P. Glanemann SVD

Unsere Liebe Frau steht einem Kapitel vor

Maria Winowska veröffentlichte eine Sammlung erschütternder religiöser Erlebnisse aus kommunistischen Ländern, denen wir den gegenwärtigen Bericht entnehmen.

Ihrer Gewohnheit entgegen verließ die ehrwürdige Mutter Generaloberin die Kapelle nicht zugleich mit der Gemeinschaft. Sie hielt dieses kurze Zwiegespräch mit dem Heiland vor dem Zusammentritt des Schwestern-Rates. Die Debatten versprachen hart zu werden; um alles zu sagen, schienen die auf der Tagesordnung stehenden Probleme unlösbar. Gewiß! Man mußte ihnen die Stirn bieten, doch fand die ehrwürdige Mutter, daß die ganze Sache sinnlos sei. Indem man den Kopf an eine Mauer schlägt, drückt man diese nicht ein. Das Übel aber sehen und nichts dagegen tun zu können, das entmutigt.

Seitdem sie einstimmig zur Generaloberin gewählt worden war, vergegenwärtigte sie sich oft Don Quichotte im Kampfe mit Windmühlen. Als geordneter und positiver Geist hatte sie die Gabe des Regierens und übernahm ihre Verantwortung in den delikatesten Lagen. Doch seit 1948 hörten die Ereignisse nicht auf, ihr buchstäblich über den Kopf zu wachsen. Als Soldatentochter nahm sie mit offenem Visier den Kampf an. Seit ihrem Noviziat wünschte sie im stillen die Gnade, als Märtyrerin zu sterben. Eine Hinrichtung würde sie gewiß nicht ängstigen. Nur zu gut sieht man, daß das kommunistische Polen keine Märtyrer will. Was es will, das sind Zerrbilder, Karikaturen von Schwestern, als Nonnen verkleidete Marionetten. Die Lächerlichkeit tötet sicherer als ein Maschinengewehr. Stellen wir deshalb diese unter Haube gehenden Weiber einfach im Schaufenster aus, ganz wie Überbleibsel überholter Zeiten! Schneiden wir sie vom Leben ab! Trennen wir sie von der Jugend! Sie werden so ihren schönsten Tod haben. Die unwiderstehliche Welle der Geschichte wird sie früh oder spät wie Strohhalme wegfegen.

— So sagen sie, Heiland, und die Tatsachen, die sie mit teuflischer Verschlagenheit aufziehen, scheinen ihnen recht zu geben!

Unsere Schulen sind geschlossen. Unsere Kliniken und Spitäler in fremden Händen, ohne Geistliche, ohne religiösen Beistand.

Alle unsere Apostolatswerke sind dem Tode geweiht. Selbst die wenigen Stückchen Boden, die uns leben ließen, sind beschlagnahmt worden.

Drei meiner Kinder sind im Gefängnis. Als Schwestern? Keineswegs: „Devisenschmuggel und Beherbergung von Maquisards“ (Angehörige der Widerstandsorganisation) wird ihnen zur Last gelegt. Also gewöhnliche Verbrecher. Der Herr verzeihe der Novizin, die ausgestoßen werden mußte ... Dieser patriotische

Priester in R., der meine Kinder zu demoralisieren versuchte, mich dazu bringend, Ordnung zu schaffen. Als ob davon die Rede sein könnte, daß man sich »anpassen« oder »dem unwiderstehlichen Gang der Geschichte« folgen sollte! Zum Henker mit ihren Slogans! ... Verzeih' Herrgott! Du hast mich nicht aus Meißner-Porzellan geschaffen und Du wirst mir's nicht übelnehmen, wenn ich laut sage, was ich denke, obschon ich mich gegen ihren famosen Fortschritt, der den freien Menschen zum Roboter macht, auflehne!

In einer Stunde werden wir alle diese Fragen wieder behandeln. Wir werden sie ins rechte Licht rücken, wir werden sie lang und breit durchkämmen. Aber die Antwort, Herr? Wer wird uns die Antwort geben?

Ich weiß wohl, was Du sagst: ,,Der Skandal des Kreuzes.'' Natürlich, das Kreuz ist erst nachher glorreich ... Am dritten Tage. Einstweilen jedoch ist es nur ein schimpflicher Galgen.

,,Ich verlange nicht, Herr, daß Du uns verschonest! Ich erflehe die Kraft aushalten zu können. In einer Stunde werden die Vorsteherinnen aller unserer Häuser hier sein und an meinen Lippen hängen, in der Erwartung eines Allheilmittels zur Abhilfe ihrer gewiß nicht zu verkennenden Kümmernisse! Im voraus errate ich, was mir eine jede von ihnen sagen wird. Eilige Hilfe allüberall zu gleicher Zeit — hier ist der viereckige Kreis, den Deine Liebe, Herr Jesus, mir vorschlägt! — Man heilt offene Wunden nicht mit schönen Worten. Meine Kinder, Herr, erwarten keine Worte! Doch ich fühle mich arm, verwirrt, leer.''

Aufrecht in ihrem Betstuhl, die Hände in ihre Rockärmel vergraben, heftet Mutter Brigitte ihre Augen auf den Tabernakel in der Hoffnung, daß von dort irgend eine Antwort komme.

Einen Augenblick später betrachtet sie ihre Uhr und erhebt sich eilig. Heute darf sie nicht zu spät kommen! Zwei Schritte vor der Tür besinnt sie sich, biegt nach links ab, steigt auf einen Stuhl und mit Mühe holt sie ein durch das Alter schwarz gewordenes Bild von der Wand herab.

— Mutter des »Guten Rates«, sagt sie, indem sie das Bild küßt, Du wirst der Versammlung vorstehen! Habe ich Dir nicht, gleich am ersten Tage, meinen Platz abgetreten? Bist Du nicht die General-Oberin unserer Kongregation? — Die Stunde ist ernst. Gestatte mir Dir unsere Abmachung ins Gedächtnis zurückzurufen. Wenn Du da bist, werde ich die Stirn zu bieten wissen.

Schwester Theodorine traut ihren Augen nicht, als sie die Oberin im Refektorium erblickt, mit dem großen schweren Rahmen in den Armen. Etwas schwer atmend setzt sie sich an ihren Platz und sagt zur jungen Schwester, die ihr etwas geröstetes Gerstenwasser vorsetzt, das sie hochtrabend »Kaffee« nennt: „Kind, reinigen Sie dies Bild gründlich und tragen Sie es in den Konferenzsaal."

Da erst erkannte Schwester Theodorine die schwarze Mutter-Gottes der Kapelle, und zwar nicht an ihren fast unkenntlichen Linien, sondern an den künstlerischen Formen des Rahmens. Ehrfurchtsvoll überstrich sie das Gnadenbild mit ihrem Federwisch und ihrem Reinigungslappen, derweil die ehrw. Mutter frühstückte. Bis zur Versammlung verblieben nur noch fünf Minuten.

Dem in einem kurz zuvor angezündeten gußeisernen Ofen brodelnden Feuer gelang es nicht, die eisige Temperatur des Kapitelsaales zu erwärmen. Der Winter 1953 meldete sich streng an und schon begannen die Kohlen zu fehlen. Natürlich wurden den Kongregationen Zuteilungstickets nur spärlich und nach unzähligen Bittgängen zugeteilt. „Noch eine Frage, die zur Diskussion gestellt werden wird", dachte Mutter Brigitte, indem sie sich dem Tisch zu bewegte, auf dem in der Mitte das gut abgestaubte Gnadenbild stand.

Hinter dem ihr zugedachten Platz befand sich ein Sockel, von einem Kreuze überragt. Die ehrw. Mutter maß die Entfernung ab, nahm das Gnadenbild und stellte es so auf diesen Sockel, daß der Fuß des Kreuzes den Rahmen des Bildes berührte. Die in Glas gefaßte gegenüber liegende Öffnung strahlte reichlich das winterliche Licht ein. Doch trotz dieser guten Beleuchtung blieb das Bild unkenntlich. Die Überlieferung umgab diese Mängel mit frommen Legenden. Man glaubte jedoch behaupten zu können, daß König Jean III. Sobieski bei seinem Eilmarsch zur Hilfe Wiens (1683) während einer Ruhepause vor diesem Gnadenbild gebetet hat.

— Die Sitzung eröffnend sagte Mutter Brigitte: „Meine lieben Kinder, ihr werdet die Einleitung meiner Rede gewiß erraten! Die Lage ist ernst. Eure arme Mutter hienieden fühlt sich unfähig Abhilfe zu schaffen. Ich habe vorhin den Herrn gebeten, daß er mich erleuchte. Als ich die Kapelle verließ, dachte ich, wir könnten nichts Besseres tun, als unserer himmlischen Mutter den Vorsitz dieses Kapitels anzuvertrauen. Sie ist unsere Generaloberin. Sie kennt alle unsere Qualen und Ängste; durch dieses ehrwürdige Gnadenbild ist sie bei uns sowohl durch ihre Ratschläge als auch durch die Eingebungen des Heiligen Geistes, der sich in ihren Dienst stellt. Bevor wir beginnen, beachten wir ihr gegenüber einen Augenblick der Sammlung und bitten wir, jede für sich, um das, was uns an Kraft und Licht nötig ist."

Nach diesen Worten kehrte sich Mutter Brigitte zum Gnadenbild und alle ihre Kinder, siebenundzwanzig an der Zahl, folgten ihrem Beispiel. Einen Augenblick lang hörte man nur das Flackern des Feuers, einige am Fensterrand herumflatternde Krähen und das asthmatische Atmen der Schwester Ambrosia.

Plötzlich schrie Mutter Petronilla auf! Ihr folgten andere, so daß Mutter Brigitte schon schellten wollte, jedoch sich selbst zum Hinschauen entschloß.

Alles, was unnatürlich ist, ist ihr zuwider und unter ihrer Führung haben die Seherinnen und die »Zärtlichkeits-Verwirrungen«, wie sie St. Thérèse nennt, wenig Aussicht zu gedeihen. Jetzt im Kampf mit den Gottlosen, die auf der Lauer gegen alle religiöse Schwärmerei sind, verfolgt sie »wie die Pest« die falschen Wunderaufmachungen.

Als uns Mutter Brigitte die Tatsache mitteilte, hielt sie ausdrücklich daran, uns ihre diesbezügliche Skepsis zu bestätigen. Sie mißtraute mit ihrem gesunden Menschenverstand allem geistig Anormalen.

Und nun sagen zu müssen, daß gerade ihr das passieren mußte, seufzt sie halb betrübt, halb entzückt.

Sie konnte sich die Augen reiben, wie sie wollte. Sie konnte den Apostel Thomas anrufen, der ja der Patron der Mißtrauischen ist. Der Generalstab der Kongregation schien in Salzstatuen, »zeitentrückt« die Augen auf das Gnadenbild gerichtet, verwandelt zu sein.

Als Mutter Petronilla als erste die außergewöhnliche Erscheinung sah, glaubte sie, daß das Bild sich belebe. Ganz oben, unter dem Rahmen, erschien ein goldenes Band von fünf Zentimetern. Es entstand eine kaum merkliche Bewegung des leuchtenden Randes, der sich unaufhörlich Millimeter um Millimeter ausdehnte. Plötzlich erschien in der Mitte »eine Beule« in Dunkelblau. Nach einer kurzen Zeit, die kein Chronometer aufzeichnete, trat in der Mitte dieser Beule ein goldenr Stern hervor, sechsstrahlig, dann eine mit feinen Broderien (Stickereien) durchwirkte Krause, endlich ein fahler, braunschwarzer Fleck, der über den Falten des Schleiers hinausragte.

Nun wurde Mutter Brigitte endlich wieder ihrer Sinne mächtig. Das unerwartete Ereignis war zweifellos die Wiederherstellung des Gnadenbildes! Von oben bis unten fiel die jahrhundertealte dunkle Schmutzschicht wie ein Vorhang ab, die ursprünglichen Farben freilegend; die Züge eines Gesichtes erschienen wie eine Vision, die vor Jahrhunderten den Künstler erfaßt haben mußte.

Jetzt erschienen die Augen, unendlich traurig und mild, deren Blick bis in die geheimsten Tiefen der Seele zu dringen schien. Durch welches Wunder der Kunst konnte der unbekannte Maler diese Tiefe einer Liebe hervorrufen, die sich einem jeden ihrer Kinder so ganz hingibt, als wäre nur dieses allein auf der Welt? Die Liebe einer Mutter, die nicht wählt, die umarmt? Jede der Schwestern glaubte die einzige gewesen zu sein, die diesen zärtlichen, liebevollen Blick aufgefangen hat, der sie wie ein Pfeil traf.

... Sie brauchte Überwindung dazu, die Augen abzuwenden! Sie hätte es vorgezogen, mit ihren Mitschwestern in stiller Bewunderung zu verweilen. Zu seinem Vergnügen ist man im heutigen Polen jedoch nicht mit der Würde einer Generaloberin bedacht. Die Vision wird verschwinden: Man braucht Zeugen, die an die Kirche berichten. Die ehrw. Mutter Brigitte weiß, woran man sich bei Autosuggestion zu halten hat. Mitten im Wunder ist es ihr Recht, mißtrauisch zu sein ...

Der dichte Schleier fällt langsam, ein ovales, durch die Sonne vergoldetes Gesicht enthüllend, als Mutter Brigitta endlich die Stille bricht:

— Meine Kinder, sagt sie, Ihr habt vor Euch Papier, Tinte und Feder. Im Namen des heiligen Gehorsams befehle ich einer jeden von Euch, jede für sich alles aufzuschreiben, was ihr seht. Für den Herrn Bischof müssen wir ein regelrechtes Protokoll aufnehmen.

Noch nie war ihnen der heilige Gehorsam so schwer gefallen! Mit Bedauern lösten sie ihre Blicke vom Gnadenbild, das seine Enthüllung fortsetzte ... Mutter Brigitte sah auf ihre Uhr: „Notiert, am 15. Dezember 1953, 9.34 Uhr ...“ Um ein Beispiel zu geben, beginnt sie sofort zu schreiben.

Die »Wiederherstellung« dauerte zweiundfünzig Minuten. Die ganze Fläche des Gnadenbildes wurde erneuert, mit Ausnahme eines kleinen Dreiecks rechts unten, das wohl absichtlich als Musterzeichen des alten Schmutzes dort belassen wurde. Die Schwestern glaubten zuerst, daß es sich nur um eine Unterbrechung handle und versteiften sich darauf, »den letzten Bürstenstrich« abzuwarten. Plötzlich lacht Mutter Brigitte auf:

— Es ist zu Ende, meine Töchter! Seht Ihr denn nicht, daß man im voraus jeden Verdacht einer Unterschiebung unseres Gnadenbildes durch ein anderes unterbinden will? Die sind schlau im Himmel, fein und voll Humor ...

Unter dem mütterlichen Blick des »beleuchteten« Gnadenbildes verglich das Kapitel die 27 Zeugenaussagen, die bis in die kleinsten Einzelheiten übereinstimmten, und nahm das Protokoll für den Herrn Bischof auf. Als das getan war, ging man zur Erledigung der Tagesordnung über ...

— Wie, frug ich ein wenig betroffen Mutter Brigitte, nach soviel Aufregungen haben Sie ihren Töchtern nicht einmal erlaubt, etwas zu verschnaufen?
— Das war nicht möglich. Mehrere mußten vor dem Abend den

Zug nehmen. Wir hatten ein belastetes Programm ...

— und dann. Wie war's mit den Debatten, die sich so schwer anließen?

— Alles lief wie auf Rädern. Beruhigen Sie sich, die Schwierigkeiten blieben dieselben, doch man sah klar.

Der vom Vorgefallenen in Kenntnis gesetzte H. H. Bischof ordnete in Erwartung besserer Tage vollkommene Verschwiegenheit an. Mutter Brigitte und ihr Kapitel waren genau derselben Ansicht. Sie ängstigten sich so, daß man ihnen das renovierte Gnadenbild wegnehmen würde! Für die Kirche würden sie das harte Opfer noch bringen, wenn aber die Sache weiter bekannt werden würde, könnte sich die Kultusverwaltung mit der heiklen Angelegenheit befassen und das Bild in einem Museum unterbringen. »Präzedenzfälle« sind übergenug vorhanden und das Schweigen drängt sich auf. Deshalb, liebe Mutter Brigitte, habe ich mir soviel Mühe gegeben, die Spuren zu verwischen.

*

Allmächtiger Gott,

wir erscheinen vor deinem heiligen Angesicht, um dich zu loben und zu preisen in der Verehrung der Gottesmutter Maria. Sie ist unsere Helferin und Fürsprecherin, unser Vorbild, unsere Königin und Mutter. Zu ihr kommen wir mit dem Anliegen unseres Leibes und unserer Seele und mit der Sorge für unsere Brüder und Schwestern. Zu ihr tragen wir unsere Bitten und unser Flehen für das Wachstum deines Reiches auf Erden. Von ihr wollen wir lernen den Geist schlichten Apostolates, tiefer, heiliger Demut und glühender Liebe zu den Seelen. Dazu verleihe uns, o Gott, deine Gnade durch Jesus Christus, unsern Herrn. Amen.

Schwarze Madonna

Morgenrot hieß der Ort in Schlesien, in dem das Grauen umging. Jeder, ob alt oder jung, der nicht gemäß dem Tagesbefehl im Keller hockte, wurde von den einziehenden Truppen erschossen. Bald war nichts mehr zu essen und zu trinken da. In dieser Lage fing der zweijährige Joachim so jämmerlich vor Hunger an zu schreien, daß es die Großmutter, Frau Krafscyk, erbarmte. Kurz entschlossen stieg sie in die Küche und kochte einen Haferflockenbrei. Draußen rollten unaufhörlich die Wagen, schrien Menschen, knallten Schüsse. Später schrieb die Tochter des Bäckers aus der Nachbarschaft über diese Stunde:

„Unsere Straße müßte die Blutstraße heißen, so viele wurden in ihren Wohnungen erschossen." Mutter Krafscyk rührte die Suppe um. Das Herz schlug ihr bis zum Hals, aber das Kind brauchte etwas zu essen. Da ging die Tür auf, und ein breitschultriger Mann trat in den Raum. Ehe er das Gewehr entsicherte, stieß er gegen die Schlafzimmertüre, die weit aufsprang. Dann geschah es. Über das fremde Mongolengesicht glitt ein großes Erstaunen, das langsam in ein sanftes Lächeln überging. Die dunklen Mandelaugen wurden weit und starrten fassungslos auf das Bild der »Schwarzen Madonna« an der Wand. Er hängte sein Gewehr auf die Schultern und verließ, ohne ein Wort zu sagen, das Haus. Die Suppe kochte. Die Oma brachte sie dem kleinen Schreihals in den Keller, setzte sich still in eine Ecke und betete den Rosenkranz. Kurz vor dem Einmarsch der Russen hatte sie das Bild der »Schwarzen Madonna« in der Mülltonne gefunden, ohne Rahmen. Sie ließ es neu einfassen und hängte es im Schlafzimmer auf. Und ihre Hände glitten über die Perlen: ... bitte für uns Sünder, jetzt und in der Stunde unseres Todes!"

Aus »Stadt Gottes« 5-1973.

*

O Magd und Mutter,

schau des Christenvolkes Not! Bitte für die kranken Völker, du Heil der Kranken! Bitte für die friedlose Welt, du Königin des Friedens. Sei uns allen Helferin und Fürsprecherin; denen die an führender Stelle die Last der Verantwortung tragen, und denen, die in dienender Stellung dein Wort betrachten: Siehe, ich bin eine Magd des Herrn! Denen, die da schreiten unter der Sonne irdischen Glückes, und denen, die da wandeln unter dem Schatten des Kreuzes; denen, die heute zu dir rufen, und denen, die nicht mehr zu dir beten.

Sei uns allen in den Wogen des Lebens Meeresstern, sei uns Hafen des Heiles und die Ursache unserer Freude für Zeit und Ewigkeit. Amen.

Wie die Gottesmutter Bruno Cornacciola zur Wahrheit führte

Am 12.April 1947 wollte der römische Trambahnangestellte Bruno Cornacciola — Protestant — einen Spaziergang zu dem mit Eukalyptus bepflanzten Hügel bei den 3 Brunnen (tre Fontane) machen in der Nähe von Rom.
Er nahm seine drei Kinder, Isola mit 12 Jahren, Carlo mit sieben und Gianfranco mit vier Jahren mit sich.

Die kleine Gruppe kam gegen vier Uhr dort an und da sich die Kinder mit Ballspielen beschäftigten, zog er sich etwas unter den Schatten der Bäume zurück um Notizen aus der protestantischen Bibel über die marianischen Dogmen und Privilegien zu machen. Er dachte darüber nach, wie er in einer Predigt, die er anderntags unter seinesgleichen bei einer religiösen Zusammenkunft halten wollte, die kath. Lehre über Maria angreifen und lächerlich machen könnte, denn er war ein ganz verbissener Gegner der römisch kath. Kirche.

Nun hatten die Kinder wieder den Ball verloren und weil sie ihn nicht finden konnten, riefen sie den Vater zu Hilfe. Bruno machte sich daran mit Isola und Carlo den Ball zu suchen. Es waren in der Nähe Gebüsche und Höhlengrotten aus Tuffstein. Wie groß war plötzlich sein Erstaunen, als er den kleinen Gianfranco am Eingang einer Grotte fand mit aufgehobenen Händen. Seine Augen waren unentwegt auf eine gewisse Stelle in der Grotte gerichtet, auf seinem Antlitz spiegelte sich ein Lächeln und immer sagte er wie zu einer lebenden anwesenden Person: „Schöne Frau! Schöne Frau!"

Ganz verwirrt und seinen Augen nicht trauend, wandte sich Bruno an Isola und Carlo, damit sie ihm helfen möchten aus seiner Verlegenheit zu kommen. Aber der Augenblick der Neugierde und Furcht war kurz, denn bald darauf hörte der Vater alle drei zusammen leise die Worte sagen: „Schöne Frau! Schöne Frau!

Dann sah auch Bruno in der Grotte eine Frau von paradiesischer Schönheit. Ihr Haar war schwarz und das weiße Kleid war mit einem rosa Band und zwei Schleifen geschmückt und der Mantel war aus wiesengrüner Farbe. Ihr Antlitz hatte den Ausdruck mütterlicher Güte, gepaart mit stiller Traurigkeit. In der rechten Hand hielt sie ein nicht zu großes Buch, das an ihrer Brust lehnte. Bruno wollte sprechen, doch er konnte nicht. Auch er befand sich neben seinen Kindern auf den Knien, mit aufgehobenen Händen betend. Plötzlich drang eine himmlische Stimme an sein Ohr und gab so den Anfang zu einem Zwiegespräch. Die Frau gab sich als »Maria« zu erkennen und sagte: „Ich bin die, die in der göttlichen Dreifaltigkeit ist — ich bin die

Jungfrau der Offenbarung.“ Dann sprach sie weiter: „Du verfolgst mich jetzt ist es genug! Gehe in den heiligen Schafstall, den himmlischen auf Erden.“ Bruno sah plötzlich leuchtend vor sich die Straße, die zur Rettung führt: Die römisch katholische Kirche. Im nächsten Augenblick zeigte ihm die allerseligste Jungfrau das Mittel für die Rettung seiner Seele, sowie für die gesamte menschliche Gesellschaft: das Gebet und vor allem das tägliche Rosenkranzgebet. „Man bete viel und bete den täglichen Rosenkranz für die Bekehrung der Sünder und für die Ungläubigen und für die Einheit der Christen.“ Gleichsam als Belohnung für jene, welche ihrer mütterlichen Botschaft Folge leisten, versprach die Gottesmutter himmlische Gnadenerweise und Wunder.

Es war allgemein bekannt, daß in dieser Höhle viel gesündigt wurde durch unsittliches Tun. Sie war eine Stätte der Sünde. Daher sagte die Gottesmutter weiter: „Mit dieser sündhaften Erde (Terra di peccato) werde ich aufsehenerregende Wunder wirken, welche die Un- und Irrgläubigen mit höchstem Staunen erfüllen und sie bekehren wird, gleichzeitig werden sie neben der Heilung der Seele, auch die Wiedergewinnung ihres leidenden und kranken Körpers erwirken.“ Seitdem wurden viele Gnadenwunder an dieser Stätte bekannt, aber auch Heilungen an Kranken.

Als die Umgebung von diesen auffallenden und nicht natürlich erklärbaren Heilungen erfuhr, strömten Tausende und aber Tausende nach Tre Fontane in das Eukalyptuswäldchen zur Grotte. Tag und Nacht beten dort die Gläubigen und bringen der Madonna ihre Anliegen vor. Ganz besonders wird für die Bekehrung der Sünder und für die Rückkehr der Irrenden zum heiligen römisch kath. Glauben gebetet. Eine Sonderkommission von neun Ärzten bildete sich, so ähnlich wie in Lourdes, um laufend die Heilungen zu prüfen und die Diagnose der Kranken festzustellen. Heute können die Krankenheilungen schon nicht mehr gezählt werden. Die Trappistenpatres behaupten, daß die Wunder der Gnade an den Seelen eine viel größere und zahlreichere ist. So hat Gott durch seine heilige Mutter, die sich uns durch einen Irrgläubigen als »Jungfrau der

Offenbarung« vorstellte, der gesamten Welt in ihrer Blindheit eine Lichtsäule aufgestellt, daß sie wieder sehen sollen und gläubig werden.

In der Zeit, da sich Wunder auf Wunder ereigneten, feierte man im Hause Cornacchiolas im stillen die heilige Taufe des kleinen aber schon viereinhalbjährigen Gianfrancos und die heilige Erstkommunion seiner Schwester, der zehnjährigen Isola.

Bruno Cornacchiola war von Jugend auf katholisch. Er zog als freiwilliger in den spanischen Bürgerkrieg und wurde dort von einem protestantischen Kameraden vom kath. Glauben abgebracht. Seine katholische Frau hatte seitdem die Hölle im Hause, denn er war ein erbitterter Feind der kath. Kirche geworden. Durch dieses Bekehrungswunder in der »sündigen Grotte« wurde die Familie wieder im katholischen Glauben zusammengeführt und die Kinder sind alle gute Christen geworden. Die älteste Tochter ging ins Kloster nach Turin und hat dort die ewigen Gelübde abgelegt.

An der Grotte konnte man eine Zeitlang ein Blatt sehen mit folgender Inschrift:

„Wer unglücklich lebt in der Welt der Sünde, lege seine Peinen nieder zu Füßen der Jungfrau der Offenbarung und trinke aus dem Quell der Erbarmung. Maria ist die gute Mutter der Sünder, hört, was sie für mich Sünder getan:

Ich war Kämpfer in den Reihen Satans der protestantischen Sekte der Adventisten, ein Feind der Kirche und der Jungfrau. Hier ist die »Jungfrau der Offenbarung« am 12. April 1947 mir und meinen drei Kindern erschienen und hat mich aufgefordert, wieder einzutreten in die katholische apostolische römische Kirche und hat mir dafür bestimmte Zeichen angegeben. Das unendliche Erbarmen hat diesen Feind, der jetzt kniefällig um Verzeihung und Gnade fleht, besiegt. Liebet Maria, sie ist unsere Mutter! Liebet die Kirche und ihre Kinder; sie ist der Mantel, der uns deckt, wenn die Welt hier anfängt eine Hölle zu werden! — Betet viel und fliehet die Fleischessünde!

Bruno Cornacchiola.“

Eine wunderbare Heilung und Bekehrung in Altötting

Als ich in Salzburg Theologie studierte, lernte ich eine Dominikanerin kennen, die als Krankenschwester viele Jahre in Salzburg tätig war. Im Alter wurde sie gelähmt und mußte mit zwei Krücken die kleinen Wege machen, die notwendig waren.

Ein Patient von ihr, den sie gepflegt hatte, kam eines Tages zu ihr und fragte sie, ob er sie nach Altötting fahren dürfe, denn sie glaube doch an die Hilfe der Mutter Gottes, während er durch den Tod seiner Frau jeden Glauben verloren hätte. Er könne sie deshalb auch nicht in die Gnadenkapelle begleiten. Die Schwester freute sich und bekam die Erlaubnis von ihrer Oberin, nach Altötting gefahren zu werden.

Dort betete sie lange und sagte dann vor dem Gnadenbild: ,,Mutter Gottes, ich bin eine Krankenschwester und kann jetzt keine Kranken mehr pflegen, sondern muß mich mühsam mit Krücken fortbewegen. Das ist doch wirklich traurig — eine Krankenschwester auf Krücken! Du könntest mir doch helfen.''

Da hörte sie eine Stimme, die ihr sagte: ,,Du kannst ja gehen, du brauchst nur die Krücken wegzuwerfen.'' Sie glaubte zunächst, daß der Wunsch der Urheber des Gehörten sei und reagierte erst, als die Stimme sie zum zweitenmal aufforderte. Da versuchte sie es und siehe, sie hatte wieder Kraft in ihren Füßen und Schenkeln und konnte sich ohne Krücken bewegen.

Die Kapelle war mit vielen Pilgern gefüllt. Als sie sahen, daß die Schwester die Krücken weglegte, schrie eine Frau:

,,Ein Wunder, ein Wunder! Maria hat geholfen.'' Spontan stimmten die Menschen ,,Großer Gott wir loben dich'' an und von allen Seiten kamen die Leute, um der weinenden Schwester zu gratulieren.

Ihr Chauffeur, der ehemalige Patient, hörte den lauten Jubel, denn er wartete vor der Kapelle, und als er die Schwester lachend und weinend vor Glück sah, wurde er selbst zutiefst ergriffen. Er ging noch am selben Tag zur hl. Beichte, söhnte sich mit Gott aus und wurde ein frommer Christ.

Die Schwester sagte: ,,Das größere Wunder geschah in der Bekehrung des Mannes, der viele Jahre verbittert Gott geleugnet hatte und nichts von den heiligen Sakramenten wissen wollte. Maria hat ihn ob der guten Tat zurückgeholt zum Glauben und zur Verehrung der himmlischen Mutter.''

Die Kunde von der wunderbaren Heilung hatte sich in Salzburg sehr schnell herumgesprochen. Die Geheilte wurde vor die Gestapo zitiert und man versucht ihr in den Mund zu legen, daß sie nur simuliert habe und in Wirklichkeit gar nicht krank war. Auch die Zeugnisse der Ärzte wurden nicht anerkannt. Ihr selbst wurde strengstes Stillschweigen auferlegt, sonst würde man sie einsperren, da sie eine Volksverführerin sei. Die Heilung ereignete sich im Jahre 1939, und bis zu ihrem Tode dankte die Schwester unserer Mutter für diesen großen Gnadenerweis.

Pater J. B.

Ein Wunder in Lourdes rettete zwei Seelen

Es geschah vor vier Jahren. Wieder zeigte uns die Gottesmutter Maria an einer amerikanischen Krankenschwester und ihrem Sohn, welch große Gnadengeschenke sie zu verteilen mächtig ist.

Für eine Krankenschwester ist es besondes hart die Diagnose ihres vierjährigen Sohnes, »Myeloblastische Leukämie«, das heißt »Blutkrebs«, vom Arzt erfahren zu müssen.

Sie, die selbst täglich mit schwerkranken Menschen in Berührung kommt und beinahe täglich sieht, wie Patienten jeden Alters mit diesem Krankheitsbild, trotz aller möglichen modernen Behandlungsmethoden sterben müssen, sie, die nur zu genau weiß, daß durch diese Methoden mit radioaktiven Strahlen auf das Rückgrat und auf den Kopf die Haare des Kindes ausfallen, die Zähne verfaulen, ja, noch viele qualvolle Schmerzen über Stevie kommen werden, sie soll nun mit dieser überaus großen seelischen Belastung fertig werden, die ihr gerade der Arzt im Krankenhaus mitteilte.

Zudem verlor sie auch noch vor kurzer Zeit ihren Mann, der bei einem selbstverschuldeten Verkehrsunfall ums Leben kam.

Wie fest hielt sie ihr Kind in den Armen und weinte. Stevie tröstete seine Mutter und meinte: ,,Das macht nur die Engel oben im Himmel traurig.'' Diese Gedanken stammten wohl von der 80jährigen Großmutter, einer frommen, einfachen Witwe, die mit ihnen zusammen im eigenen Häuschen wohnte. Ihr Zimmer war voll von Heiligenstatuen, religiösen Bildern und Kerzen.

Doch wie oft schon versuchte die Mutter, die Oma von solchen Erzählungen abzuhalten, denn an all das glaubte sie nicht und so antwortete sie ihrem Söhnchen: ,,Solche Wesen wie Engel gibt es doch nicht, auch keinen Himmel. Es gibt nur die Hölle, und die ist hier auf Erden.'' — ,,Aber Mama, die Oma sagt, jeder Mensch, auch die Erwachsenen und auch Du haben einen Engel'', beteuerte Stevie. Und noch einmal versuchte die Mutter ihrem kleinen Sohn verständlich zu machen, daß das, was Oma hierüber erzählt, großer Unfug ist. Sie wäre doch schon viel zu alt und auch sie hätte noch nie einen Engel gesehen.

Nach schmerzvollen Untersuchungen an ihrem Sohn nahm Frau Lentz ihren Sohn mit nach Hause. Am liebsten hätte sie ihren Beruf aufgegeben, um sich ganz ihrem Sohn in seinen letzten Lebenstagen zu widmen. Doch wie wäre das möglich gewesen, sie mußte Geld verdienen, da die Behandlungen und die häufigen Krankenhausaufenthalte eine Menge Geld kosteten.

So hielt sich Stevie tagsüber im Kindergarten auf. Seine Haare fielen praktisch über Nacht aus und seine Großmutter sammelte sie heimlich auf seinem Kopfkissen zusammen und bewahrte sie in einem kleinen Beutel auf, den sie vor die Mutter-Gottes-Statue mit einer ständigen brennenden Kerze stellte. Aber immer wieder bließ die Mutter die Kerze aus.

Stevi wuchs nicht mehr, er war das älteste Kind in der Kindergartenklasse, das kleinste und das schwächste. Der Kleine trug eine Perücke, so daß er sich ohne Scham unter die Kinder mischen konnte. Und jedesmal, wenn eine gedankenlose Mutter ihr Kind mit Schnupfen oder Fieber in den Hort schickte, mußte Stevie das mit einem hohen Preis bezahlen. Er steckte sich sofort an, da sein Körper zu schwach war, Abwehrstoffe zu bilden. Und was sollte da nur Frau Lentz unternehmen? Sie wollte Stevie wie ein normales Kind behandeln, das gerne unter Seinesgleichen war, das gerne spielte und auch lernte.

Es war Ende Januar. Stevie verbrachte bereits ein knappes Jahr im Kindergarten, da bekam er wieder mal eine Erkältung, die sich rasch zu einer doppelseitigen Lungenentzündung entwickelte. Er lag mit sehr hohem Fieber im Krankenhaus, zeitweise erkannte er seine Mutter nicht mehr und Frau Lentz wußte, daß es nun mit ihm zu Ende gehen würde. Die Ärzte pumpten Medikamente in seinen schwachen Körper, aber es war alles vergebens.

Frau Lentz nahm Urlaub, um tagsüber bei Stevie Wache halten zu können. Am Abend kehrte sie stets nach Hause zurück und fand die Großmutter betend vor den Statuen der Heiligen. Am liebsten wollte sie alle Figuren zu Boden werfen und machte ihrer Schwiegermutter klar, daß all das Beten Stevie nicht retten könne.

Eines Abends vernahm Frau Lentz eine Männerstimme in Omas Zimmer. Als sie näher hinhörte, konnte sie deutlich verstehen, daß die Großmutter einem Mann Geld anbot und um Erfüllung eines Auftrages bat. Durch einen offenen Türspalt erkannte sie einen Priester. Nun konnte sie nicht umhin und stürmte in das Zimmer und wütete: „Welche Geschäfte werden hier mit meinem Geld gemacht?" Die Oma stellte ihr Monsignor Balascic vor und erklärte, daß das Geld für eine Messe an der Grotte der Gottesmutter in Lourdes sei, wo schon viele Wunder geschehen seien. Sie hoffe nur, daß auch Stevie vom Krebs geheilt werde. Für all das brachte Frau Lentz kein Verständnis auf. Der Priester antwortete ihr: „Ich glaube an die Wunder in Lourdes mit meiner ganzen Seele und meinem ganzen Herzen." Stevies Mutter schimpfte weiter. Der Priester kniete sich nieder und sagte: „Wenn ich nach Lourdes fahre, dann bete ich vor allem auch für Sie, Frau Lentz, damit auch Sie von ihrer Krankheit geheilt werden. Die Krankheit der Seele ist schlimmer als die Krankheit des Körpers. Ihr Leben ohne Glauben und ohne Vertrauen muß schrecklich einsam und hart sein. Ich bedauere sie aufrichtig. Der Tod ist nicht das Ende von einem jeden von uns.''

So ging er, nahm kein Geld und versprach der Großmutter, daß er, sobald er in Lourdes sei und wisse, wann er die Messe lese, eine Karte schreibe, damit sie zur gleichen Zeit beten könne.

Schnell reichte ihm die alte Frau noch einen Beutel, den er unbedingt mitnehmen wollte. Darin befanden sich die heimlich gesammelten Haare von Stevie. Frau Lentz begehrte zu wissen, warum der Geistliche die Haare mit nach Lourdes nehme. ,,Ein Kranker wäscht sich dort an der Grotte mit Wasser, und da Stevie das nicht kann, gebe ich eben das nächst Beste von ihm ab: seine Haare. Wenn es der hl. Wille Gottes ist, wird Maria ihm helfen,'' erwiderte die Oma.

Frau Lentz bewunderte nun insgeheim den Glauben ihrer Schwiegermutter, ja, sie beneidete sie geradezu, da die Oma glaubte, daß sie einmal mit all den Verstorbenen wieder zusammen sein könne. Doch ihre eigene Intellegenz ließ diesen Glauben nicht zu, — noch nicht.

Eine weitere Woche verging und Stevies Krankheitszustand wurde schlimmer und schlimmer. Die Schwestern hatten mit ihm alle Hände voll zu tun, es schien, als ob die Ärzte die Schlacht verloren hätten. Stevie fiel in eine tiefe Bewußtlosigkeit, er atmete nur noch unregelmäßig. Frau Lentz durfte jetzt sogar nachts bei ihm bleiben.

Und da geschah es, — in der Nacht zum 11. Februar:

Die Mutter setzte sich ans Fenster und schaute in die kalte verschneite Nacht hinaus, der Mond und die Sterne begleiteten die schlafende Stadt. Plötzlich verspürte sie eine eigenartige innere Ruhe, eine Ruhe der Zufriedenheit, des Vertrauens. Sie fühlte, daß sie der ganzen Welt vergeben habe, selbst Monsignor Balascic. Sie sah ihn deutlich, einen silbernen Becher hochhebend.

Jetzt konnte sie verstehen daß alles auf der Welt einen berechtigten Grund hat, auch wenn man vieles nicht verstehen kann.

Da rief Stevie: „Mama, gib mir etwas zu trinken." Die Mutter beobachtete, daß bei ihrem Söhnchen auf einmal wieder alles normal verlief, der Puls schlug normal und er konnte ohne den Sauerstoffschlauch atmen. „Kommt diese Frau wieder, die lächelnd sagte, ich könne morgen nach Hause gehen?", fragte Stevie.

Frau Lentz war zutiefst erschüttert und holte sofort die Ärzte herbei. Jeder mußte das Wunder sehen.

Am nächsten Morgen zeigten die Röntgenbilder eine gesunde Lunge, die Blutbilder waren ohne Befund und Stevie durfte heim.

Die Karte von Monsignor Balascic erwartete sie zu Hause: „Ich hoffe, die Karte kommt noch rechtzeitig an, so daß Sie mit mir am Fest der Erscheinung der Unbefleckten Jungfrau Maria in Lourdes beten können."

Und in der Tat, es geschah am 11. Februar: Der Priester las zur selben Stunde die hl.Messe, in der Stevie geheilt wurde.

Heute ist der Junge acht Jahre alt und kerngesund. Das Leben von Frau Lentz hat sich völlig geändert. Sie hat den Glauben gefunden und es gibt keinen Sonntag mehr, an dem sie nicht mit ihrem Sohn und der Oma in die Kirche geht.

Sogar eine Lourdesreise ist geplant, um der Gottesmutter zu danken.

*

Gebet der hl. Bernadette

Zärtliche Mutter! Du hast dich zur Erde erniedrigt, um einem schwachen Kinde zu erscheinen und ihm trotz seiner großen Unwürdigkeit gewisse Dinge mitzuteilen. Wieviel Grund hat es nicht zur Demut!

O Maria, gib derjenigen, die es wagt, sich dein Kind zu nennen, die kostbare Tugend der Demut. Gib, o zärtliche Mutter, daß dein Kind dir nachfolge in allem und für alles und daß ich ein Kind sei nach deinem Herzen und nach dem Herzen deines lieben Sohnes. Amen.

Auf dem Weg zur wahren Geborgenheit

Der kleine Held in dieser so traurigen Aufzeichnung ist ein kleiner Junge aus Peking, namens Kuo Hsiao

Eines Wintertages, es dürfte im Jahre 1948 gewesen sein, brachte mir ein katholischer Arbeiter auf einem Schubkarren einen zehnjährigen Patienten, Kuo Hsiao. Ihm fehlten beide Füße. Sie waren ihm während der Nacht abgefroren. Wie war das nur möglich?

Sein Vater war Steinmetz, Also Bildhauer. Er lebte von der Hand in den Mund. Aus seiner ersten Ehe hatte er drei Kinder und zwei aus der zweiten. Hsiao war das dritte und jüngste aus der ersten Ehe. Seine neue Mutter liebte ihn nicht und beachtete ihn nicht weiter.

Eines Abends kam Hsiao spät nach Hause. Nachdem er sein dürftiges Mahl zu sich nahm, schickte ihn die Stiefmutter aus dem Haus mit der Bemerkung: „Du riechst gar übel, raus mit dir!“ Mit einer alten Bettdecke unter dem Arm stand nun der kleine Junge vor der Türe. Es war eiskalt, eine dicke Schneeschicht breitete sich über das Land aus. Der Kleine schlief nun unter einem Schuppendach. — Ob er aber wirklich schlief?

Als er am anderen Morgen aufstehen wollte, waren ihm beide Füße abgefroren. Dies sprach sich rasch in der Nachbarschaft herum. Auch der oben erwähnte katholische Arbeiter war einer der Nachbarn. Er nahm seine Karre, legte den kleinen Buben darauf und schob ihn zu meinem kleinen Armenkrankenhaus.

O der arme Junge! Nicht nur waren ihm seine Füße abgefroren, auch sein liebebedürftiges Herz war erfroren. Wo blieb da die Mutterliebe? Ach, wenn seine leibliche Mutter noch gelebt hätte, wäre das nicht geschehen. Ja, seine Mutter war gut, sie liebte ihn. Warum mußte sie so früh sterben?

Am Bett meines kleinen Patienten sitzend, fragte ich ihn dann: „Hat das denn nicht weh getan?“ — „Ja, anfangs schon, später aber nicht mehr so sehr“, antwortete er. Jetzt bewohnte er ein kleines warmes Zimmer. Seine Fußstümpfe tauten bald wieder auf, doch sein Herz benötigte schon eine Zeit dazu. Doch Liebe schmilzt auch das dickste Eis, das sich um ein Menschenherz legen kann.

Alle, die von Hsiao's Schicksal hörten, hatten Mitleid mit ihm und liebten ihn. Sein Zimmer belagerten stets große und kleine Besucher. Sie brachten ihm Geschenke, Süßigkeiten und Spielzeug. Studentinnen unterrichteten ihn und die Kinder spielten mit ihm. Unter soviel Liebe von den Steyler Krankenschwestern und den Studentinnen und Kindern, taute sein Herz langsam wieder auf. Das drückte er auf ganz seltsame Weise aus, aber unmißverständlich. Er gab sich nämlich selbst anstelle seines Familiennamens »Kuo« den Namen »Bao«. Es war der Name seiner Lieblingskrankenschwester. So fand unser kleiner Held in der »Samariterin« echte Mutterliebe, wonach sein Herz schon lange dürstete.

Nun bekam Bao Hsiao auch den ersten Religionsunterricht.

Er fühlte sich im Armenkrankenhaus ganz zu Hause. Er lebte förmlich auf, und schon bald taufte ich ihn auf den Namen Tarzisius. Seine Fußstümpfchen wollten aber gar nicht heilen. Da meinte der chinesische Arzt: „Wir müssen die fleischlosen Knochen amputieren." So entfernte er alles bis zu den Knöcheln. Und siehe da, als das geschehen war, verheilte alles überraschend schnell.

Kein Wunder, die Freude nahm zu, und bei dem guten Essen gedieh er ganz prächtig. Tarzisius begann nun seine Zukunftspläne zu schmieden. „Shen fu", d. h. Pater, „sie geben mir doch zwei kleine, dünne Latten und Röllchen, nicht wahr?" — „Was willst du denn damit anstellen?" — „Die Rollen befestige ich unter den Latten, und diese binde ich an meine Beine. Dann kann ich mich kniend mit Hilfe meiner Hände von Ort zu Ort bewegen. Und sie stellen mich doch später als ihren Pförtner ein, stimmt es?" — „Aber natürlich, Tarzisius! Hoffentlich kannst du auch mit deinen Händen bis zur Türklinke reichen?"

Ein halbes Jahr war bereits vergangen. Da griff die liebe Mutter Gottes persönlich in sein Lebensschicksal ein. Tarzisius wurde krank, er hatte 37,8 Grad Fieber. Eines Tages nun sagte er zu jedem seiner Besucher, die in den letzten 24 Stunden zu ihm kamen: „Die Mutter Gottes hat mir gesagt: ‚Morgen hole ich dich in den Himmel'." Und der Kleine fügte noch hinzu: „Ich danke ihnen, sie waren so lieb zu mir und haben mich sooft besucht! Auf Wiedersehen!"

So rief mich nachmittags die Krankenschwester an das Bett meines Lieblings Tarzisius. „Herr Pater, hören sie, was der Junge seit heute morgen zu allen sagt. Wollen sie ihm die hl. Krankensalbung spenden?" — „Schwester, ist mit 37,8 Grad wirklich Lebensgefahr? Ist der Junge normal?" Der Arzt mußte nun entscheiden, ob Tarzisius sterbenskrank oder normal ist. Das Urteil lautete: Eine ungefährliche Erkältung; der Junge ist ganz normal.

Tarzisius aber hielt an der himmlischen Mitteilung fest. Er glaubte fest, daß ihn die himmlische Mutter holen werde. Ich wartete ab und spendete ihm den Krankensegen und verließ um 17 Uhr meinen Liebling Tarzisius.

Am folgenden Morgen um 7 Uhr rief mich der Pförtner des Krankenhauses, ganz außer Atem vom schnellen Laufen, an: „Pater, kommen sie schnell, Tarzisius liegt im Sterben!" Ich sauste mit meinem Fahrrad über den Platz vor meiner Wohnung, nahm im Tempo die Kurve der schmalen Gasse, und nach drei Minuten stand ich am Sterbebett meines kleinen Freundes. Rasch öffnete ich das Versehköfferchen und salbte Tarzisius' Stirn. Er hatte bereits aufgehört zu atmen. Die Gottesmutter hat ihr Wort gehalten und ihren Tarzisius heimgeholt. Die ehrwürdigen Schwestern und Freunde des Heimgegangenen aber kleideten Tarzisius in schneeweiße Kleider, setzten ihm ein Kränzchen von weißen Blumen auf das Haupt und legten ihn in den Sarg. Sie bedeckten ihn mit weißen, duftenden Blüten. Ein Bild himmlischer Ruhe und himmlischen Friedens! Das Bild eines unschuldigen Engels!

Nachmittags stand ich zum letzten Mal vor dem bescheidenen Sarg. Wir warteten immer noch auf seine Eltern. Doch sie kamen nie, auch jetzt nicht. So brachten wir Tarzisius zur letzten Ruhe.

Seine Mutter im Himmel wird ihm jetzt die wahre Geborgenheit schenken können.

P. Joh. Glanemann, SVD

*

Gebet der heiligen Brigitta

O meine Herrin, Königin des Himmels, so sehr frohlockt mein Herz darüber, daß der höchste Gott dich als Mutter erwählt hat und dir die höchste Würde schenken wollte.

O Mutter Christi, du hast Freude beschert einer jammervollen Welt. Komm uns zu Hilfe, Jungfrau, Weg zur himmlischen Heimat, Königin mit der Tugendkrone geschmückt. Gottgesegnete Jungfrau, sei uns Schutz wider den bösen Feind. Jungfrau, durch deines Sohnes Kreuz und Leid sei uns Fürsprecherin beim himmlischen Vater. Königin der Engel, führe uns gnädig ein in des himmlischen Reiches Herrlichkeit. Amen.

Die Madonna von Kozielsk

Die Geschichte dieses Bildes ist, auch wenn sie an die schrecklichsten Zeiten des Krieges erinnert, mit solch tiefen Gefühlen und religiösen Erfahrungen verbunden, daß es die schmerzlichen Begleitumstände, unter denen es entstand, vergessen läßt.

Und hier handelt es sich nicht um eine jener gefühlsvollen Weihnachtslegenden, die aus den antiken Traditionen und biblischen Erzählungen hervorgehen, und die jedes Jahr in ähnlicher Weise dargestellt werden. Nein, dieses ist eine wirkliche Begebenheit unserer Zeit, die sich vor nur wenigen Jahrzehnten abgespielt hat. Die Erinnerung daran ist noch immer in den Herzen jener lebendig, die sie miterlebt und die sie an die junge Generation weitergegeben haben.

1939 wurden, infolge des militärischen Zusammenbruchs Polens, 15 700 Militärs, Zivilisten, Angehörige der religiösen Orden und Persönlichkeiten aus der Wissenschaft und dem kulturellen Leben, d. h. die wahre Elite der Nation, in drei Lager interniert, die sich in den von der Sowjetunion besetzten Gebieten befanden. Es waren die sogenannten »Drillingslager« von: Kozielsk, Starobielsk und Ostashkow.

Den Kriegsgefangenen wurden alle religiösen Gegenstände weggenommen und die Wächter ließen ihnen nicht einmal die Halskettchen mit Kreuz oder Skapulier, sondern rissen sie ihnen gewaltsam weg.

Unter diesen Bedingungen waren im Lager von Kozielsk ungefähr 2000 Kriegsgefangene, vorwiegend höhere Offiziere, in Baracken und Zelten zusammengepfercht. Ihr Schicksal wurde von einigen Militärkaplänen und einigen Künstlern, Malern und Bildhauern, geteilt, die bei Kriegsausbruch eingezogen worden waren.

Es waren dieselben Künstler, die beim herannahen der Weihnachtszeit, das Bild von der »Madonna mit dem Kind« schnitzten., um so, auch in dieser gottlosen Umgebung, das Ereignis der Ankunft des Erlösers feiern zu können. Sie arbeiteten schichtweise nach einem Entwurf auf einem Stück Papier und

geschützt von der solidarischen Komplizenschaft der Mitgefangenen, so daß kein Aufseher es entdeckte.

Als »materia prima« benutzten sie ein breites und abgetragenes Brett, das sie in der Nähe des Lagers (Totenkammer) gefunden hatten. Ihr Arbeitsmaterial bestand aus einem Schnitzmesser, einem rostigen Nagel und einem Dosenöffner. Die anderen, nicht eingeweihten Kriegsgefangenen, bekamen das von einem Kaplan geweihte Bild zum erstenmal am Heiligen Abend in der Zentralbaracke zu sehen. Was dann geschah, beschreibt ein Augenzeuge folgendermaßen:

„Beim Anblick des von zwei Kerzen beleuchteten Bildes hörte schlagartig das allgemeine Stimmengemurmel auf, und irgendeiner intonierte diese religiöse Hymne:

Deinem Schutz, o himmlische Mutter,
vertrauen deine Kinder ihr Schicksal an.
Segne sie und hilf ihnen in ihrer Not!
Sei du ihr Schutz und Schild
gegen das sie umgebende Böse!

Dieser Gesang war von einer solchen kindlichen Begeisterung durchdrungen, von einem solch inbrünstigen Glauben und zahllosen Tränen der Rührung, daß man in diesem Flehruf um Hilfe fast physich die plötzliche innere Umwandlung, die in jedem Häftling durch die Gegenwart der Madonna stattfand, spüren konnte. An diesem Abend wagten weder die russischen Soldaten noch die atheistischen Propagandisten auf der Bildfläche zu erscheinen.

Wenn ich heute über die Wandlungsfähigkeit der Menschen zum Guten unter dem Einfluß des Glaubes nachdenke, so kommt mir immer wieder dieser Heilige Abend im Lager in Erinnerung: die Stille, die nach dieser Hymne eintrat, das Gefühl der inneren Reifung, die wir alle in den folgenden Tagen und Wochen verspürten. und die Gewißheit der Brüderlichkeit, die uns auf einmal verband und die unser Zusammenleben und -arbeiten im Lager von einem Tag auf den anderen vollkommen veränderte."

Mitte April des folgenden Jahres begann die Evakuierung der drei Lager von Kozielsk, Starabielsk und Ostashkow mit unbekanntem Ziel. Den Kriegsgefangenen wurde nur erklärt, sie würden in ein Lager mit „besseren Bedingungen" überführt. Die Fahrt ging in Richtung des Waldes von Katyn und von diesem Augenblick an hörten diese Menschen auf zu existieren. Die einzige Ausnahme von diesem Schicksal bildeten 400 Häftlinge aus Kozielsk, deren Zug sie aufgrund einer falschen Weichenstellung anstatt in den Wald von Katyn in das Lager von Griazoviex brachte. So blieben von den 17 500 Kriegsgefangenen allein 400 Menschen am Leben. Zusammen mit dieser Gruppe, versteckt unter dem Mantel eines Soldaten, reiste auch das Bild der Madonna von Kozielsk.

In den darauffolgenden Jahren kam dieses Bild, von den Soldaten und Zivilisten eifersüchtig bewacht und gehütet, nach einer langen und gefahrvollen Wanderfahrt, die es durch Sibirien, Kirgisien, Usbekistan, den Iran, Ägypten und Italien führte, schließlich auf die britischen Inseln.

Heute befindet sich das Bild über dem Altar der Kirche der polnischen Kolonie in London, verehrt von allen Exilierten und von vielen gläubigen Engländern.

(Aus „pro fratribus")

*

Gebet um Hingabe in den Willen Gottes

Himmlische Mutter Maria, lehre uns die Sicherheit und Überzeugung, daß nur allein der Wille Gottes für all unser Denken und Handeln maßgebend ist. Erbitte uns die Demut, daß wir uns auch den unerforschlichen Ratschlüssen Gottes beugen und den göttlichen Willen restlos erfüllen, ohne Trotz und Murren und ohne Bedingungen. Erbitte uns jene Liebe, mit der du dein Fiat gesprochen und dich dem Willen Gottes restlos gebeugt hast. Amen.

Die Entstehung des größten Wallfahrtsortes Irlands

Knock, ein Geschenk der Königin des Himmels

Knock, ein unauffälliger, ländlicher Ort im Westen Irlands, in der Grafschaft Mayo gelegen, ist in unserer modernen Zeit zu einem großen Marienwallfahrtsort geworden. Jährlich wird er von beinahe 1 Million Pilger besucht. Maria schenkte hier der ganzen Welt eine große Botschaft ohne Worte.

Es geschah am 21. Januar 1879 abends zwischen 19,30 und 21,30 Uhr. Magarete Beirne, die Schwester des Meßners, ging hinaus, um die Kirche abzuschließen. Auf dem Rückweg fiel ihr eine ungewöhnliche Helligkeit über der Kirche auf. Aber es kam ihr nicht in den Sinn, der Sache nachzugehen. Sie dachte nicht weiter darüber nach und ging heim.

Kurze Zeit danach begab sich Mary McLoughlin, die Haushälterin des Pfarrers, auf den Weg zur Witwe Beirne, die gerade vom Urlaub zurückgekehrt war. Frau McLoughlins Weg führte an der Südseite der Kirche vorbei, wo sie drei Figuren entdeckte. Sie dachte so bei sich: ,,Eigenartig, daß der Herr Pfarrer nichts von diesen Figuren erwähnte. Er hat sie sicher von Dublin, der Hauptstadt des Landes, oder von sonstwo geliefert bekommen.'' Auch sie kümmerte sich nicht mehr darum und eilte weiter zu der Witwe.

Eine halbe Stunde später ging die Pfarrhaushälterin in Begleitung von Mary Beirne, der 26jährigen Tochter der Witwe, zurück. Da entdeckte Mary Beirne ohne vorher etwas von Frau McLoughlin gehört zu haben, auch die Figuren am Südgibel. Sie fragte: ,,Warum stellt der Pfarrer denn diese Figuren an den Giebel?'' Als sie näher herankam, schrie sie ganz aufgeregt:

,,Das sind ja gar keine Statuen, sie bewegen sich ja. Es ist die Jungfrau Maria!'' Und sie rannte nach Hause und in die ganze Nachbarschaft, um allen das Ereignis mitzuteilen.

Bald versammelte sich vor dem Gotteshaus eine kleine Menschenmenge im strömenden Regen. Nur an der Giebelwand regnete es nicht.

Die bedeutendste Figur, die sich am meisten von allen anderen hervorhob und auch etwas höher als die beiden anderen stand, war die Gottesmutter. Sie trug einen weiten weißen Umhang, der hinten am Hals befestigt war, und eine funkelnde Krone schmückte ihren Kopf. Ihre Hände waren in Schulterhö he erhoben, und ihre Augen richtete sie zum Himmel empor. Es schien, als ob sie betete. Zu ihrer Rechten stand der hl. Josef. Er faltete die Hände und neigte den Kopf demütig zu Maria. Auf ihrer linken Seite sah man den Evangelisten Johannes, so bezeugte es Mary Beirne. Sie glaubte dieselbe Figur wiederzuerkennen, die in einer Kirche als der hl. Johannes zu sehen ist. Er war wie ein Bischof gekleidet. In der linken Hand hielt er ein aufgeschlagenes Buch; den rechten Arm hielt er hoch, den Mittel- und Zeigefinger ausstreckend, so, als ob er predigen würde.

Neben ihm erkannte man deutlich einen Altar mit einem Lamm darauf, das die drei Figuren ansah. Hinter dem Lamm ragte ein Kreuz empor. Dieser Altar bildete den Mittelpunkt der Giebelerscheinung. Dadurch, daß 16 Seher die Erscheinung erleben durften, konnte jede Einzelheit genau festgehalten werden.

So betonte Mary Beirne, daß alle Figuren lebensgroß waren. Dem dreizehnjährigen Patrick Hill fiel eine wunderschöne Rose auf der Stirne Mariens auf. Um das Lamm herum sah er Engel mit Flügel sich bewegen. Alles zeigte sich in grellem Licht. Die Pfarrhaushälterin erzählte von vielen goldenen Sternen, die sich um das Lamm gruppierten.

Sogar noch aus einem Kilometer Entfernung bewunderte ein Bauer, Patrick Walsh, das überaus helle Licht an der Südseite der Dorfkirche.

Nach zwei Stunden verschwand das Ereignis und der Regen prasselte wieder an die Wand, so, als ob nichts geschehen wäre.

Das wunderbare Geschehen breitete sich schnell aus und viele Gläubige, darunter auch Kranke, besuchen den hl. Ort und erfahren bis zum heutigen Tag immer wieder große Gnadengeschenke der himmlischen Mutter.

Am 31. August 1879, zehn Tage nach der Erscheinung, fand die erste Heilung statt: Ein zwölfjähriges Mädchen wurde während der Messe in Knock geheilt. Ihre Eltern, Herr und Frau P. J. Gordon aus dem Ort Claremorris, bezeugten die Taubheit und Schmerzen im linken Ohr der Delia. Verschiedene Male mußten sie während der Nacht die entsetzlichen Schmerzen mit allen möglichen Medikamenten lindern. So beschlossen die Eltern, Delia mit nach Knock zu nehmen. Während des Gottesdienstes wurde das Mädchen von so heftigen Schmerzen befallen, daß sie laut zu schreien begann. Frau Gorden trug sie hinaus zur Giebelwand, um dort weiterzubeten. Die Mutter holte ein Zementstückchen aus der Mauer, machte das Kreuzzeichen darüber und steckte es in Delias Ohr. Sofort hörten die Schmerzen auf, und sie konnte auch wieder mit dem Ohr hören. Für ihr weiters Leben war sie vollkommen geheilt.

Ein anderes Gnadengeschenk soll hier noch erwähnt werden: Eine ziemlich ausergewöhnliche Besucherin in Knock war

Fräulein Mary Francis Cusack, bekannt unter dem Namen „Schwester von Kenmare". Sie war mit ihren steifen Kniegelenken eine hilflose Invalidin. Mary Francis gehörte der anglikanischen Kirche an und war Mitglied einer Schwesternvereinigung in London. Im Jahre 1858 konvertierte sie zum katholischen Glauben und trat später in ein Kloster in Irland ein. Durch ihre Schriften, in denen sie politische und soziale Fragen aufwarf, stand sie unter internationalem Ruf und wurde bald Mittelpunkt einer Anzahl von Kontroversen.

Fasziniert von der Erscheinungsgeschichte in Knock, reiste sie dorthin und besuchte gleich das Fleckchen Erde, an dem die Erscheinung stattgefunden hatte, um ihre Gebete aufopfern zu können.
Plötzlich fand sie sich selbst auf den Knien — vollständig geheilt.

Nicht alle Heilungen ereigneten sich unmittelbar vor dem Heiligtum. Etliche sind auch aus der Ferne, durch das Auflegen eines Steines aus der Giebelwand, bekannt geworden:

Erzbischof Murphy von Hobart in Australien litt unter einer schweren Augenkrankheit. Er konnte weder die Messe lesen, noch das Brevier beten. Eine Krankenschwester reichte ihm einen Stein aus Knock, und sogleich wurde er geheilt. Aus Dankbarkeit besuchte er dann den Ort Knock.

Und noch viele weitere unfaßbare Gnadenerweise unserer Mutter könnten hier beschrieben werden.

*

Heilige Maria, Mutter Gottes und Jungfrau! Ich erwähle dich heute zu meiner Gebieterin, Beschützerin und Fürsprecherin und nehme mir fest vor, dich nie zu verlassen und weder selbst je etwas gegen dich zu sagen noch zu tun noch zuzulassen, daß je etwas gegen deine Ehre geschieht.

Ich bitte dich, nimm mich zu deinem ewigen Diener an und stehe mir bei in allen meinen Gefahren und verlasse mich nicht in der Stunde meines Todes. Amen.

Hl. Petrus Canisius

Sie betete den Rosenkranz und blieb als einzige am Leben

Am Josefstag (19.März) im Kriegsjahr 1945, erlebte die Stadt Landshut einen großen Luftangriff. Viele Gebäude und die Franziskanerkirche wurden zerstört. Jedermann flüchtete in den nächsten Luftschutzkeller.

Doch etwa 30-40 Personen suchten Schutz unter einer Unterführung. Eine Luftmine löschte das Leben aller Zufluchtsuchenden aus.

Waren es wirklich alle, die dort unter dem Durchlaß sterben mußten? Ein Soldat hielt Totenwache. Nach etwa drei Stunden glaubte er seinen Augen nicht zu trauen. Plötzlich regte sich etwas in der Mitte der Verstorbenen und eine Frau fragte ganz schüchtern den Bewacher, ob sie jetzt gehen dürfe.

Der Soldat wollte nun wissen, was sie solange getan habe. Da antwortete sie: „Ich betete den Rosenkranz.“ Sie merkte gar nicht, daß bereits etliche Stunden vergangen waren.

Diese Nachricht breitete sich wie ein Lauffeuer in der ganzen Stadt aus.

Wollte die Mutter Gottes hier nicht allen zeigen, daß sie die Mittlerin aller Gnaden ist, wenn man sich vertrauensvoll an sie wendet?

*

„Die Madonna wird ihn retten“

Don Cafasso, der heilige Pfarrer von Turin und Beichtvater Don Boscos, hatte den Mörder Carlo Demichelis zum Galgen zu begleiten:

Es war am Morgen des 13. März 1856. Der Verurteilte hatte stets geflucht und die Sakramente verweigert. Don Cafasso nahm auf dem Arm-Sünder-Karren neben ihm Platz. Der Verbrecher saß teilnahmslos da. Beim Vorbeiziehen an der Kirche Al Carmine gab man nach altem Brauch dem Vorbeiziehenden den Segen mit dem heiligsten Sakrament. Der Mörder rührte sich nicht. Als der Karren durch die Via del Carmine fuhr, machte der Gefesselte beim Haus Nummer 8 eine tiefe Kopfverneigung. Dort war an der Wand ein Muttergottesbild angebracht, die sogenannte »Consolata«. Von seiner Mutter war er im Bubenalter angehalten worden, vor dem Bild immer die Mütze abzunehmen. Der Verurteilte war willig wie ein Kind, und ehe der Karren an der Richtstätte angekommen war, war seine Seele mit Gott versöhnt.

(Sträter, Maria im Christenleben, Paderborn 1951)

War es ein Zufall?

Ein Priester berichtet:

Vor etlichen Jahren war ich Kaplan in Hülsterhausen. Das Städtchen liegt an einer Bahnstation.

Es war in einer Winternacht. Ich ging gerade zu Bett. Draußen tobte der Sturm, zudem hörte man das Dröhnen der Personen- und Eilzüge. Plötzlich schreckte ich auf. Die Hausglocke schellte — schrill und klagend, wie ein Ruf der Hilfe. Ich riß das Fenster auf und eine Schneewolke stob ins Schlafzimmer. Ich konnte eine vermummte Frauengestalt irgendwie erkennen. ,,Was gibt's?", fragte ich. Die Stimme der fremden Person war seltsam vom Sturm zerrissen, es war ein Klagen, ein Weinen, eine himmelschreiende Angst. Das Wort ,,Bahnhof" blieb in mir haften. ,,Ich komme zum Bahnhof, sofort komme ich", schrie ich ins Heulen des Sturmes. Ich schlüpfte in die

Kleider und riß die Versehtasche an mich. Siehe da, niemand stand vor der Haustüre. Die Schneewächte, die sich vor dem Eingang, erhob, war rein und unberührt. Keine Fußspur konnte ich bemerken. Hatte ich mich getäuscht? Hatte mich ein Irrtum genarrt? Ich wollte bereits ins Pfarrhaus zurückkehren — da trieb es mich zum Bahnhof.

Es war ein mühseliges Stapfen im Sturm und Schnee. Als ich mich dem Stationsgebäude näherte, merkte ich sofort: Hier ist etwas geschehen. Der Bahnhofsvorsteher rief mir zu: „Gut, daß Sie kommen, Hochwürden, im Wartesaal liegt ein Sterbender." Ich fand ein winselndes Menschenbündel. Ein junger Mann war es, das Gesicht furchtbar zugerichtet. „Jetzt schlägt er die Augen auf", bemerkte der Vorstand. Ich kniete mich zum Schwerverletzten. Seine Augen leuchteten plötzlich so selig auf. „Gott sei Dank! Ein Priester — ich will beichten", stammelte der Mann. Ich durfte meinen schönen Dienst als Priester leisten — und dann brachen die Augen des Mannes für immer. Es war ein Heizer des Expreßzuges. Knapp vor Hülsterhausen war ein Dampfrohr der Maschine geplatzt — der Lokführer wurde sofort getötet und hinausgeschleudert. Mit Heldenkraft brachte der Heizer, obwohl am ganzen Körper versengt, den Zug zum Stehen, dann brach er zusammen...

„Wieso kamen Sie denn gerade zum Bahnhof, Hochwürden?", wollte der Bahnhofsvorsteher wissen. „Sie haben mich doch gerufen, — eine Frau richtete mir die Nachricht aus", erwiderte ich. Der Beamte schüttelte den Kopf. „Mein Ehrenwort — von hier aus ist noch nichts geschehen, ich wollte gerade zu der Fahrdienstleitung eilen, um Sie anzurufen, da traten Sie bereits über die Schwelle, Hochwürden!" — „Das ist allerdings sehr merkwürdig. Sagen Sie, wußten Sie denn, daß der Mann Katholik ist?" Der Vorstand erwiderte: „Als wir den Schwerverletzten in den Wartesaal trugen, fiel ein Bildchen aus seiner Brusttasche. Sehen Sie, hier ist das Bild." Ich sah es mir näher an; es war ein Bild wie es in den Verkaufsläden rund um unsere Wallfahrtsorte feilgeboten wird. Es zeigte Unsere Liebe Frau Maria mit dem Jesuskind. Unter dem Bild standen die Worte: »*Maria, Magd, Mutter, Königin*«. Ich legte das Bild dem Toten auf die Brust und trat sehr nachdenklich den Heimweg an.

Wiedergefunden

Es war am Rosenkranzfest 1945, also vor über 30 Jahren. In der kleinen Kirche von Husum wurde ich Zeuge eines erschütternden Wiedersehens zwischen einem heimkehrenden Soldaten und seinen Eltern. Am nächsten Tag lernte ich die Familie näher kennen, und der Vater erzählte mir, noch ganz unter dem Eindruck der wunderbaren Fügung, die Vorgeschichte des Wiedersehens: ,,Klaus, unser Ältester, wurde noch kurz vor Kriegsende Soldat, kam zum Einsatz an die Ostfront, wurde schwer verwundet und nach vielem Hin- und Hertransport in Greiz, Thüringen, ins Lazarett eingeliefert. Wir erfuhren davon erst, nachdem Greiz von den Amerikanern und dann von den Russen besetzt und eine Verbindung unmöglich geworden war.

Wir selbst kamen mit dem großen Flüchtlingszug über Mecklenburg nach Schleswig-Holstein und fanden hier in Husum eine Unterkunft. Unser Sohn aber blieb verschollen. War er inzwischen gesund? War er vielleicht nach Rußland gekommen? Wir wandten uns an das Rote Kreuz, wir schickten die grüne Suchkarte ab — ohne Erfolg.

So verging der Sommer in banger Sorge. Wir nahmen unsere Zuflucht zum Gebet. Meine Frau betete vor allem zum Heiligen Geist, daß Er die Schritte unseres Sohnes lenken möge. Ich betete täglich abends auf dem Heimweg nach dem Dienst zehn Ave Maria mit der Rosenkranzbetrachtung „*Den du, o Jungfrau, im Tempel wiedergefunden hast*". Auch opferten wir regelmäßig am Sonntag die Abendmesse in dieser Meinung auf. In dieser kniete ich gestern, als mir ein Soldat auffiel, der zur Kommunionbank schritt. Er erinnerte mich an unseren Jungen. Als er zurückkam, sah ich, er war es wirklich.

Sie haben das Wiedersehen miterlebt. Ich sprang auf und führte Klaus zu seiner Mutter in unsere Bank — und schämte mich nicht, daß ich weinte.

Später hat Klaus uns dann alles erzählt. Er war aus dem Lazarett entlassen worden, wußte aber nicht, wohin er sich wenden sollte, um etwas über den Verbleib seiner geflüchteten Eltern zu erfahren. Alle seine Bemühungen waren ohne Erfolg, bis ihm am Geburtstag seiner Mutter, vor dem Marienbild einer Kirche, plötzlich der Gedanke kam, an eine Familie zu schreiben, mit der wir weitläufig bekannt waren. Diese Familie hatte von unserem Aufenthalt in Husum erfahren.

Als Klaus nach mühseliger Fahrt am Sonntagabend am Husumer Pfarrhaus anklopfte, um dort die Wohnung seiner Eltern zu erfahren, erfuhr er, daß sie nebenan in der Kirche seien. So ist unser Beten wunderbar erhört worden. Wir haben unseren Sohn buchstäblich „*im Tempel wiedergefunden*", und das am Abend des Rosenkranzfestes während der Abendmesse, die wir sooft für ihn aufgeopfert hatten.

Dr. Hans Raßmann

Der Rotarmist und die Sixtinische Madonna

In den ersten Tagen des Monats Mai 1945 warteten in Breslau in einem Keller ein Priester und mehrere Frauen und Mädchen auf den Einmarsch der Roten Armee.

Wie viele Monate verbrachten die Leute schon dort unten, die Zeugen der Zerstörung dieser Stadt waren. Aber in all dieser schweren Zeit spendete ein Bild der Sixtinischen Madonna Trost, das der Geistliche im Kellergewölbe angebracht hatte.

Die Luftangriffe wurden, nachdem die Festung Breslau gefallen war, eingestellt, doch die Pistolenschüsse der Rotarmisten und das Geknatter von Maschinengewehren heulten durch die Nacht. Dazu hörte man die gellenden Hilferufe bis in die Tiefe des Kellers. Hier lag wie ein Alpdruck auf allen in Angst die Frage:„ *Wann werden wir wohl aufgestöbert?*"

Und nun geschah es. Ein Soldat kam die Kellertreppe hinunter gestolpert und plötzlich stand er mitten unter ihnen: Ein Mongole mit erregtem Gesicht. Die Maschinenpistole mit dem Finger am Abzug hielt er drohend auf die zu Tode erschreckten Menschen.

Da mußte die Madonna ein Wunder gewirkt haben. —

Der Rotarmist erblickte das Bild und erstarrte. An seinem Gesichtsausdruck las man deutlich ab, daß die Gottesmutter sein Innerstes bewegte, ja, daß sie sich ihm offenbarte.

Alsbald erwachte er aus seiner Versunkenheit, richtete sich auf, machte nach orthodoxer Art das große Kreuzzeichen über sich, verneigte sich vor der Madonna und ohne einen Blick auf die anderen zu werfen, verschwand er.

Dieses Bild blieb dem Pfarrer sein wertvollstes Gut durch alle Zeiten. Selbst bei der Zwangsausweisung aus Breslau konnte er es durch alle Grenzen mit den vielfachen Kontrollen und Plünderungen bewahren.

Bericht von Walter Laßmann, Pfr. i.R.

*

Weihe an das Unbefleckte Herz Mariens

O Maria, unsere Mutter und Königin! Du bist in Fatima erschienen und hast versprochen, Rußland zu bekehren und der Welt den Frieden zu geben, wenn die Menschen auf dich hören. Freudig weihe ich mich deinem Unbefleckten Herzen. Gern will ich dein eigen sein und durch dich ganz Jesus gehören. Lehre mich Jesus immer mehr zu lieben, für ihn zu leben und zu wirken! Ich verspreche dir, täglich den Rosenkranz zu beten und dabei die Geheimnisse des Lebens Jesu zu betrachten. Auch will ich die Opfer, die zur christlichen Erfüllung meiner täglichen Pflichten notwendig sind, im Geiste der Sühne auf mich nehmen.

Hilf mir das Versprechen treu zu halten. Amen.

Das Vertrauen zur Gottesmutter wird mit einem gesunden Kind belohnt.

Eine Mutter brachte ihren zweiten Buben infolge unverträglicher Blutgruppen der Eltern krank zur Welt. Sie litt so sehr darunter, daß sie eines Tages einer Behandlung in einer Nervenklinik dringend bedurfte.

Zudem starb das dritte Kind, ein Mädchen, gleich nach der Geburt. Täglich mußte sie starke Medikamente einnehmen. Nun erfuhr sie, daß erneut eine Schwangerschaft vorlag. Wie sollte aber das vierte Kind gesund zur Welt kommen, da sie doch schon über eine gewiße Zeit diese starken Arzneien zu sich genommen hatte?

Wieder war sie einer Verzweiflung nahe, da ihr die Ärzte zu einem Schwangerschaftsabbruch rieten. Es sei nicht nur ihr Leben gefährdet, sondern auch das ihres Kindes.

So stand sie ratlos vor einem großen Problem. Einerseits freute sie sich auf das Kind, andererseits mußte sie auch an ihre Familie denken. Gerade der kranke Junge benötigte doch besonders seine Mutter. Jetzt suchte sie bei einer frommen Freundin und letztlich bei einem Priester Rat und Trost. Beide versprachen sich Hilfe von der Gottesmutter. Wichtig sei nur ein grenzenloses Vertrauen zu ihr. Das gab der Mutter neue Hoffnung, obwohl sie heftigen Vorwürfen von Seiten der Ärzte, ihres Mannes und ihrer Verwandten ausgesetzt war.

Sie betete nun sehr viel und wußte auch, daß ihre Freundin mit ihr das Leid teilte. Wenige Wochen vor ihrer Niederkunft opferte sie bei einer Wallfahrt ihr Kind dem Herrn auf und weihte es Maria und den hl. Engeln: *„Und sollte das Kind auch geschädigt sein, so nehme ich auch das an, doch gib mir die Kraft dazu."*

Am ersten Samstag des Monats, dem Herz-Mariä-Sühnesamstag, schenkte sie einem gesunden Mädchen das Leben und gab ihm den Beinamen »Maria«.

*

Gebet zu Maria, der wunderbaren Mutter

Sei gegrüßt, Mutter und Jungfrau, der Gottheit unsterblicher Tempel, du Schatz und Glanz der Welt, du Zierde der Jungfrauen, du Stütze unseres Glaubens! Du, die du Gott geboren und unter deinem reinen Herzen getragen hast, den kein Ort zu fassen vermag; du, durch welche die Heiligste Dreifaltigkeit gepriesen und angebetet wird, durch die in der ganzen Welt das Kreuz verehrt wird!

Wer vermag dich würdig zu loben, da du über alles Lob erhaben bist! O jungfräuliche Fruchtbarkeit, o unerklärliches Wunder! Unsere ganze Weisheit, unsere ganze Freude besteht darin, daß wir durch das Lob der allzeit reinen Jungfrau Maria den dreieinigen Gott lieben und ehren, denn Sein ist die Herrlichkeit von Ewigkeit zu Ewigkeit. Amen.

Bericht über zwei Kinderheilungen in Lourdes

1. Der kleine Francis Pascal

Bis zu seinem dritten Lebensjahr war der Kleine der Sonnenschein seiner Eltern, ein fröhliches gesundes Kind. Die Eltern waren arme Leute, kleine Weinbauern in Beaucaire bei Avignon, in der Provence, Südfrankreich.

Kurz vor Weihnachten 1937 wurde der Junge schwer krank. Er hatte hohes Fieber, seine Augen wurden immer empfindlicher gegen Licht, der Körper wurde steif. Und bald kam es noch schlimmer. Eine völlige Lähmung der Arme und Beine und eine Erblindung stellten sich ein.

Im März 1938 lautete die Diagnose: Gehirnhautentzündung. Die Eltern waren am Ende aller Hoffnungen, sie veranlaßten alle nur möglichen Behandlungsmethoden, doch sie blieben ohne Erfolg.

Da entschlossen sie sich zu einem letzten Versuch: sie brachten ihren Sohn mit einem Pilgerzug nach Lourdes. Auch der Arzt, der die Kranken im Zuge zu betreuen hatte, Dr. Roman, bestätigte: ,,Als Arzt des Pilgerzuges kann ich das Attest meines Kollegen aus Beaucaire nur unterstreichen. Das Kind reiste liegend. Es konnte weder Licht sehen noch irgendwelche Gegenstände, die man ihm zeigte."

Am 23. August 1938 kniete seine Mutter verzweifelt an der Grotte und flehte die Mutter Gottes an: ,,Laß ihn gesund werden, oder laß ihn sterben!" Sie trug Pascal zu den Bädern und der Bademeister tauchte ihn in das Wasser. Dies wiederholte man nochmals am folgenden Tag.

Dann geschah etwas Unglaubliches: Madame Pascal trug ihren Jungen zum Hospital, und plötzlich fing er zu reden an und erklärte der Mutter genau was er sah.

Pascal war geheilt. Die Gottesmutter schenkte ihm das Augenlicht zurück, auch konnte er wieder seine Arme und Beine bewegen.

Sowohl die ärztliche Kommission als auch die Kirche anerkannte die Heilung, die einen als nicht natürlich erklärbar, die Kirche aber als Wunder.

*

2. Der kleine Guy Leydet

Mit fünf Jahren wurde der Junge sehr krank. Meningo Encephalitis, eine Gehirnkrankheit, stellte sich ein. Zudem hieß es: unheilbar. Er war an Armen und Beinen gelähmt und litt immer wieder unter epileptischen Anfällen und Krämpfen.

Aber noch weit furchtbarer war der immer weiterschreitende geistige Verfall. Der Junge erkannte nicht einmal mehr seine Mutter. Guy konnte nicht mehr artikuliert sprechen und war nicht fähig, etwas in der Hand zu halten.

Die Eltern suchten mit ihrem Kind Zuflucht in Lourdes. Es war im Herbst 1946. Schwestern tauchten den starren kleinen Körper in das Wasser aus der Grotte und dann legte man Guy seiner Mutter in die Arme. In diesem Augenblick schlug er seine Augen auf, streckte seine Arme der Mutter entgegen und fing an zu reden. Der Geist des Jungen wurde von Stunde zu Stunde wacher. Nach einem Jahr war Guy ein ganz normales Kind.

Alle vierzig Ärzte, die den Jungen nochmals untersuchten, erklärten, daß er auf eine übernatürliche Weise geheilt worden sei.

Mariä Heimsuchung in Peking. Ade, feiste Götzen!

Ein Missionar berichtet uns:

In unserer Pfarrei wandert ein Marienschrein von einer katholischen Familie zur anderen.

Die Mutter Gottes bekam es auf ihrer Pilgerschaft, »Maria Heimsuchung in Peking«, mit den verschiedensten Familienproblemen zu tun, mit Problemen materieller und religiöser Art. Hier waren es Bitten um Anstellung und Einkommen, um Wohnung und Kindersegen, dort Absage an den heidnischen Kult und Annahme und Stärkung des wahren Glaubens.

Wir Seelsorger hatten Maria ja gebeten, den Glauben der Christen vor der Machtübernahme durch die Kommunisten zu stärken.

Da lebte in unserer Pfarrei eine gewisse Familie Liu. Es war eine dreizehnköpfige Familie, in der die erste und rechtmäßige Frau mit ihren fünf Kindern katholisch war, während ihr Mann, seine zweite Frau und zwei Kinder sowie die Großeltern und ein Onkel noch Heiden waren.

Wegen der sechs katholischen Mitglieder war natürlich auch für diese Familie »Mariä Heimsuchung« geplant. Doch da erschien die katholische Frau im Büro und bat, von »Mariäs Heimsuchung« in ihrer Familie abzusehen; denn ihre Familie sei noch heidnisch, und zudem befänden sich in ihrem Haus zwei große, feiste Götzen. Man könne es doch der Mutter Gottes nicht zumuten, mit den Götzen in einem Haus zu wohnen.

Wegen diesen besonderen Umständen mußte eine kluge Entscheidung getroffen werden. Nun traf es sich, daß eine katholische Familie noch zur Miete in diesem Haus wohnte. Wir entschieden deshalb, daß die Mutter Gottes ausnahmsweise vier Tage beim katholischen Mieter wohne, bei dem die Mutter mit ihren fünf Kindern an der »Heimsuchung Mariens« teilnehmen konnte. Wie gesagt, so getan.

Da passierte nun das Unerwartete, daß die drei älteren heidnischen Familienmitglieder vom Gnadenstrahl getroffen sich entschlossen, die beiden Götzen in die Verbannung zu schicken.

Noch am gleichen Tag wurde der morsche Götze mit einer Axt in Stücke geschlagen und als Feuerholz verwandt. Sein Gegenstück, der zweite Götze, wanderte auf den Markt zum Verkauf. Das war eine eigenartige Hausreinigung.

Jetzt wirkte sich Gottes Gnade segensreich aus. Am gleichen Tag aber wurde der über siebzigjährige Opa sterbenskrank. Man rief den Arzt und den katholischen Priester zu Hilfe. Für die Heiden war es einleuchtend: die Ursache für die Erkrankung konnten nur die beiden Götzen sein, die sich für die erlittene Mißhandlung rächten.

Wegen der Todesgefahr wurde der Kranke auf die Nottaufe vorbereitet und mit seiner Einwilligung getauft. Wir aber verdoppelten unser Gebet an Innigkeit und flehten inständig um Genesung.

Zu aller Freude wurde der Alte schon nach wenigen Tagen ganz gesund. Mit der wiedererlangten Genesung war auch sein

Glaube an die Allmacht Gottes gewachsen. Von nun an ging er auf einen Stock gestützt täglich zur hl. Messe, und nach dem Besuch dieser Feier erschien er regelmäßig zum Religionsunterricht, so daß er schon bald zum Empfang der hl. Sakramente zugelassen werden konnte.

Im Laufe der Zeit waren dann elf Personen der Familie Liu katholisch. Wegen der Ehehindernisse konnten leider der Vater der Familie und seine zweite Frau nicht zur Taufe zugelassen werden.

Joh. Glanemann SVD

*

Sei gegrüßt, du Tempel Gottes und des Wortes;
sei gegrüßt, heilig bist du über allen Heiligen.
Sei gegrüßt, du vom Heiligen Geiste vergoldeter Schrein;
sei gegrüßt, du unschätzbarer Quell des Lebens.

Sei gegrüßt, du Ehrenkrone aller die Gott fürchten;
sei gegrüßt, rühmend erhöhst du priesterliche Diener.
Sei gegrüßt, bei dir ist die Kirche geborgen;
sei gegrüßt, des Reiches uneinnehmbare Mauer.

Sei gegrüßt, du setzest Zeichen der Überwindung;
sei gegrüßt, durch dich fallen die feind Gesinnten ab.
Sei gegrüßt, meine Seele geleitest du;
sei gegrüßt, meinen Leib machst du heil.

Sei gegrüßt, du jungfräuliche Mutter!

Aus: Hymnos Akathistos (Ostkirchliche Liturgie seit 700 - 800)

Die schwarze Madonna pilgert durch Polen

Im Jahre 1958 ließ Kardinal Wyszynski von einem angesehenen Künstler eine Kopie des Gnadenbildes von Tschenstochau anfertigen. Er rief das ganze polnische Volk auf, eine Novene zu beten, damit ein würdiges Bild entstehe. Darauf wurde das Bild in einem Salonwagen nach Rom gefahren, damit es der Heilige Vater segne. Das Bild wurde dann wieder zurückgefahren nach Polen und seitdem pilgert es von einer Pfarrgemeinde zur anderen.

Von Anfang an beteiligte sich der Großteil der Gläubigen an der Pilgerfahrt ihrer himmlischen Königin. Die kommunistische Regierung versuchte, die Leute an der Teilnahme durch verschiedene Schikanen zu hindern. So ließ sie durch die Polizei die Namen der Leute aufschreiben, die die Häuser besonders schön geschmückt hatten, und andere festnehmen.

Aber die polnischen Katholiken setzten sich zur Wehr und überlisteten oft ihre Widersacher. So waren z.B. Polizisten gerade beim Mittagessen, da schrieben sie auf die Rückseite der Polizeiautos groß die Worte »Ave Maria« und zur Freude der Gläubigen huldigten sogar die Polizisten eine zeitlang unbewußt der Gottesmutter. Schließlich versuchte die kommunistische Regierung die Peregrinatio endgültig zu unterbinden, indem sie das Bild beschlagnahmte.

Was taten die mutigen Polen? —

Sie fertigten einen leeren Rahmen, banden einen Trauerflor daran und trugen diesen leeren Rahmen weiter von Pfarrei zu Pfarrei. *Es kamen noch mehr Gläubige und noch schöner wurde geschmückt.* Als die Regierung sah, daß auch auf diese Weise die Peregrinatio nicht zu unterbinden ist, gab sie nach zwei Jahren das Bild wieder frei und unterließ weitere Behelligungen durch die Polizei.

Am 3. September 1977 hatte ich selber Gelegenheit, die Ankunft des Gnadenbildes in der kleinen Industriestadt Srem bei Posen zu erleben. (Durch eine 8tägige Volksmission wird jede Gemeinde auf das Kommen der Königin vorbereitet.) Als wir uns mit dem Auto der Stadt näherten bemerkten wir, daß schon mehrere Kilometer vor der Stadt links und rechts ununterbrochen die Straße geschmückt war. In Abständen waren dann immer wieder über der Straße große Transparente zu Ehren der Gottesmutter angebracht. Als die ersten Häuser begannen, bemerkte ich: jedes Haus war liebevoll geschmückt und dies setzte sich fort durch die ganze Stadt bis zum großen Arbeiterviertel mit vielen Wohnblocks. Ich traute kaum meinen Augen: Auch bei diesen Wohnblocks war jeder Balkon, jedes Fenster, ja sogar jede Fensterscheibe geschmückt mit einem Zierat für Maria. Ich habe in meinem Leben noch keinen solchen intensiven

Schmuck über eine ganze Stadt ausgedehnt gesehen. Freilich trugen natürlich die staatlichen Gebäude wie Schulen, Kasernen etc. keinen Schmuck. Sie erreichten dadurch den Eindruck, als seien sie Fremdkörper in dieser Atmosphäre der Marienliebe.

Wir erreichten schließlich den Festplatz, auf dem für das eintägige Verweilen des Gnadenbildes ein großer Freialtar errichtet worden war. Viele Tausende warteten auf das Bild und bald war Bewegung in die Menschenmenge gekommen. Die Königin von Polen hielt im Zeichen dieses Bildes, getragen von Arbeitern mit ihren Schutzhelmen, Einzug in der Stadt, die ihr, wie alle anderen Städte und Dörfer in kindlicher Liebe huldigte und sich nach der feierlichen Begrüßung durch den Bischof wieder neu dieser wunderbaren Mutter weihte.

Kardinal Wyszynski hat das Weihegebet verfaßt, das ganz im Geist der vollkommenen Hingabe an Maria nach dem heiligen Ludwig Maria Grignion von Monfort geschrieben ist. Wenn die Prozession mit dem Bild in eine Gemeinde kommt, wird es von der ganzen Gemeinde feierlich gebetet. Es lautet:

Mutter Gottes, Unbefleckte Jungfrau Maria, Dir weihe ich meinen Leib und meine Seele, all meine Gebete und Arbeiten, meine Freuden und Leiden, — alles, was ich bin und was ich besitze.

Freudigen Herzens übergebe ich mich Dir, in die Sklaverei der Liebe. Ich überlasse Dir vollkommene Freiheit über mich zu verfügen, zur Rettung der Menschheit und zur Hilfe der Heiligen Kirche, deren Mutter Du bist.

Von nun an will ich alles mit Dir handeln, durch Dich und für Dich. Ich weiß, daß ich mit eigenen Kräften nichts erreiche. Du aber kannst alles, was dem Willen Deines Sohnes entspricht.

Du siegst immer, bewirke daher, Du Hilfe der Gläubigen, daß meine Familie, Pfarrei, das ganze Vaterland ein wahres Königtum von Dir und Deinem Sohne werde. Amen.

Karl Maria Harrer

Die Rache des Teufels

Ein Tatsachenbericht aus einem Waisenhaus in Süd-indien. Eine deutsche Missionsschwester berichtet:

Es war vor einigen Jahren, als die Muttergottes-Statue von Fatima durch die Welt ging. Ein Pater brachte diese Statue auch nach Ootacamund. Immer wenn diese Muttergottes-Statue am Abend zu einer Familie gebracht wurde, betete diese Familie die ganze Nacht hindurch. Es wurde auch das Weihegebet und der Rosenkranz gebetet. So ging die Statue von der Lieben Frau von Fatima von einer Familie zur anderen. Auch meine Waisenmädchen sagten, man möchte doch den Pater bitten, daß er die Muttergottes-Statue auch zu uns ins Waisenhaus bringen möge. Auch wir würden gerne zwei oder drei Nächte betend verbringen und die Muttergottes in den verschiedenen Räumen — wir sind ja so viele Kinder — verehren. Leider sagte mir der Pater aber, daß das unmöglich wäre, weil sich schon so viele Familien gemeldet hätten. Er gab mir den Rat, ich soll doch eine Statue vom Kloster nehmen und in die Zimmer der Waisenkinder bringen, jeden Tag zu einer anderen Gruppe. Wir sollen den Rosenkranz beten und die Mutter Gottes in besonderer Weise mit viel Andacht verehren.

Wir fingen im Saal, in dem die kleinen, die sieben- bis zehnjährigen Mädchen sind, an. Wir stellten die Muttergottes-Statue auf einen Tisch und die Kinder brachten viele Blumen. Alle Kinder aus diesem Raum beteten schon frühmorgens bevor sie zur Schule gingen den Rosenkranz und sangen Marienlieder. Mittags, als sie von der Schule zurückkamen, wurde der zweite Rosenkranz gebetet und es wurde wieder gesungen. Abends vor dem Schlafengehen wurde nochmals gesungen und gebetet. Dann wurde die Statue in mein Zimmer gebracht und auch der Tisch wurde herausgenommen, denn in der Nacht wird jedes Plätzchen im Schlafsaal gebraucht, hier müssen die Kinder ihre Matten auf dem Boden ausbreiten, um zu schlafen. So war die Statue nachts immer auf meinem Tisch.

In dieser Nacht, es war vielleicht 1 Uhr, schrie plötzlich ein Kind. Die anderen Kinder kamen hergesprungen und riefen: „Schwester, Schwester." Als ich den Schrei hörte, erhob ich mich sogleich, machte die Tür auf und rief: „Was ist denn los?" Aufgeregt berichteten die Mädchen: „Die kleine Sarodscha hat geschrien, jemand hat sie am Hals gepackt und wollte sie erwürgen!" Da sagte ich: „Ja, die hat geträumt, nehmt sie und beschwichtigt sie!" — „Nein, die will nicht mehr schlafen gehen, sie weint und weint", war die Antwort. So zog ich mich an, ging hinaus und nahm die kleine Sarodscha in die Arme. Sie war sieben Jahre alt. „Sarodscha", sagte ich, „geh doch schlafen, Kind, du hast ja nur geträumt." Da sagte sie: „Nein, nein, Schwester, ich habe nicht geträumt. Eiskalte Hände haben mich am Hals gepackt und mich würgen wollen." — „Na, so was", sagte ich, „das ist aber schlimm. Komme gehe mit den großen Mädchen schlafen." Ich schickte sie mit den großen Küchenmädchen zum Schlafen: „Nehmt sie in eure Arme, beschwichtigt sie und macht sie schlafend. Sie hat ein bißchen geträumt und fürchtet sich jetzt." Den anderen Kindern sagte ich: „Geht alle ruhig schlafen!" Ich löschte die Lichter wieder aus. Sarodscha lag bei den größeren Mädchen.

Am nächsten Morgen sagten mir die Mädchen: „Die Sarodscha hat die ganze Nacht geweint und gezittert und schreckliche Angst gehabt — ‚es kommt was, es kommt was!' — Immerfort hatte sie Angst. Wir haben sie beschwichtigt — ‚schlaf doch, schlaf doch' — aber sie hat die Augen nicht geschlossen."

Jedenfalls, am nächsten Tag kam die Muttergottes in das Zimmer, in dem die größeren Mädchen waren, die zwölf- bis vierzehnjährigen. Diese Mädchen haben sehr schön geschmückt und die Muttergottes geziert, sie haben mit großem Eifer und Andacht den Rosenkranz gebetet und schöne Lieder gesungen. Dann gingen sie zur Schule. Mittags kamen sie zurück, ihr erster Gang war zur Muttergottes, dort knieten sie nieder und beteten wieder einen schönen Rosenkranz und abends noch einmal. Dann wurde die Muttergottes wieder in mein Zimmer gebracht.

Und wieder nachts — es war ungefähr zwischen 12 und 1 Uhr, ich habe nicht auf die Uhr gesehen — wieder ein fürchterlicher Schrei. Das war eines der größeren Mädchen, es kam aus ihrem Zimmer. Alle schrien! Ich mußte gleich die Türe öffnen: „Seid doch still, seid doch still! Um Gottes willen, was schreit ihr so?" — „Schwester kommen Sie! Schwester kommen Sie, die Philomena! Halb tot liegt sie da!" Schnell zog ich mich an. „Was ist denn los?" Die Philomena lag auf dem Boden, zitternd und eiskalt. „Philomena, was hast du denn?" sagte ich. „Ja, jemand war mir auf der Brust und wollte mich erdrücken, ganz eiskalt war mir, hat mich am Hals gedrückt und auf die

Brust, ich konnte nicht mehr atmen!" — „Und wer war denn das, hast du geträumt?" — „Nein Schwester, da war etwas im Zimmer, ich kann es Ihnen nicht sagen, was es war. Ich habe so Angst, ich habe Angst!" Ich sagte zu einigen Mädchen: „Geht in die Küche und bringt etwas Warmes zum Trinken, sie muß sich erwärmen!" Sie machten etwas heißen Tee und gaben ihr zu trinken. Zu den anderen Mädchen sagte ich: „Beschwichtigt sie ein bißchen! Seid ihr zur Seite! Wenn sie den Tee getrunken hat, soll sie sich wieder schlafen legen!" Dann löschte ich das Licht und ging auch wieder zu Bett. Die Mädchen, die um dieses Mädchen herumlagen, haben jedoch die ganze Nacht nicht geschlafen. Immer noch zitterte Philomena und alle hatten Angst. Vor wem Angst? Noch am nächsten Morgen konnte man hören: Etwas hat uns wollen erdrücken, jemand ist hergekommen zu mir usw. ... Jedenfalls habe ich sonst nichts weiter dazu gesagt.

Die Muttergottes kam am nächsten Morgen zu den größeren Mädchen, im letzten Zimmer. Diese Mädchen haben es noch viel schöner gemacht. Jedes der großen Mädchen wollte schön verzieren. Einige haben sogar etwas Geld ausgegeben, um Blumen zu kaufen, damit die Muttergottes ganz schön geschmückt ist. Und so schön beteten sie den Rosenkranz — alle drei Rosenkränze — früh, mittags und abends. Nachts kam die Muttergottes-Statue wieder in mein Zimmer.

Da — es war um drei Uhr morgens, ein fürchterliches Schreien von dem Zimmer der großen Mädchen! Alle kamen zu mir an die Tür gesprungen und hätten mir fast die Tür eingeschlagen: „Kommen Sie heraus, kommen Sie heraus, Schwester! Wir haben Angst, wir haben Angst!" — „Was ist denn los?" rief ich. Die Mädchen zitterten am ganzen Leib: „Da ist was los in unserem Zimmer!" Ich sagte: „Was ist?" Ich zog mich schnell an und lief hinaus. Die Lichter brannten, alle Mädchen waren bei meiner Zimmertür. Sie wollten nicht mehr in ihre Zimmer zurückgehen. „Ja, was ist denn da los mit euch? Mädchen, was habt ihr denn?" — „Da, schauen Sie, die Berna, die in dieser Ecke schlief, die ist von oben heruntergefallen auf dieses Mädchen?" Eine lange Strecke, das Zimmer hat vielleicht sechs oder sieben Meter Durchmesser. Berna sagte: „Ganz eiskalte Hände haben mich am Hals genommen, aufgerüttelt, hochgehoben und hinuntergeworfen und da bin ich auf diese Kinder gefallen.“ Ja, das Mädchen hatte auf dem Boden in der einen Ecke geschlafen. Jemand hatte sie hochgehoben und auf die Mädchen in der anderen Zimmerecke geworfen. Ich hatte auch Angst, wir alle hatten Angst. Ich fragte mich, was denn da los war! Die Mädchen sagten: „Das ist der Teufel, der ärgert sich über uns, weil wir so gut den Rosenkranz beten!“ Ich sagte: „Jetzt seid schön still, nicht vom Teufel sprechen!“ — „Aber das war er sicher, wir haben Angst, er ist irgendwo und kommt zu uns!“ Niemand wollte mehr schlafen gehen. Wir setzten uns alle in meinem Zimmer nieder. Ich saß in der Mitte auf einem Stuhl und alle Mädchen setzten sich um mich herum. Dort beteten wir vor der Muttergottes-Statue den Rosenkranz, von drei bis halb sieben Uhr, bis es Tag wurde, einen Rosenkranz nach dem anderen.

Am Morgen suchte ich die Mutter Oberin auf und sagte: „Schwester, wir haben etwas im Waisenhaus, ich wollte es Ihnen nicht sagen, aber es ist jetzt die dritte Nacht, daß die Kinder ... wir glauben, daß es der Teufel ist, man müßte doch den Pfarrer rufen, daß er das Haus segnet. Es ist ganz sonderbar, die Kinder schreien und haben fürchterlich Angst ...“ Sie sagte: „Ja, ich werde dem Pfarrer sagen, wenn er kommt, soll er ins Waisenhaus gehen und es aussegnen.“

Abends kam die kleine Sarodscha zu mir und sagte: „Schwester, ich will nicht schlafen gehen, ich habe so Angst, dieser Schwarze wird wiederkommen und mich am Hals nehmen!“ — „Nein“, sagte ich, „die Muttergottes wird dich beschützen. Komm, wir knien vor der Muttergottes nieder und beten drei Ave Maria.“ So habe ich den Arm um sie gelegt und wir haben gebetet. Dann sagte ich: „Jetzt gehst du zu Bett. Die Muttergottes ist bei dir, du brauchst keine Angst mehr zu haben!“ Dann rief ich wieder zwei große Mädchen, die Sarodscha zu sich nehmen sollten.

Auch ich ging zu Bett. Damals war ich noch allein in meinem Zimmer. Es war vielleicht um 11½ Uhr, auf einmal fühlte ich,

daß jemand neben mein Bett kommt. Ich erhob mich, saß auf meinem Bett und sah da einen fürchterlich großen, schwarzen Mann neben mir. Er hielt mir die Faust vor's Gesicht und sagte auf französisch: ,,Je t'en donnerai!" Das heißt zu deutsch: ,,Ich werde es dir geben!" Die schwarze Faust vor meinem Gesicht!!! Ich hatte einen fürchterlichen Schrecken! Ich machte das Kreuzzeichen: ,,Im Namen des Vaters und des Sohnes und des Heiligen Geistes, Amen! Heilige Maria, Mutter Gottes, bitte für mich, jetzt!" und da sah ich, wie dieser Schwarze da verschwand. Ich schaute ihm nach bis er verschwunden war. Ich bin sicher, daß ich nicht geträumt habe, ich war hellwach. Draußen hatten mich die Mädchen, die im Nebenzimmer liegen, laut beten gehört. Sie schrien: ,,Schwester, ist er heute Nacht zu Ihnen gekommen?" Da sagte ich: ,,Ja, er war da!" Ich konnte nicht mehr schlafen, am ganzen Leib zitterte ich. Bis morgens früh bin ich dagesessen, den Rosenkranz in der Hand und habe immer nur gesagt: ,,Oh, heilige Maria, Mutter Gottes, bitte für mich, bitte für uns!" So saß ich da bis zum nächsten Morgen.
Als ich aufgestanden war und durch die Zimmer ging, sagten mir die großen Mädchen: ,,Schwester, wir hatten eine fürchterliche Angst, wir haben gefühlt, daß jemand in Ihr Zimmer geht. Und als wir Sie beten hörten, wußten wir, daß jetzt der Teufel bei Ihnen war. Wir hatten Angst um Sie, daß er Ihnen etwas tut." — ,,Er hat mir nichts getan," sagte ich, ,,nur gedroht hat er mir." Die Mädchen sagten: ,,Wir müssen jetzt aber unbedingt den Priester rufen!" — ,,Ja" erwiederte ich, ,,wir gehen jetzt zur Messe und ich werde selbst den Pfarrer bitten, er soll nicht mehr bis abends warten, er soll schon heute morgen zu uns kommen und unser Haus segnen!" Nach der Messe sprach ich mit ihm. Ich erzählte ihm, daß wir die Muttergottes immer bei uns in einem der Zimmer verehrten und jedesmal geschah in der Nacht in diesem Zimmer etwas Schreckliches, daß die Kinder fürchterliche Angst hatten, als ob der Teufel sich rächen wollte. ,,Ja, das ist sicher der Bösewicht", sagte der Pfarrer, ,,der will die Mädchen von der Muttergottes ablenken. Ja, ich werde um 9 Uhr kommen." So kam er dann auch. Wir waren alle um ihn herum. Er betete Exorzismusgebete und besprengte

alles mit Weihwasser, in jedem Zimmer und auf den Gängen ist er herumgegangen. Er betete auch in jedem Zimmer das Gebet zum heiligen Erzengel Michael. Zum Schluß segnete er uns alle. Von dem Tag an war wieder Ruhe im Haus. Die Muttergottes-Statue haben wir ins Kloster zurückgebracht.

Ich bin überzeugt, daß es der Bösewicht war, der die Mädchen von der großen Muttergottes-Verehrung abbringen und ihnen Angst einflößen wollte. Ja, es war schrecklich, was wir durchgemacht haben in diesen drei Nächten. Ich selber mußte noch, in der vierten Nacht, große Angst durch den Bösewicht ausstehen, der mir gedroht hat: „Je t'en donnerai!" — (Ich werde es dir geben).

Die deutsche Missionsschwester, die uns die Begebenheit berichtete, ist schon über 40 Jahre in Indien. Sie ist jetzt die einzige europäische Schwester in dieser Diözese. Als noch mehrere Schwestern aus verschiedenen europäischen Ländern dort gemeinsam tätig waren, überwiegte die Zahl der Französinnen. Deshalb sprachen die Schwestern ausschließlich Französich miteinander. Mit den Kindern und Einheimischen redeten sie Tamil, die südindische Landessprache.

*

Gebet zum heiligen Schutzengel

O heiliger Engel, in dessen Obhut der König des Himmels und der Erde meinen Leib und meine Seele befohlen, ich bitte dich innigst, behüte und bewahre mich auf allen meinen Wegen und beschirme mich in allen Anfechtungen und Gefahren. Komm mir sanftmütig zu Hilfe in aller Angst und Betrübnis; insbesondere in der Stunde meines Todes, damit meine Seele erlöst werde von der Gewalt des Feindes und den Peinen der Hölle. Möchte ich so verdienen, in die Stätte der ewigen Ruhe zu gelangen. Amen.

Gebet aus dem 14. Jahrhundert

„Ich habe ein Wunder gesehen"

Zum 11. Februar, dem Gedenktag U.L.Frau von Lourdes.

Der Maristenbruder William Wilder S.M., Lehrer an der »St. Marys University« in San Antonio, Texas, besuchte viermal die Gnadenstätte von Lourdes ohne eigentliche tiefe Ergriffenheit, bis er sich in die Schar der freiwilligen Krankenträger (brancardiers) einreihte. Wir bringen hier einen stark gekürzten Bericht.

„Wir stellten während der französischen Nationalwallfahrt täglich mehr als 800 Tragbahren und Rollstühle zur Segensandacht, zum Rosenkranz usw. in Reihe auf. Das war ein Erlebnis, das ich nie vergessen werde — Ich wünschte, ihr könntet die Krankheit sehen ... Kranke aller Art mit allen möglichen Krankheiten, bekannten und unbekannten ... Sie kommen mit Hoffnung und mit Vertrauen, im Geist des Glaubens. Der größere Teil kehrt wieder heim, leiblich noch krank, aber Frieden und Ergebung im Herzen. Manche sind besonders auserwählt von unseer himmlischen Mutter, um anderen Gnaden zu vermitteln — für gewöhnlich erhalten jene, die eines Wunders teilhaftig werden, diese Gnade zugunsten anderer.

Typisch ist die Heilung einer Dame, während ich in Lourdes weilte. Sie lag im Sterben, ihr ganzes Innere war in Auflösung begriffen, und aus zwei schmierigen Wunden floß der Eiter. Sie flehte Unsere Liebe Frau an, sie möge nach ihrem Tod für ihre Kinder sorgen. Sie wußte, daß sie sterben werde, aber sie bat doch, man möge sie in dem wundertätigen Wasser baden — als eine letzte Hoffnung. In der Piscine empfing sie die Sterbesakramente, man glaubte nicht, daß sie den nächsten Morgen noch erleben werde. Aber sie überraschte die Ärzte und die Pflegerinnen. Sie lebte noch am Morgen und bat, nochmals zur Grotte gebracht zu werden. Nach einem neuen Bad in dem wundertätigen Wasser fühlte sie sich etwas besser. Am Nachmittag ging es ihr schon ziemlich gut, und sie empfing den Segen mit dem Allerheiligsten.

Dann fühlte sie, daß sie geheilt war. Zur Zeit des Abendtisches bat sie, das essen zu dürfen, was alle übrigen Patienten bekamen, obwohl sie die vorausgehenden sieben Monate nichts anderes als Bouillon zu sich hatte nehmen können. Nach einem herzhaften Mahl schritt sie, die seit mehr als 18 Monaten nicht hatte gehen können, und die noch am Tag zuvor von den Ärzten der Gnade Gottes überlassen und von den Pflegerinnen und Freunden aufgegeben worden war, von Station zu Station und nahm Abschied von den anderen Patienten, die alle unserer himmlischen Mutter dankten. Am nächsten Tag waren sogar die beiden äußerlichen Wunden geschlossen, sie hinterließen nur kleine Narben: zarte Erinnerungszeichen der Liebe einer Mutter.

Fünf Wunderheilungen wurden bekannt während der kurzen Zeit, die ich in Lourdes verbrachte. Ich trug ein Mädchen mit verkrümmter Wirbelsäule eines Nachmittags zur Krankensegnung. Es war heiß. Die Volksmenge stand wie eine Mauer, und die Reihen der Tragbahren kamen nur langsam voran. Während wir uns seitwärts durch die Menge drängten, hörte ich eine Dame auf einer Trage zu meiner Linken leise, aber erregt wiederholen: „Ich brauche diese Trage nicht mehr!" Ich schaute hinüber und sah die Dame — sie war etwa 45 oder 50 Jahre alt —, wie sie versuchte, ihre Beine, nicht gewöhnt an eine solche Übung, über den Rand der Tragbahre herunterzubringen. Ich sah, wie die Dame ihre Füße fest auf den Boden stellte. Ich war im Dienst und konnte nicht stehenbleiben, um ihr nachzusehen, wie sie in Strümpfen zum ersten Male seit Jahren zur Grotte ging, um unserer himmlischen Mutter zu danken. Später sah ich sie jedoch, als sie zum Hospital zurückkehrte, immer noch zu Fuß, gefolgt von mehr als tausend jubelnden, klatschenden, begeisterten Menschen.

Wächter hinderten die brausende Masse daran, in das Hospital einzudringen, aber ich konnte dicht hinter ihr folgen, da alle Krankenträger, die die Tragriemen anhaben, überall Zutritt haben ... Unter dieser jubelnden Volksmenge und Tausenden von anderen, die über die Geschichte der Heilungen von Lourdes lesen, befanden sich jene, für welche die Heilung dieser Frau tatsächlich gewirkt wurde. Verhärtete Sünder, die seit 50 Jahren und mehr Jahren nicht mehr gebeichtet haben, Skeptiker, die alles bezweifeln, Atheisten, die kommen, um zu spotten, werden entzündet von Reue, Glaube und Liebe, ängstliche, kraftlose Seelen erkennen den wirklichen Sinn ihres Lebens ...

Aus: »Mary Today« 65/2

*

Von nun an werden mich selig preisen

alle Geschlechter. Denn Großes hat an mir getan, der mächtig und dessen Name heilig ist (Luk 1,48).

In jenen schweren Tagen

„Es gibt mehr Dinge im Himmel und auf Erden, als eure Schulweisheit sich träumen läßt, Horatio." An diesen Satz aus Hamlet von Shakespeare wird man unwillkürlich erinnert, wenn man den folgenden Erlebnisbericht liest. Während die übrigen Berichte der anonymen Gottsucher mehr schildern, wie sie zu Gott gekommen sind, warum sie glauben, warum sie zur Kirche halten, warum sie unter Umständen einen langen Weg zurück hatten, liegt hier ein Erlebnisbericht vor, der ein einmaliges Ereignis im Leben eines sehr gläubigen Menschen darstellt. Er ist ein Zeugnis für die Erfahrungstatsache, daß Gott die Seinen im Letzten nie im Stiche läßt.

Leser, die selbst einen tiefen Glauben haben, werden sich kaum darüber wundern, daß die Verfasserin ihre Hilfe durch die Gottesmutter bekam; denn der Glaube ist ja nicht nur ein dürres Gedanken- und Lehrgebäude, er ist Leben in Gott und mit Gott. Nun hat aber niemand eine solche Aufnahmefähigkeit für Gott mitgebracht wie Maria. Gott wollte nicht anders Mensch werden als durch sie. Glaubende Christen erinnern sich darum immer wieder gerne an das Wort Pius X.: „Maria ist der kürzeste, leichteste und beste Weg zu Christus." Doch hören wir nun den Bericht selbst:

Noch im letzten Kriegsjahr wurde ich als Luftwaffenhelferin eingezogen. Ich war 23 Jahre alt und wohnte in Oberschlesien. In den Tagen der Kapitulation im Mai 1945, als Deutschland total zerstört am Boden lag, befand ich mich in der Tschechoslowakei. Unsere Truppe war in alle Richtungen versprengt worden, und wir befanden uns auf der Flucht vor der russischen Besatzungsmacht. Die Nachricht vom Ende des Krieges erfuhren wir auf der Straße.

Da meine Heimat verloren war und ich nichts über meine Angehörigen wußte, wollte ich nach Dresden, um dort bei Bekannten unterzukommen. Doch überall auf den Straßen lauerte der Feind und die Angst vor der Gefangenschaft. Unsere deutschen Soldaten zogen wie gehetzte Tiere an uns vorbei. Wir — zwei deutsche Wehrmachtsangehörige und ich — flohen von einem Versteck ins andere. Wenn es uns nicht gelang, irgendwo für die Nacht ein Quartier zu erbetteln, kampierten wir im Wald.

Eines morgens machten wir uns wieder auf die Wanderschaft. Wir hatten die Grenze bereits überschritten und befanden uns schon auf deutschem Boden. Nachdem wir, wie üblich, genügend Erkundigungen über die Lage eingeholt hatten und man uns empfahl, den Ort zu umgehen, machten wir, um in die nächste Ortschaft zu gelangen, einen kleinen Umweg über einen in der Nähe liegenden Wald. Ich kann mich heute noch gut daran erinnern, daß wir an jenem Tag besonders froh gestimmt waren und uns sicherer als sonst fühlten. Vielleicht war es der besonders herrliche Frühlingsmorgen oder die Freude, mit jedem Tag unserem Ziel näher zu kommen.

Abgelenkt durch diese wenigen frohen Minuten, erschrak ich zu Tode, als plötzlich im Wald, wie aus dem Boden gestampft, in unmittelbarer Nähe von uns zwei russische Soldaten standen. Mit großen Schritten kamen sie auf uns zu. Ich war wie vom Schlag gerührt. Für mich gab es nur einen Gedanken: Jetzt sind wir verloren, es gibt keinen Ausweg mehr. Doch dieser Gedanke war noch nicht ausgedacht, er läßt sich überhaupt nicht schildern, was dann geschah: Blitzartig schrie ich ganz laut nach der Gottesmutter. So inständig habe ich in meinem ganzen Leben noch nie die Gottesmutter angerufen. War es eine Erscheinung — war es eine in meiner wahnsinnigen Verzweiflung angenommene Einbildung — ich weiß es nicht — ich sah jedenfalls in den Wolken ganz deutlich die Gottesmutter, fiel auf die Knie und betete. Was ich betete oder zu ihr gerufen habe, weiß ich heute nicht mehr. In dem Augenblick zerrte der eine russische Soldat an mir herum und verlangte mein Gepäck. Ich stand auf und öffnete zitternd meinen armseligen Rucksack. Auch das Gepäck der deutschen Soldaten wurde genauestens kontrolliert. Der zweite russische Soldat aber interessierte sich nicht für das Gepäck, sondern nur für mich. Er betastete mich von oben nach unten, dann schubste er mich vor sich her, gab Anweisungen, daß ich vor ihm hergehen solle. Ich aber rührte mich nicht von der Stelle, sondern schaute flehentlich den anderen Russen an. Und nun geschah etwas Wunderbares. Zwischen den beiden russischen Soldaten kam es zu einem Streit. Wir verstanden zwar kein Wort, wußten aber, daß es dabei um mich ging. Der russische Soldat war außer sich, daß sein Kamerad nicht mitmachte, ja, daß er sich darüber hinaus sogar schützend vor mich stellte. Der Uniform nach entnahm ich, daß dieser, welcher mich beschützte, der Ranghöhere war, jener mußte sich also fügen. Es wurden noch heiße Worte zwischen den beiden gewechselt, dann gingen sie fort.
In der Nähe stand ein großer Stein. Ich schleppte mich die paar Schritte mühsam dorthin, um mich dann darauf zu setzen und auszuruhen. Meine Beine schlotterten wie Espenlaub, meine Füße waren schwer wie Blei. Einer meiner Begleiter, ein junger ehemaliger Unteroffizier, war es, der als erster ein Wort herausbrachte. Er sagte: „Was müssen Sie in Ihrem bisherigen Leben

für ein gottgefälliges Leben geführt haben, daß Ihnen die Gottesmutter so geholfen hat. Ich bin kein großer Kirchgänger, doch das eine gelobe ich in dieser Stunde: wenn ich heil und gesund aus dieser Hölle herauskomme, dann werde ich als Dank eine Wallfahrt zur Gottesmutter halten an irgendeinen bekannten Wallfahrtsort."

Wir kamen heil und gesund aus dieser Hölle heraus. Ich habe später nie mehr etwas von diesem jungen Offizier gehört, aber ich bin überzeugt, daß er sein Gelöbnis gehalten haben wird. Wenn mich in meinem späteren Leben dunkle Stunden umgaben, wenn ich Schicksalsschläge zu tragen hatte und glaubte, nicht mit diesen fertig zu werden, dann dachte ich an jene Stunden des Monats Mai im Jahre 1945, und plötzlich ging es wieder bergauf.

E. W.

*

Gebenedeit seist du!

Nun will ich dir noch ein Lied singen, du Schöne, du Reine, die du Gnade empfingest aus der Hand des Herrn für uns alle, damit uns der Weg der Seligkeiten werde zu ihm.

Die du zu einem Herd der Liebe entbranntest, um die Liebe zu gebären,
die du zu einem Schatz der Tugend erblühtest, um das Heilige zu tragen,
die du zu einem Abgrund der Demut wurdest, um Gott der harrenden Menschheit zu schenken.

Du Schöne, du Reine, ein Lied will ich dir singen, das dich umjubeln soll, doch meine Lippen vermögen es nicht.

Aber den Preisgesang des strahlenden Engels trage ich dir zu: Voll der Gnaden bist du ... und gebenedeit ist die Frucht deines Leibes, Jesu. Amen — Alleluja.

Gertrud Maaßen

Er konnte den Satz nicht mehr vollenden

Es war am 8. Juni 1975. Im Führergehäuse der 2000-PS-Lokomotive hatte sich der zitternde Zeiger eines Geschwindigkeitsmessers auf die Zahl 70 eingependelt. Die Bahnstrecke zwischen den oberbayerischen Orten Schaftlach und Warngau glich mit ihren Schienen und Schwellen einer liegenden Riesenleiter.

Nach einer Reihe von tristen Regentagen hatten die Wetterfrösche, sowohl grünhäutige Tierchen als auch gelehrte Meteorologen, recht behalten. Mit einem kräftigen Hoch waren östliche Winde gekommen. Sie hatten den wolkenverhangenen Himmel blankblau gefegt.

Jetzt, da die Sonne mit ihrem Purpurgepränge sich dem westlichen Horizont allmählich näherte, waren gutgelaunte Menschen auf der Heimfahrt von Besuchen und Ausflügen. Die Reisenden hatten den Tag voll Licht und Glast genutzt, den Häuserschluchten Münchens zu entrinnen. Sie gedachten zufrieden der erholsamen Stunden, die ihnen geschenkt gewesen. Oder die Gedanken des einen oder anderen eilten schon den beruflichen Aufgaben der kommenden Woche voraus.

Solcherweise an Vergangenes oder Zukünftiges denkend, erahnte niemand im mindesten, daß sein irdisches Dasein von einer zu anderen Sekunde zerrann wie die rieselnden Körner einr Sanduhr. Denn dieser und jener Reisende fuhr auf rollenden Rädern in den Tod.

Die Schiebetür eines Waggons wurde geöffent. Ein rotglänzendes, breites Bandelier quer auf der Brust und mit einem barokken Bäuchlein behaftet, erschien der Zugführer. Er ging, in der Hand eine Kneifzange, durch den schmalen Mittelgang zwischen den beiden Bankreihen und wiederholte sein Sprüchlein: „Die Fahrkarten bitte."

Ein junger Mann hob den Blick von den noch nicht bekritzelten Feldern eines großen Kreuzworträtsels und zeigte seine Fahrkarte her. Sein blonder Bart und sein schulterlanges, gekräuseltes Haar ließen an das berühmte Selbstbildnis von Albrecht Dürer denken, das irgendwie von Nürnberg in den Madrider Prado gelangt war. „Wo hab' ich mein Billet hingetan?" fragte sich selber eine alte Frau, die dem Dürer-Doppelgänger gegenüber saß. Sie begann in einer Handtasche herumzukramen.

„Lassen Sie sich nur Zeit", sagte gemütlich der Zugführer. Allerlei Dinge kamen zum Vorschein. Taschentuch, Augengläser, Schlüsselbund, Personalausweis und endlich der Geldbeutel mit der Fahrkarte. Zugleich fiel ein Rosenkranz auf den Boden. An der Perlenkette hing ein Kreuz aus dunklem Ebenholz. Aus feinem Silberfiligran waren die Kugeln für die Vaterunser, die anderen aus bläulich-weißem Perlmutt.

Der junge Mann bückte sich und hielt den Rosenkranz in seinen Händen. „Als Kind hab' ich auch ein solches Maskottchen gehabt", zog er einen spöttischen Vergleich mit albernen Amuletten, Glücksbringern und anderem Firlefanz, mit dem abergläubige Leute sich behängen. „Aber wer hat heut' noch einen Ro..."

Das Wort kann nicht vollendet werden. Denn in diesem Augenblick prallt der Zug in voller Fahrt mit einem anderen zusammen. Ein jäher Ruck reißt den jungen Mann von seinem Sitz. Das schreckliche Geschehen verwandelt das Innere des Waggons in eine Stätte der Zerstörung. Es tobt ein ohrenbetäubender Aufruhr von Geräuschen, ein Poltern, Bersten, Krachen, ein Klirren von zerbrochenen Fenstern. Der ganze Waggon wird von heftigen Stößen durchgerüttelt. Gepäckträger und Stützstangen verkeilen sich ineinander. Es ist, als sollte alles zertrümmert und zermalmt werden.

Da und dort sind stumme Gestalten. Ihnen kann nicht mehr geholfen werden. Sie sind auf eine weite Reise geschickt worden, von der es keine Rückkehr gibt.

Aus kurzer Bewußtlosigkeit erwachend, verspürt der junge Mann einen stechenden Schmerz in der Brust. Blut quillt aus einer klaffenden Platzwunde im Gesicht. Er hört die verzweifelten Hilferufe der Verletzten. Auch er kann sich einer wilden Angst nicht erwehren. Es ist die Furcht, sterben zu müssen. Noch umkrampfen seine Finger den Rosenkranz der alten Frau. Vor wenigen Minuten hat er ihn als lächerliches Maskottchen verspotten wollen. Jetzt aber beginnt er in seiner Not zu beten. Neununddreißig Menschen fielen jenem Eisenbahnunglück am Sonntag, dem 8. Juni 1975, zum Opfer.

Der junge Mann war nicht unter ihnen. Vier Wochen später wurde der Verunglückte, von einer Gehirnerschütterung und von inneren Verletzungen geheilt, aus einem Krankenhaus entlassen. Nicht wissend, ob sie noch am Leben war, begann er nach der alten Frau zu fragen und zu suchen. Seine Bemühungen waren von Erfolg. Er fand sie in einer Münchner Klinik. Innerlich gewandelt, gab er ihr mit Worten des Dankes den Rosenkranz zurück.

Maria gibt ein Zeichen

Es waren furchtbare Jahre, die Kriegsjahre 1939-1945, angefüllt mit Angst, Not und Tod. Fast täglich erreichten uns Hiobsbotschaften aus dem Verwandten- und Bekanntenkreis von Verwundeten und Toten. Als Mutter von sechs Söhnen, wovon vier im Kriegseinsatz waren, kann man rückschauend kaum mehr begreifen, diese schicksalsschweren Jahre durchgestanden zu haben.

Wohnhaft im Centrum von München, waren wir den anhaltenden Bombenangriffen durch die alliierten Luftstreitkräfte ausgeliefert. Wiederholt wurde unsere Wohnung demoliert, doch Gott sei Dank, niemand verletzt. Neben dieser Sorge um das eigene Leben stand die nicht geringere um die im Kriegseinsatz befindlichen Söhne.

Angesichts der drohenden Gefahren hatte sich unsere Familie frühzeitig durch eine eigene Weihe der Güte und Liebe Gottes und der Hilfe Mariens anvertraut und dies gab uns in der schweren Zeit ein unverbrüchliches Vertrauen wider alle Umstände.

Besondere Sorge galt dem in Ungarn als Sanitäter bei der kämpfenden Truppe eingesetzten Sohn Ludwig, da der Wehrmachtsbericht seit Wochen große Kämpfe und Absetzbewegungen aus diesem Gebiet meldete.

Von Mitte November 1944 an blieb Feldpost von ihm völlig aus. Es wurde Weihnachten und wir blieben ohne Nachricht. Die Berichte von der zurückweichenden Front überstürzten sich. Nervende Wochen vergingen. Zudem zerstörte am 7. Januar 1945 eine Fliegerbombe mit einem Schlag das fünfstöckige Haus, in welchem sich Wohnung und unsere Existenz, ein Textilgeschäft befand. Zum Glück befanden sich alle Hausinwohner im Luftschutzkeller, aber die ungeheure Druckwelle forderte selbst hier noch zwei Todesopfer. Mit dem schäbigen Rest an Habseligkeiten evakuierten wir zu einem Bauern ins Oberland.

Nach und nach erhielten wir von den Söhnen Mitteilungen außer vom Sohn Ludwig. Aus Wochen wurden bange Monate ohne jedes Lebenszeichen. Täglich die gleichen quälenden Fragen: was ist ihm geschehen? Lebt er noch? Ist er verwundet und in Gefangenschaft oder ruht er bereits irgendwo in fremder Erde. — Eine furchtbare schwere Zeit.

Allein das Bewußtsein, daß wir uns alle in besonderer Weise der Muttergottes anvertraut hatten, gab mir in dieser Aussichtslosigkeit noch Hoffnung.

Da kam eines Tages ein Päckchen an, das als Absender die Feldpostnummer der Gebirgstruppe meines Sohnes trug. Doch welch ein Entsetzen: Aus dem braunen Packpapier kamen eine

Uhr und sonstige kleine Utensilien vom Handgepäck meines Sohnes hervor und eine lakonische Bemerkung: Vermißt.

In solchen Augenblicken droht einer Mutter das Herz still zu stehen. Wieder und immer wieder las ich die grausame Nachricht »vermißt«. Was doch dieses kurze Wort in solchen Zeiten beinhaltet. Ich war so befangen und mit Fragen beschäftigt, daß mich das Päckchen und sein Inhalt nicht so sehr interessierte. Doch bei weiterem Auspacken des Inhalts entdeckte ich, daß das Packpapier kein gewöhnliches Papier war, sondern auf der Innenseite einen Farbdruck aufwies. Ich breitete es aus und glättete die vielen Falten und zum Vorschein kam ein wunderschönes Marienbild, darstellend die Gottesmutter, die ihr Kind fürsorglich lächelnd in Armen hält. Ein einziger Gedanke schoß mir durch den Kopf: Dies ist ein Gruß von der Gottesmutter, ein Zeichen, daß mein Sohn lebt. „Sie sorgt auch jetzt für dein Kind", war meine feste Überzeugung.

In Ermangelung eines geeigneten Verpackungsmaterials hatte ein Kamerad der Truppe meines Sohnes eben dieses Marienbild als Verpackung verwendet, ohne zu ahnen, welche freudige Mitteilung er mir damit vermitteln würde.

Es dauerte dann zwar noch Monate bis im August 1945 tatsächlich ein aus russischer Kriegsgefangenschaft entlassener Kamerad persönlich Grüße und Kunde von meinem Sohn überbrachte, aber diese ganze Zeit über tröstete und stärkte mich immer wieder dieses Marienbild, denn ich hatte die Gewißheit, daß er heimkommen wird.

Am 13. Oktober des gleichen Jahres wurde er dann völlig überraschend aus dem Kriegsgefangenenlager Armavier im Kaukasus entlassen und kam am 26. November 1945 bei uns zuhause an. Ein besonderes Geschenk des Vertrauens auf Gott und seine heilige Mutter: Vor ihm waren die drei anderen Brüder bereits zurückgekehrt und mit seiner Heimkehr war die Familie wieder vollzählig beisammen. Die ganze Familie mit allen sechs Söhnen hatte den Krieg überlebt.

Maria Zehetbauer

Maria findet eine Lösung

Eines Tages kam eine Erzieherin zu mir und klagte mir ihr Leid. Sie arbeitet schon seit vielen Jahren in einem Kinderheim, wo sie eine Gruppe von etwa 10 Kindern betreut. Es sind meist uneheliche Kinder, oder Kinder aus sogenannten asozialen Verhältnissen. Zwei etwa fünfjährige Jungen dieser Gruppe, Klaus und Andreas, waren besonders benachteiligt. Denn Klaus bekam nie Besuch. Wenn andere Kinder übers Wochenende von Verwandten oder Bekannten abgeholt wurden, Klaus blieb immer übrig und mußte im Heim bleiben. Und Andreas war erheblich belastet, denn seine Mutter war Alkoholikerin. So widmete sich die Erzieherin diesen beiden Jungen besonders.

Sie sollten doch auch das Gefühl des Geborgenseins haben und sich von einem Menschen geliebt und angenommen wissen. Dadurch konnte vielleicht auch schwerer seelischer Schaden bei den beiden Kindern verhindert werden.

Aber plötzlich beschloß die Heimleitung, ausgerechnet Klaus und Andreas aus dieser Gruppe herauszunehmen und in eine andere Kindergruppe zu tun. Die Erzieherin war bestürzt. Wußte sie doch, daß ein Losreißen von der Bezugsperson und ein Wechsel der Gruppe für Klaus und Andreas nicht nur sehr schmerzlich wären, sondern einen seelischen Knacks zur Folge haben würden.

Ich selbst kenne beide Kinder und habe sie dem Schutz Mariens empfohlen, denn Maria hat mir schon so oft geholfen. Durch ihre reinen Hände opferte ich den Leib und das Blut unseres Herrn auf für die beiden Kinder.

Wie groß war meine Überraschung, als mir die Erzieherin schon nach wenigen Tagen berichtete: ,,Klaus wird nicht in eine andere Gruppe abgeschupst. Statt dessen kommt er in eine Familie. Pflegeeltern haben sich gemeldet, haben ihn bereits besucht und möchten ihn bald für immer zu sich holen.“ Inzwischen ist Klaus bei seinen neuen Eltern und darf jetzt in der Geborgenheit einer Familie leben. Das Heim wollte den Jungen nicht hergeben, wurde aber vom Jugendamt aufgefordert, den Pflegeeltern das Kind zu überlassen. Zwei oder drei Tage später kam plötzlich die Nachricht: Andreas ist tot. Er wurde von einem Auto angefahren. Das war freilich eine Schreckenskunde. Aber mein erster Gedanke war: Maria hat ihn heimgeholt. Denn Andreas hätte es später wegen seiner erblichen Belastung sehr schwer gehabt. Ohne eigene Schuld wäre er immer ein Außenseiter gewesen. Erstaunlicherweise konnte man trotz des Unfalls kaum eine äußere Verletzung bei Andreas sehen. Nach ärztlicher Aussage soll er sofort tot gewesen sein, hat also, soweit man das sagen kann, keine Schmerzen aushalten müssen. Und am Unfall war er ganz schuldlos.

So hat sich für beide Kinder die Situation plötzlich geändert: Klaus kam in eine Familie und Andreas wurde — das darf man wohl hoffen — in den Himmel heimgeholt. Ich bin überzeugt, daß Maria hier geholfen hat. *N. N.*

Ein Marienbild, Trost in einem unmenschlichen Kerker

In der Mitte des Tejoflusses, ehe er seine gewaltigen Fluten in den Atlantik ergießt, erhebt sich auf einem Felsenriff die dunkel massige Sperrfestung »San Julian da Barra«. In ihren Grüften, in die nie ein Sonnenstrahl dringt, schmachteten in der Mitte des 18. Jahrhunderts Gefangene, die bis zu 17 Jahren in diesen Verliesen ausharrten. Die Missionsgebiete der Jesuiten in Südamerika hatten in voller Blüte gestanden, bis eines Tages der portugiesische Minister Pombal, ehrgeizig und despotisch wie kein anderer, die Missionare vertrieb und ihr Werk radikal vernichtete. Zuerst brachte man die Patres in Konzentrationslager, dann die Oberen und Nichtportugiesen in die Kerker des furchtbarsten Gefängnisses jener Zeit.

Der Aufenthalt dort war entsetzlich. Die Wände trieften von Wasser, alles schimmelte und wurde vom Rost zerfressen. Bei

Hochwasser verwandelten sich die Zellen in eine übelriechende, schlammige Kloake. In Lumpen gehüllt, ohne Licht, nur im Schein einer winzigen Öllampe, die einen unerträglichen Geruch verbreitete, fristeten die Jesuiten dort ihr Leben. Doch weit schlimmer als diese körperlichen Leiden war die Not der Seele. Depressionen stellten sich ein, einige verloren zeitweise den Verstand, aber keiner brach sein Gelübde, keiner verließ den Orden. Dann wären sie sofort auf freien Fuß gesetzt worden.

Das schlimmste für sie war: sie blieben ohne den Trost der Sakramente, ohne das heilige Meßopfer. So oft sie auch darum baten, ernteten sie nur höhnisches Gelächter. So vergingen Tage, Wochen und Monate, ohne daß man sie vor ein Gericht stellt. Und kein Ende war abzusehen.

Unter den eingekerkerten Jesuiten befand sich auch ein P. Martin Schwarz, der aus Amberg in der Oberpfalz stammte. Er war einer von denen, die am längsten die Qualen des Gefängnisses erdulden mußten. Zum Andenken an seine bayerische Heimat hatte er ein kleines Marienbild aus Landshut mitgenommen, die »Mutter mit dem geneigten Haupt«. (Die Landshuter Madonna, die »Mutter mit dem geneigten Haupt«, ist eine Kopie des Gnadenbildes der Unbeschuhten Karmeliten zu Wien-Döbling, dort genannt »Unsere Liebe Frau mit dem geneigten Haupt«.) Er hütete es sorgfältig, und es gelang ihm, allen Durchsuchungen zum Trotz, diesen Kupferstich in den Kerker zu schmuggeln und dort zu verbergen. Es entging auch allen Kontrollen, wurde sehr verehrt und als Quelle des Trostes empfunden. Zu ihr, »der Trösterin der Betrübten«, wandten sich die Verlassenen in ihrer Not. Sie flehten zu Maria um Hilfe, ohne daß eine Wendung zum Besseren eingetreten wäre. Da verfaßte in dieser großen Bedrängnis P. Meisterburg aus Bernkastel zum Geburtstagsfest der lieben Muttergottes am 8. September 1762 ein lateinisches Gebet. Es besteht aus 178 Doppelversen und preist Maria als Tochter des ewigen Vaters, als liebreiche Mutter des Sohnes und als keusche Braut des Heiligen Geistes. P. Meisterburg klagt der himmlischen Herrin vertrauensvoll sein und aller Leid, spricht von den Schikanen, denen sie ausgesetzt sind, und sagt ihr, wie sehr sie das heilige Opfer entbehren. Er fleht sie an, ihnen den

Trost der Sakramente zu vermitteln, als Speise, als Unterpfand zum Durchhalten, als Wegzehrung. Und er erhält die Gewißheit, daß Maria helfen wird!

Wirklich wurde es schon bald darauf möglich, in der Stille der Nacht heimlich in den Zellen abwechselnd die heilige Messe zu feiern und das Brot des Lebens zu empfangen. In diesem lebendigen Grab, nur mit Lumpen bekleidet, manchmal tief im schlammig-schmutzigen Wasser stehend, feierten die Männer das Opfermahl, und zum Altarbild erhoben sie dankbaren Herzens jenen Kupferstich des P. Schwarz, die »Mutter mit dem geneigten Haupt«. Nun wird der Kerker ihnen lieb und teuer, sie strömen über vor Freude und Jubel über Gottes Heimsuchungen. Viele bieten ihr Leben an als Sühne, und diejenigen, die sterben, gehen wie Heilige in die Ewigkeit hinüber. Auch plötzliche und auffallende Krankenheilungen werden bekundet. Dem Festungskommandanten ist es unfaßbar, daß die Inhaftierten immer noch leben. Spöttisch schüttelt er den Kopf: ,,Alles verfault in diesen Kerkern, nur die gefangenen Jesuiten verfaulen nicht!" 1777 starb der König von Portugal, Josef I., und sein Minister Pombal wurde gestürzt. Die Märtyrer konnten aus ihren Löchern emporsteigen ans Tageslicht. Es dauerte Wochen, ehe sich ihre Augen an die Helligkeit des Tages und ihre Lungen an frische Luft gewöhnten. 37 Jesuiten waren gestorben, 45 hatten die Haftzeit überstanden. Diese Tatsache ist nicht natürlich zu erklären, weil andere Gefangene in diesem Verlies bereits nach wenigen Monaten starben. Die Überlebenden waren überzeugt, daß sie nur durch die Gnade Gottes, die Maria ihnen vermittelte, durchgehalten hatten.

P. Schwarz nahm das Bild der »Mutter mit dem geneigten Haupt«, das durch die feuchte Kerkerluft sehr gelitten hatte, mit sich in die Heimat. Nach seinem Tode gelangte es über Eichstätt, Regensburg, Feldkirch und Köln nach Essen, wo es seit 1936 seinen Platz in der St.-Ignatius-Kirche hat. Als in der Endphase des Zweiten Weltkrieges die Industriestadt an der Ruhr hart mitgenommen wurde und alle Kirchen der Innenstadt in Schutt und Asche sanken, konnte in St. Ignatius das heilige Meßopfer immer gefeiert werden. Jetzt thront das Bild der

Gottesmutter unter einer lichten Kuppel in der neuaufgebauten Kirche. Ständig brennen Kerzen und blühen Blumen vor ihrem Altar und zeigen, daß auch in der heutigen Not Menschen mit ihren Anliegen zu ihr kommen. *Inge Kowalsky*

*

Maria, die Morgenröte unseres Heiles

O Maria, Königin der Apostel und Schirmfrau der Kirche. Dich erwählte Gott, um dich vor allen anderen Geschöpfen teilnehmen zu lassen an der Erlösung der Menschheit und am Heile der unsterblichen Seelen. In des Paradieses Urtagen wurdest du den mit Sünde und Schuld beladenen Kindern Evas verheißen als die große Frau, die uns den Erlöser bringen werde. Einen Engel sandte Gott, um dich einzuweihen in die Heilspläne des Himmels. Du, die schlichte Jungfrau von Nazareth wurdest berufen zur Mitarbeiterin an den Großtaten göttlicher Liebe. Dein magdliches Jawort wurde nach dem Ratschluß des Ewigen der Beginn der Erlösung und die Morgenröte des Heiles. In demutsvoller Erfüllung des göttlichen Willens warst du immerdar schlichte, willige und gehorsame Dienerin des ewigen Ratschlusses. Deiner Muttersorge übergab dein Sohn in jener bitteren und großen Stunde, da er uns durch seinen Tod das Leben brachte, in seinem Lieblingsjünger alle Erlösten als deine Kinder.

Seit dieser Stunde bist du für uns alle die mächtige Fürsprecherin bei Gott geworden. Du bist die Hilfe der Christenheit, die Trösterin der Betrübten, die Zuflucht der Sünder, die Mutter der Erlösten, die Königin der Apostel.

Darum stellen wir unsere Werke unter deinen mütterlichen Schutz. Segne unser Wollen und Arbeiten, damit aus ihnen Segen hervorströmt für die Kirche deines Sohnes und für die unsterblichen Seelen, die er mit seinem kostbaren Blut erlöst hat. An deinem leuchtenden Vorbild laß uns wachsen zu wahren Aposteln. Mach uns durch deine Fürbitte zu echten Kündern der göttlichen Erlöserliebe, zu selbstlosen Wegbereitern des Reiches der Wahrheit und Gnade. Amen

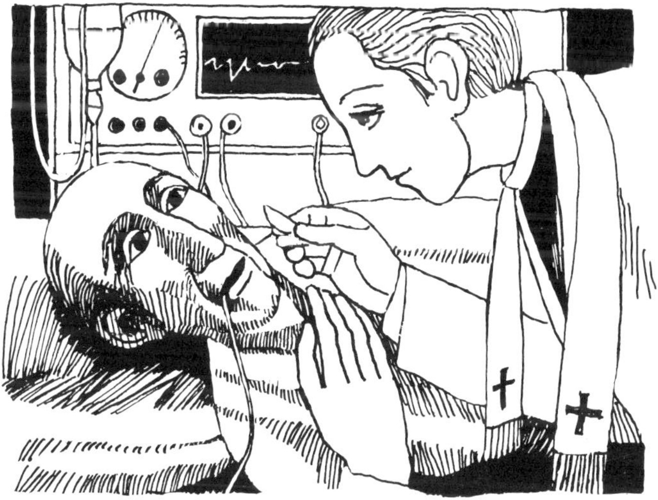

In den allerletzten Sekunden

Es war Sonntag vormittags. Gerade hatte ich den Pfarrgottesdienst gefeiert, da kam ein Anruf: Der Vater eines Mädchen der Jugendgruppe liegt in einer Münchener Großklinik im Sterben. Der Klinikgeistliche ist nicht erreichbar. Alle ihre bekannten Priester sind in Urlaub. Ich wäre ihre letzte Hoffnung. Der Vater stand der Kirche sehr ferne, aber nun wäre er doch bereit einen Priester zu empfangen. Er wird aber den heutigen Tag nach den Aussagen der Ärzte nicht mehr überleben. — Was sollte ich tun? Ich hatte noch bei der 11-Uhr-Messe die Predigt zu halten und um 1 Uhr war die Abfahrt unseres Omnibusses zu einer Probeaufführung der Oberammergauer Passionsspiele in der neuen Fassung. Die Klinik lag eine halbe Stunde entfernt auf der anderen Seite der Stadt. Die Entscheidung fiel mir nicht leicht. Ich meinte, es müßte doch ein Priester zu finden sein, der näher dem Krankenhaus ist und nicht gerade so eingespannt wäre, aber nach dem sie mir versicherten, sie kennen sonst keinen, sagte ich zu. Als ich mit der Predigt in der 11-Uhr-Messe fertig war, stand das Auto schon bereit mit dem sie mich holten. Werden wir noch rechtzeitig zu dem Sterbenden kommen? Ich entsann mich, daß der hl. Clemens Maria Hofbauer einmal gesagt hat, wenn er noch Zeit hatte, auf den Weg zu einem Sterbenden den Rosenkranz zu beten, dann ist es immer noch gut gegangen.

So schlug ich vor, während der Fahrt durch die Stadt den Rosenkranz für den Kranken zu beten. Wir waren gerade mit dem Rosenkranz fertig, als wir gegen 12 Uhr die Klinik erreichten. Ich hatte nun auch das Empfinden: Es wird gut gehen. Dann eilten wir in die Klinik und wirklich, der Kranke lag noch bei vollem Bewußtsein in der Intensivstation. Mit einem stillen Lächeln empfing er mich. So gut es ging nahm ich ihm die Beichte ab, gab ihm die Krankensalbung, den Sterbeablaß, und schließlich auch noch einen kleinen Teil der konsekrierten Hostie. Als ich ihm den Leib des Herrn gereicht hatte, merkte ich, wie sein Gesicht langsam steif wurde. Ich sprach gerade das Dankgebet, da — plötzlich ein lautes schrilles Pfeiffen. Die Ärzte kamen gerannt, packten den Sterbenden und versuchten mit verschiedenen Methoden noch einmal das Leben zurückzuholen. Aber es war vergeblich. Der Vater des Mädchens war tot. Noch in der allerletzten Sekunde seines irdischen Lebens, ausgesöhnt mit der Kirche und versehen mit allen Gnaden, die die Kirche einem Sterbenden geben kann.

*

O mildeste, reine Jungfrau Maria, ich befehle unter deinen mütterlichen Schirm jetzt und zu aller Zeit meinen Leib und meine Seele. O getreue Mutter und milde Frau, verlaß mich nicht in meinen Nöten, erlöse mich von allem Übel, jetzt und in der Stunde meines Todes. Nach diesem Leben leite mich zur Stätte der ewigen Ruhe und Freude, wo meine Seele den Herrn loben und preisen möge. Amen. *Hs. 14. Jahrh.*

Die verspätete Wallfahrt

Es war im Sommer 1966. Ich verbrachte meine Semesterferien in München, indem ich an meiner Zulassungsarbeit schrieb und mich auf mein Examen im darauffolgenden Frühjahr vorbereitete. Ende September mußte ich mich ziemlich unerwartet einer Weisheitszahnoperation unterziehen, an die ich noch lange denken sollte. Nach dem ärztlichen Eingriff nahmen die Zahnschmerzen wider Erwarten stark zu. Schmerzstillende Medikamente blieben wirkungslos. Nach Ansicht meines Zahnarztes sollte schließlich ein Morphiumpräparat helfen. Als ich das Rezept in meiner Apotheke vorlegte, zeigte sich der Apotheker beim Anblick meines vor Schmerz entstellten Gesichtes verwundert und fragte mich, wozu jenes Medikament dienen sollte. Ich zeigte auf meinen Mund, während eine Bekannte, die mich mit ihrem Auto hierher gefahren hatte, ihm den Sachverhalt näher erklärte. Er ließ sich alsdann meinen Rachen zeigen und entdeckte einen Rachenabszeß, den kurz zuvor der Zahnarzt nicht erkannt hatte. Der Apotheker ergriff sofort die Initiative und sorgte dafür, daß ich sofort zu einer Operation in die Kieferklinik der Universität München eingewiesen werden konnte. Die Operation verlief gut und nach drei Wochen konnte ich in mein Studentenheim zurückkehren. Gesund war ich allerdings noch nicht, denn seit jenen Tagen plagten mich ständig mehr oder weniger starke Kopfschmerzen. Ich hoffte anfangs auf eine baldige Besserung, denn schließlich galt es, das neue Semester, die Zulassungsarbeit und das Examen im Frühjahr gut zu bewältigen. Aber so sehr ich mir die vollständige Genesung auch wünschte, sie blieb aus. Eingehende ärztliche Untersuchungen und kostspielige Behandlungen brachten keine Wende.

Die Kopfschmerzen machten mir den studentischen Alltag schwer, zumal keine längere Konzentration möglich war, und ich rasch ermüdete. Dennoch verzagte ich nicht und probierte allerlei Lerntechniken aus, über die ich früher vielleicht gelacht hätte. Darüber hinaus fand ich eine Quelle der Hoffnung im Gebet, indem ich mich vertrauensvoll an meine Lieblingsheiligen wandte: an die Muttergottes, den heiligen Josef und den heiligen Judas Thaddäus. Die Monate vergingen. Ich verschob zwangsläufig meinen Examenstermin um ein halbes Jahr. Gleichzeitig versprach ich aber der Muttergottes, falls ich in jenem Jahr meine Studien erfolgreich beenden würde, zu Fuß von München nach Altötting zu wallfahren. Meine Freundin, d.h. meine spätere Frau, versprach zur Unterstützung meines Anliegens das gleiche.

Inzwischen zeigte das Kalenderblatt den 15. September 1967, den Tag der Sieben Schmerzen Mariens. Zwei Ereignisse bestimmten von da an die Erinnerung. Am Morgen erfuhr ich, daß mein Schwiegervater überraschend in einer Münchener Klinik gestorben war. Zum anderen verlor ich von einem auf den anderen Tag meine heimtückischen Kopfschmerzen. Die letzten Wochen vor dem Examen konnte ich noch optimal nützen. Gott war auf die Fürsprache meiner Lieblingsheiligen eingegangen. So bestand ich auch das erste und zwei Jahre später das zweite Staatsexamen mit gutem Erfolg. Mein einstiges Versprechen war in der Folgezeit nicht mehr so aktuell, so daß ich mich nur mit einem schwachen Engagement um die Realisierung der Wallfahrt bemühte. Das war mehr als eine Treulosigkeit.

Als nach fast sechs Jahren meine 1968 eingegangene Ehe noch immer kinderlos geblieben war, sagte eines Tages meine Frau zu mir: ,,Wir müssen unbedingt unser altes Versprechen einlösen, bevor wir Gott einen weiteren Wunsch vortragen.'' Das gab mir zu denken, zumal mich mein Gewissen ernsthaft mahnte.

Im März 1974 erfuhr ich mehr oder weniger zufällig die Anschrift der Organisationsleitung für die Fußwallfahrt »München-Altötting«, die die Legio Mariens jeden Jahr mit weit mehr als 1000 Personen über das Pfingstwochenende veranstaltet. Leider sollte es in jenem Jahr zunächst nicht möglich sein, an der Wallfahrt teilzunehmen. Die Quartiere für die drei- bzw. viertägige Wallfahrt — man geht in mehreren Gruppen — waren inzwischen vergeben. Die Organisationsleitung empfahl uns daher, im nächsten Jahr die Meldung rechtzeitiger vorzunehmen, dann würde unser Wunsch sicher erfüllt werden können. Das bedeutete uns ein wenig Trost.

Am Sonntag vor Pfingsten erhielten wir jedoch einen überraschenden Anruf aus München. Fräulein Zimmerer, die Leiterin der Wallfahrt, benachrichtigte uns, daß ein Ehepaar plötzlich die Wallfahrt hätte absagen müssen, und wir dessen Plätze nunmehr einnehmen könnten. Ganz beglückt sagten wir sofort zu. Wer hätte das gedacht? Wir durften dabeisein.

Unsere Wallfahrt stellten wir vornehmlich unter den Gedanken, der Gottesmutter für die vor Jahren erwiesene Gnade gemäß unserem Versprechen zu danken. Innerlich beschämt, wagten wir nur zaghaft um eine weitere Gnade, um den Kindersegen, zu bitten. Hatten wir überhaupt noch ein Recht dazu? Die Wallfahrt selbst empfanden wir alsbald als ein Geschenk des Himmels, das nur der zu schätzen weiß, der sie einmal mitgemacht hat. Alle echten Freuden, aber auch alle Probleme und Sorgen ließen sich so leicht dem Herrgott und der Muttergottes erzählen. Bedrückung wich, Freude und ein Gefühl der Dankbarkeit ergriff unsere Herzen. Am letzten Tag der Wallfahrt ereignete sich eine wohl unglaubliche Begebenheit. Eine uns bis dahin unbekannte ältere Dame aus dem Kreis der Pilger trat auf meine Frau zu und sagte ihr völlig unvermittelt, jedoch bestimmt: „Im nächsten Jahr haben Sie ein Baby, glauben Sie es mir! Die Muttergottes wird Ihnen helfen." Sollten wir das glauben? Schließlich hatten wir doch genügend Gründe, bescheiden zu sein. Wir ließen die Sache auf sich beruhen. Zufrieden beendeten wir unsere Pilgerreise in Altötting und nahmen uns vor, nach Möglichkeit bis zu unserem Lebensende jedes Jahr die Muttergottes mit dieser Fußwallfahrt zu beehren, übrigens unabhängig davon, ob unser Gebet um Kindersegen je erhört würde.

Doch was geschah? Neuneinhalb Monate später hatten wir das ersehnte Geschenk: unseren Marcel, dem zwei Jahre darauf noch unsere Jutta folgte. Unser gesamter Verwandten- und Bekanntenkreis war sprachlos. Wir aber hatten eine wundersame Erfahrung mit der Muttergottes gemacht:

> „Drum ruf' ich beharrlich in Kreuz und in Leid:
> Maria hilft immer, sie hilft jederzeit.
> Ich ruf' voll Vertrauen in Leiden und Tod,
> Maria hilft immer, in jeglicher Not.
> So glaub' ich und lebe und sterbe darauf:
> Maria hilft mir in den Himmel hinauf."

B. B.

Lebendiges Wasser

Es war im Jahre 1945 nach Kriegsende. Ich war während des Krieges aus dem Ostsudetenland nach Deutschland dienstverpflichtet worden und sollte nun wieder in meine Heimat nach Jägerndorf in das nun von Tschechen besetzte Ost-Sudetenland zurückkehren. Als der Zug die Grenze passierte, wurden alle Deutschen von den Tschechen aus dem Zug herausgeholt. Unter militärischer Bewachung wurden wir Wehrlose nach Turnov in der Nähe von Reichenberg in ein Lager gebracht und dort festgehalten. Wir als Deutsche, die den Krieg verspielt hatten, waren ja rechtlose Sklaven und wurden auch als solche behandelt. Es würde zu weit führen, hier Einzelheiten aufzuzählen.

Von hier holten mich eines Tages Tschechen zur Arbeit. Ich wurde nach Klein-Skal in ein Hotel zur Arbeit gebracht. Die schwere Arbeit, die man mir hier aufbürdete und die meine Kräfte überstieg, dazu die sehr schlechte Ernährung, die es für Deutsche gab, führten dazu, daß ich am rechten Mittelfinger ein Art Phlegmone bekam. Die Sache sah recht schlimm aus, so wurde ich, da ich doch nicht arbeiten konnte, schließlich ins Krankenhaus nach Turnov gebracht und lag dort schon drei Monate. Der Finger wollte und wollte nicht besser werden. Ich lag dort mit mehreren deutschen Frauen in einem großen Saal. Ich konnte mich ihrer dadurch etwas annehmen.

Eines Tages, es war an einem Sonntag, brachte man eine junge deutsche Frau schwer verletzt herein. Sie war 27 Jahre alt, hatte drei Kinder, ihr Mann war im Krieg gewesen, als der Krieg endete verlor sie jede Verbindung zu ihm. Sie stammte aus gutem Haus und war nach Kriegsende samt ihren drei Kindern von den Tschechen arbeitsverpflichtet worden. Man brachte sie auf einen Bauernhof zu schwerster Arbeit, der sie nicht gewachsen war. Sie mußte mit Pferden umgehen und wurde dabei von einem Pferd mit beiden Hufen in den Leib getreten. Es ging ihr sehr schlecht. Zuerst wollte man mit ihr nicht mehr anfangen, dann entschloß man sich schließlich doch, sie zu operieren. Diese Operation konnte ihr keine Hilfe mehr bringen. Am Mittwoch sagte mir die Pflegeschwester Bescheid über ihren Zustand. Ich bemühte mich um die Kranke und sprach davon, ob sie sich versehen lassen wolle. Sie war auch nicht abgeneigt, sagte aber: „Aber nicht von einem Tschechen!" Sie hatte schon zu viel Böses von Tschechen erfahren müssen, deshalb lehnte sie einen tschechischen Priester ab. Als ich ihr aber zu verstehen gab, daß die Sache sehr ernst sei, willigte sie sofort ein mit den Worten: „Ja, wenn es so um mich steht, dann selbstverständlich. Dann will ich auch bei einem Tschechen beichten. Ich bin ja ein Marienkind!"

Sie beichtete und kommunizierte, das war an einem Mittwoch. Ihr Zustand verschlimmerte sich zusehends, doch nochmals gab es zwischendurch ein bißchen Hoffnung. Sie litt entsetzlichen Durst, durfte aber nichts zu trinken bekommen. Oft und oft jammerte sie: ,,Wasser, Wasser, gebt mir doch nur ein bißchen Wasser!" Einmal erwachte sie aus einem tiefen Schlaf. Sie rief mich zu sich und sagte: ,,Du, jetzt hat mir so sehr, sehr schön von der Muttergottes geträumt. Sie ist zu mir gekommen und hat gesagt: ‚Halte den Durst nur aus, ich will dir dafür lebendiges Wasser zu trinken geben.' "

Von da an litt sie mit großer Tapferkeit den entsetzlichen Durst und verlangte nichts mehr zu trinken. Ihr Körper hatte nicht mehr die Kraft zur Heilung und die Sache wurde hoffnungslos. Am Samstagmorgen kommunizierte sie nochmals und lag dann fast den ganzen Tag teilnahmslos da. Gegen Abend ging es zu Ende. Ich war bei ihr. Plötzlich kam nochmals Leben in sie. Sie richtete sich auf. Ihre Augen wurden übernatürlich weit und wunderschön. Strahlend blickte sie in eine Richtung. Ich neigte mich über sie. Da sagte sie ganz klar: ,,Du, die Muttergottes ist da! Siehst du sie auch? Dort steht sie, dort!" Dann faltete sie ihre Hände und betete: ,,Maria mit dem Kinde lieb, uns allen Deinen Segen gib!" ... Dann fiel sie zurück und starb ganz ohne jeden Todeskampf.

Mich hatte es in die Knie gezwungen. Ich hatte nichts gesehen, hatte nichts gespürt, aber die Nähe dieser anderen Unsichtbaren Welt, die Nähe der lieben Gottesmutter hatte auch mich erfaßt. Was mich dabei am meisten erschüttert hatte, war dies: Die Gottesmutter hatte sich derer angenommen, die von aller Welt verachtet und verstoßen waren. Die von allen verlassen worden waren, die hatte sie nicht verlassen.

Und eigenartig war auch dies. Mein Finger, der durch drei volle Monate nicht hatte heilen wollen, oder nicht hatte heilen sollen, damit ich dieser Frau hatte beistehen können, und somit diese wurderbare Begegnung mit der anderen Welt, mit der Muttergottes hatte erleben dürfen, wurde wie durch ein Wunder ganz schnell gut, so daß ich schon am darauffolgenden Mittwoch, also am 4. Tage nach diesem Geschehen entlassen werden konnte. Der Finger ist steif geblieben zur immerwährenden Erinnerung an diese Zeit und das wundervolle Ereignis.

Margarete Fuhrmann

Maria ließ mir keine Ruhe

Dies ist die Geschichte einer Frau aus Westfalen. Sie hat ihren Weg zum Glauben, der mit vielen Schwierigkeiten und inneren Kämpfen verbunden war, aufgeschrieben. Sie möchte damit der Muttergottes danken.

Es war in einem Kurort in Süddeutschland im Jahre 1980. Dort besuchte ich zusammen mit meinem Mann zum ersten Mal eine katholische heilige Messe. Ich war davon sehr beeindruckt. Bei der Austeilung der heiligen Kommunion konnte ich meine Tränen nicht mehr zurückhalten vor Traurigkeit über die geteilte Kirche. Ich spürte eine grosse unerfüllte Sehnsucht.

Es war Mai und so ging ich mit meinem Mann auch in die Maiandacht. Die Statue der Gottesmutter mit dem segnenden Jesuskind auf dem Arm war von vielen Blumen umgeben. Zu jeder Zeit kamen Andächtige. Auch ich kniete oft dort und sann über das Geheimnis der auserwählten Jungfrau und Gottesmutter nach. Verschiedene Bücher und Schriften halfen mir, mein Wissen über die katholische Kirche zu erweitern. Bald glaubte ich, meine geistliche Heimat gefunden zu haben.

Durch einen Pfarrer in Süddeutschland erfuhr ich von den Marien-Erscheinungen in Fatima. Ich besorgte mir das Buch: »Maria spricht zur Welt«. (Im Miriam-Verlag erhältlich.) Ich kann gar nicht beschreiben, wie sehr mich das beeindruckt hat. Ich las auch noch viele andere Schriften.

Als ich mir nach einiger Zeit auch bei anderen katholischen Priestern Rat holte, erlebte ich, daß diese die Erscheinungen von Fatima und die anderen Marienerscheinungen als Privatoffenbarungen abtaten und teilweise sogar darüber lachten. Auch vom Rosenkranzgebet riet man mir ab.

So packte ich alle Schriften über dieses Thema in Plastikbeuteln und deponierte sie in die Mülltonne. Nach dieser »Tat« fühlte ich mich erleichtert. Doch einige Tage darauf glaubte ich es nicht mehr aushalten zu können. Es war mir, als hätte ich etwas Wichtiges begraben. Mit der Harke zog ich die Beutel wieder aus der Mülltonne und war wie »erlöst« als alles wieder an Ort und Stelle stand. Seltsamerweise wiederholte sich diese Wegwerfmethode noch viermal.

Viele feindliche Stimmen hatten mich verwirrt. Ich war hin und her gerissen und sehr unglücklich. Ich glaube, der böse Feind wollte nicht, daß die Gottesmutter in meinem Herzen siegte. Ich bat um Fürbitte bei Priestern und bei zwei katholischen Bekannten. Nach und nach wurde für mich das Rosenkranzgebet immer bedeutender. Langsam begriff ich, daß Jesus uns seine Mutter gegeben hat für alle unsere Anliegen als großes Vorbild und als Mittlerin. Vor allem lernte ich von ihr das Vertrauen auf den Herrn. Ich ließ mich immer mehr von ihr in die Hand nehmen und auf dem Weg in die Mutterkirche, die Christus uns geschenkt hat, führen. Ich bete jetzt auch für den Stellvertreter Christi auf Erden und weiß um die große Gemeinschaft mit den Heiligen und Engeln Gottes. Ein tiefer Trost kehrte in meine Seele ein. Dafür möchte ich ganz besonders der Gottesmutter danken. —

Jetzt möchte ich meinem Mann ein gutes Vorbild sein, daß auch er die Erkenntnis vom Glauben erhält. Alles ist Gnade! Das Gebet vermag viel. Ich bin überzeugt, die Gottesmutter kann auch ihn zum Glauben hinführen.

*

Mutter unseres Herrn Jesus Christus,

du Gesegnete deines Geschlechtes! Deine Freude war es auf Erden, den Willen Gottes zu vollbringen und dich in allem als eine demütige Magd des Herrn zu zeigen.

Dein Beispiel sei mir wichtig und dein Flehen vereinige sich mit dem meinen, daß ich nichts anderes mehr suche als den Willen unseres Gottes immer besser zu erkennen und genauer zu erfüllen.

Im Gehorsam möge ich meine Freude und in der Demut meinen Ruhm suchen, so wie es auf Erden deine Lust und dein Ruhm war, eine Dienerin des Herrn zu heißen und zu sein.

O Maria! Selig bist du,

denn du warst eine treue Magd des Herrn.

Selig bist du, denn du bliebst gottergeben im Leiden.

Selig bist du, denn das Schwert des Schmerzes durchbohrt dir nicht mehr dein Herz.

Selig bist du, denn du bist bei deinem Sohne, unserm Herrn.

Selig bist du, denn deiner Freude ist kein Ende.

Bischof Johann Michael Sailer

Vor Tod und Vernichtung gerettet

Am Dienstag, den 5. August 1980, wurden die Berichte des Wetteramtes, die die Annäherung des todbringenden Orkans »Allen« bekanntgaben, immer häufiger und furchterregender. Der Orkan nahm direkten Kurs auf die Südküste Jamaikas, wo ich wohne. Türen wurden zugenagelt, alle warteten auf Desaster, Vernichtung und Tod. Regierungsbeamte hatten die Bevölkerung, die in den von Überflutung bedrohten Gebieten und in schlecht gebauten Häusern wohnten aufgerufen, solche Gebiete unverzüglich zu verlassen und den Sturm auf höherem Gebiet in stabil gebauten Häusern, Kirchen und Schulen abzuwarten. Der Orkan, jetzt südlich von Haiti, mit Sturmböen über

275 Stundenkilometer würde Mittwoch früh Jamaika erreichen. Unser Premierminister sprach zu der Bevölkerung per Funk und warnte, dieser Orkan sei sehr ernst zu nehmen, da er der Schlimmste in diesem Jahrhundert in der Karibik sei. Nicht einmal die stärksten, gutgebauten Regierungsgebäude seien sicher.

Ich hörte die Worte des Premierministers. In meiner Kindheit hatte ich schon Erfahrungen mit solchen Stürmen gemacht. Als Student der Geographie wußte ich wohl, was Wind und Wasser für Schäden anrichten können, wenn die Natur außer Rand und Band gerät. Ich war sehr besorgt und angsterfüllt; ich widmete mich völlig dem Gebet.

Wir wohnen auf der Portland Bight Halbinsel. Per Funk wurde bekanntgegeben, »Killer Allen« sei in Anmarsch mit Böen über 286 Stundenkilometer und aufgepeitschten Wellen über zehn Meter. Meine Frau und ich waren sehr besorgt.

Sollte Gott Mittwoch früh, den 6. August, kein Wunder wirken, würde unser liebes Zuhause samt Dach, Wänden und Boden verschwinden. Familienmitglieder würden tot sein.

Als ich mir Dienstag abend gegen Sonnenuntergang überlegte, welchen Heiligen ich um Schutz bitten soll, wandten sich meine Gedanken der heiligen Gottesmutter zu. Ich holte mir einige Wunderbare Medaillen und legte vor jede Tür und jedes Fenster eine; ich legte einige um das Haus herum, andere grub ich neben die Wände, warf ein paar auf das Dach. Ich betete inbrünstig die ganze Zeit; meine Frau auch. Wir hörten nicht auf mit unseren Bitten um Schutz und Hilfe.

Gegen 8 Uhr Dienstag abend gab das Wetteramt bekannt, der Orkan habe sich Jamaika genähert; die Geschwindigkeit der Sturmböen nähmen zu. Es gab kein Zeichen, daß der Orkan eine andere Richtung einschlagen würde. Es stand fest: er würde Mittwoch früh auf Jamaika zuschlagen. Ich fand keine Ruhe. Betend stellte ich eine große, geweihte Kerze vor ein geweihtes Bild unserer lieben Frau von der Immerwährenden Hilfe. Ich steckte sie um 9 Uhr abends an und bat Maria inbrünstig hinauszugehen und dem Sturm zu begegnen, ihn abzuweisen, ihm die Kraft zu nehmen wie ihr Sohn Jesus Christus es auf dem See von Galiläa getan hat. Ich bat Unsere liebe Frau mit ihrem göttlichen Sohn zu sprechen, wie sie ihn einst bat, Wasser in Wein zu verwandeln, obwohl seine Stunde noch nicht gekommen war. Ich bat die heiligen Engel, unsere heilige Frau auf dem Meer zu begleiten und mit jeder dahingleitenden Stunde dem Orkan die Wut zu nehmen, genau wie die geweihte Kerze kleiner wurde, während sie die Nacht hindurch brannte.

O Wunder! Noch in der Nacht wurde berichtet, der Orkan nehme an Gewalt und Geschwindigkeit ab, von 286 Stundenkilometern auf 210 Stundenkilometer. Aber das Wunderbarste — viele Wetterbeamte waren sprachlos — genau um 9 Uhr abends fing der Orkan an, auf seinem Kurs hin und her zu »stolpern«. Etwa eine halbe Stunde drehte er sich an einer Stelle, als hätte er nicht gewußt wohin; dann drehte er sich nach rechts und schlug in die Berge von Haiti ein; er verweilte dort nicht lange, drehte sich gen Westen und schlug etwa 48 bis 80 Kilometer nördlich von Jamaikas Nordküste ins Meer ein. Die Südseite, die eigentlich von der Zerstörung bedroht war, blieb verschont. Dank der heiligen Muttergottes, die »ich glaube es fest« in diese Krise eingegriffen und unser Leben und Eigentum vor dem Tod und der sicheren Vernichtung gerettet hat.

Gott sei gepriesen! O Maria, ohne Sünde empfangen, bitte für uns, die wir unsere Zuflucht zu Dir nehmen.

Signed: Terrence G. Oliver, J.P., Principal-Salt Savannah School, Clarendon, Jamaika, W.I.

*

Ave Maria!

Alle Zeiten und alle Geschlechter sollen dich preisen, alle Geschöpfe sollen die Herrlichkeit deines Namens loben; denn du, zur Königin des Himmels und der Erde bestellt, von deinem Sohn unter dem Kreuz mit den höchsten Auszeichnungen der Gnade und Herrlichkeit geschmückt, ragst über alle Gerechten weit empor.

Bitte für uns bei dem Herrn, du unsere Frau, unsere Helferin, unsere Königin, Mutter Gottes, voll der Gnade, du wahrhaft glorreiche und allzeit gebenedeite Jungfrau. Amen.

Den Götzen geweihte Haare

Tatsachenbericht einer deutschen Missionsschwester aus Südindien.

Vor einigen Jahren kam eine arme Frau mit ihrem kleinen Mädelchen, einem mageren, elenden Kind von drei bis vier Jahren zu uns. Die Frau bat, wir möchten doch ihr Kind für einige Zeit bei uns behalten, denn ihr Mann sei gestorben und sie müßte zur Arbeit gehen. Ich versprach ihr, für das Kind hier im Waisenhaus zu sorgen. Nachdem sie noch gesagt hatte, daß sie das Kind hin und wieder besuchen würde, ging sie nach Hause und die kleine Lakschmi blieb bei uns.

Zwei Tage danach gingen die Kinder alle in die Schule, nur die kleine Lakschmi blieb bei mir, weil sie noch nicht das schulpflichtige Alter erreicht hatte. Auf der Mitte des Kopfes hatte sie einen ganz zotteligen Knoten. ,,Komm her, Lakschmi'', sagte ich, ,,ich muß dir noch die Haare in Ordnung bringen, dich hat ja heute noch niemand gekämmt.''

Ich nahm einen Streifen Stoff von einem alten Kleid, um eine Haarschleife zu machen. Ich wollte ihr die Haare kämmen und dann eine Schleife reinbinden. Als ich ihre Haare berührte, um diesen zotteligen Knoten auseinander zu machen, fing das Kind zu schreien an, es wurde sehr wütend, fast wäre es mir ins Gesicht gesprungen. Es hüpfte herauf und hinunter, von einer Seite zur anderen und spie mich ganz wütend an, so daß ich ganz aufgeregt wurde. Ich rief zwei Mädchen herbei, die im Waisenhaus arbeiteten. Sie hatten das Schreien gehört, kamen angelaufen und wollten die Kleine halten. Sie konnten sie aber nicht festhalten. Zwei große Mädchen von 18 und 19 Jahren konnten das kleine schwache Kind nicht halten. Es ist ihnen immer entwischt, von einer Ecke zur anderen gesprungen und immer wieder auf mich zu. Wir hatten alle drei ganz schreckliche Angst und wußten nicht, was denn los sei mit diesem Kind.

Ich rief nach einer starken Frau, die im Waschhaus drüben tätig war: ,,Komm doch her, Rosa, helfen sie uns!'' Sie kam und wollte das Kind in die Arme nehmen, aber es riß sich los. Über einen Meter hoch ist es auf und nieder gesprungen, von einer Seite zur anderen.

Wir hatten fürchterliche Angst und wußten nicht, was wir mit dem Kind anfangen sollten. Da nahm ich den Weihwasserkessel, der an meiner Türe hing, und spritzte auf Lakschmi Weihwasser. Daraufhin stürzte sie sich wütend auf mich. Alle drei versuchten wir sie zurückzuhalten. Sie spie mich an und hatte dabei ganz wilde, fürchterliche Augen. Ich wußte gar nicht, wie ich mich retten oder was ich tun sollte.

Da erinnerte ich mich, daß in meiner Tischschublade »Wunderbare Medaillen« waren, die ich schon an Schnüre angehängt hatte, um sie den Kindern umhängen zu können. Ich riß die Schublade auf, nahm eine Medaille mit der Schnur heraus und warf sie auf das Kind. Durch die Schnur blieb die Medaille an dem Kind hängen. In dem Moment, wo die Medaille das Kind berührt hatte, fiel das Kind auf den Boden und blieb wie tot liegen. Wir alle waren entsetzt. Es war unheimlich! Nach einer Weile setzte ich mich auf den Boden und nahm den Kopf des Mädchens auf meine Knie. Es war ganz normal. Die Medaille hängte ich ihm um den Hals. Die Frauen zitterten noch vor Angst und Aufregung: „Was war denn das?“ Die Waschfrau fragte mich: „Na, Schwester, was haben Sie da angefangen, was war denn da los, daß Lakschmi so wütend wurde?“ Ich sagte: „Ja, ich wollte doch nur ihre Haare in Ordnung bringen.“

Da sah die Frau den Knoten auf der Mitte des Kopfes: „Das sind doch den Götzen geweihte Haare, Schwester, die hätten Sie nicht berühren sollen!“ — „Wieso?“ — „Das kann man doch nicht kämmen! Die soll man nie berühren. Die muß man so lassen, bis man sie den Götzen opfert. Da hat die Mutter sicher ein Gelübde gemacht. Wenn Lakschmi in einem bestimmten Alter ist, muß man sie in einen Götzentempel bringen, dort werden die Haare abgeschnitten und den Götzen geopfert. Diese Haare darf niemand berühren, besonders darf man sie nie kämmen.“

„Ja, sagte ich, das habe ich nicht gewußt! Und was muß man jetzt mit diesem Kind tun, daß es nicht wieder so anfängt?“ — „Ja, wir müssen unbedingt die Haare wegschneiden“, sagte sie „und gleich ins Feuer tun. Wenn sie verbrannt sind, dann hat der Teufel keine Macht mehr darüber, denn diese Haare gehören dem Teufel, dem Götzen da.“

Schnell legte ich mir auch eine Medaille um, damit mir nichts widerfährt. Dem Kind, das ich noch auf meinem Schoß hatte, gaben die Frauen noch etwas zu trinken. Lackschmi erholte sich schnell wieder, sie war nur halb tot vor Müdigkeit. Allmählich stand sie auf und war ganz normal, ein normales, schwaches Kind wie zuvor. Dann sagte ich zu meiner Waschfrau: „Bringen Sie mir im Eimer ein Feuer. Wir hatten zwar nur Holz in der Küche, aber sie holte glühende Kohlen und brachte sie mir. Dann ließ ich mir eine große Schere geben, die sehr scharf war, um diesen Knoten wegzuschneiden. Lakschmi stand mäuschenstill neben mir. Ich fing an — zweimal mußte ich schon schneiden, weil die Haare ganz zusammengeklebt waren.

Dann hatte ich alles durchgeschnitten! Gleich ins Feuer damit, daß es verbrannte! Nun schnitt ich auch noch die anderen Haare drum herum weg, weil sie doch alle schmutzig waren.

Jedenfalls hatte Lakschmi jetzt keine Haare mehr und sie war ganz ruhig. Sie hatte die Medaille an sich und benahm sich ganz normal. Doch nachts, als ich in meinem Bett lag — zwei Schwestern schlafen in einem Zimmer — gab es auf einmal kurz nach Mitternacht einen fürchterlichen Krach in unserem Zimmer. Wir beide sprangen erschrocken auf. Ich saß auf meinem Bett. Die andere Schwester sagte: „Was ist denn da los?" Ich wollte von meinem Bett aufstehen, doch ich fühlte, daß ich schon auf dem Boden war. Ich rief: „Schwester, zünden Sie doch das Licht an! Ich weiß nicht wo ich bin! Ich fühle, daß ich auf dem Boden bin oder sonst irgendwo!" Die Schwester stand auf, zündete das Licht an und kam zu mir. Da sahen wir, daß mein Bett zusammengebrochen war. Wir lachten und ich sagte: „Na, dann muß ich heute Nacht eben auf dem Boden schlafen." Wir machten das Licht aus und schliefen weiter.

Am nächsten Morgen ließ ich den Schreiner rufen, der das Bett reparieren sollte. „Da sind die Füße gebrochen", sagte ich. Der Schreiner schaute sich das Bett an, es war ein ganz neues Bett aus einem starken Holz. Als es vor einigen Monaten neu gekauft wurde, war es ganz in Ordnung. Er schaute und sagte: „Wer hat denn da die Füße abgesägt?" — „Wie, sagte ich, bei mir kommt doch niemand ins Zimmer herein." — „Ja, da schauen Sie mal her. Die Füße sind glatt abgesägt an diesem Bett." Ich antwortete: „Bei uns ist kein Mann und auch keine Säge im Haus. Wer kann da die Füße absägen?" Die zwei Mädchen, die im Waisenhaus arbeiteten und die bei der gestrigen Szene dabeigewesen waren, schrien: „Schwester, das hat sicher der Teufel getan, der wollte sich an Ihnen rächen, weil Sie dem Mädchen die Haare abgeschnitten haben!" — „Kann sein", sagte ich. „Ja, wenn kein Mann hereingekommen ist, wer kann das machen, außer dem Teufel", antwortete kopfschüttelnd der Schreiner.

Ja, wir wissen wirklich keine andere Erklärung, als daß der Teufel sich damit an mir gerächt hat.

Die Christin aus dem Buddha-Tempel

Im Vorort »Holzbrücke« der 13-Millionen-Stadt Tokio leben 500 000 Menschen. Unter ihnen einige Hundert Christen in der Pfarrei St.Elisabeth.

Die Vorstadt »Holzbrücke« galt als eines der ärmsten Gebiete Tokios. Überall nur kleine Holzhäuser und Fabriken.

Hier war das große Altersheim der Stadt, ärztlich gut versorgt. Unter den alten, meist seit Jahren und Jahrzehnten bettlägerigen Kranken waren auch einige Katholiken.

Zweimal im Monat ging ich tagsüber hin, um sie auf die heilige Kommunion am nächsten Morgen vorzubereiten.

Eines nachts gegen zwei Uhr schellt das Telefon. Die Nachtschwester der Baracke 8 bittet mich, sofort zu kommen. Es liege jemand im Sterben, der mich sprechen wolle.

Ich setze mich auf das Motorrad und fahre mit dem heiligen Öl zum Altersheim. Der Wächter am Tor kennt mich und läßt mich gleich ein. Die Krankenpflegerin wartet am Eingang. Ich meinte zu wissen, wo der Sterbende liege: ein alter Christ, den ich oft besucht hatte. Doch die Antwort der Schwester: „Nicht ihr alter Christ verlangt nach Ihnen, sondern eine Frau." Aber in Baracke 8 gibt es doch gar keine christliche Frau, geht es mir durch den Kopf.

Die Schwester führt mich an das Bett einer alten Frau, die mich jedesmal so eigenartig angesehen hatte, wenn ich in die Baracke kam. Ich sehe, daß es nicht mehr lange mit ihr geht. Doch sie ist noch fähig, deutlich, wenn auch langsam zu sprechen ... Ja, sie habe mich verlangt, ich sei doch ein katholischer Priester. Und sie habe über achtzig Jahre gebetet, daß sie vor dem Sterben doch noch einen katholischen Priester sprechen könne.

Ich schaute auf die Tafel mit Namen und Alter. Sie ist 98 Jahre alt! Woher sie denn von einem katholischen Priester wisse, fragte ich sie.

Und da kommt langsam, mit langen Pausen ihre Geschichte. Sie sei als Mädchen auf einer katholischen Schule gewesen. Dort habe eine Schwester sie durch drei Jahre unterrichtet. Mit 17 Jahren sei sie Christin geworden. „Ich habe das heilige Wasser empfangen, und dann das Brot Gottes", so drückte sie sich aus. Dann aber sei sie verheiratet worden — wie das damals allgemein üblich war, auf Beschluß und nach Wahl der Familie. Ihr Mann sei ein buddhistischer Bonze gewesen, der weit draußen in den Bergen einen Tempel besessen habe. Sie sei also dort in den Tempel gekommen, habe ihn putzen müssen, habe die vielen Gräber besorgt und bei den Totenfeiern den Weihrauch angezündet. Ihr Mann hätte ihr erlaubt, zur Kirche zu gehen, aber da sei ja nirgendwo eine gewesen. Und sie habe dann acht Kinder geboren. So sei es gar nicht möglich gewesen, jemals zur Kirche zu kommen. So habe sie 70 Jahre dort gelebt. Inzwischen sei ihr Mann gestorben. Die Kinder seien auch alle tot, und vor zehn Jahren wäre ein anderer buddhistischer Priester gekommen, so daß sie den Tempel hätte verlassen müssen. Seitdem sei sie hier im Altersheim ...

Ich fragte sie, ob sie denn all die Jahre auch an den Gott der Christen gedacht habe. Da schaute sie mich erstaunt an und zog mühsam ihre rechte Hand aus der Decke. Sie hielt einen Rosenkranz. Und dann hörte ich: ,,Ich habe all die Jahre, ohne einen einzigen Tag jemals ausgesetzt zu haben, täglich und oftmals täglich, beim Putzen und bei den vielen Totenfeiern, ich habe immer die Kette der Madonna in den Händen gehabt oder in der Tasche. Und ich habe täglich zu ihr gebetet, daß ich doch vor dem Sterben noch einmal einen Priester finde, der mir das Brot Gottes bringt.“

Und nun fing sie an zu beten, das Vaterunser und das Gegrüßt seist du, Maria. Während sie betete, habe ich mit der heiligen Krankensalbung begonnen. Es war nicht mehr Zeit zu verlieren. Kaum war ich fertig mit der heiligen Handlung, da war sie schon betend, mit der »Kette zum Himmel«, wie sie es ausgedrückt hatte, zu der gegangen, die sie ihrem Sohn vorstellen würde; an der Hand der Mutter, die kein Kind verläßt, das mit der Kette des Rosenkranzes an sie gebunden ist.

Pater Gereon Goldmann, OFM, Tokio

*

Führe uns Maria!

Es ist unmöglich, hl. Jungfrau, daß der verlassen und zuschanden werde, der von dir in Erbarmen angesehen wird. Darum kommen wir, o Mutter der Barmherzigkeit, mit vollem Vertrauen zu dir, und übergeben dir Leib, Seele und Leben samt allem, was uns gehört. Wir übergeben uns für immer deinem mächtigen Schutz und deiner treuen, mütterlichen Fürsorge.

Wir empfehlen uns schlafend und wachend, lebend und sterbend in den Schutz deiner Barmherzigkeit. Wir empfehlen dir alle unsere Not, Angst und Sorge.

Tröste uns, du Trösterin der Betrübten, Hilf uns, o Helferin der Christen. Wir legen in dein Mutterherz unser Leben und all unser Schaffen und Mühen, unser Beten und Arbeiten. Laß es durch deine mütterliche Vermittlung geheiligt und deinem göttlichen Sohne lieb und angenehm werden. Amen.

Maria von Agreda:

Das Leben der jungfräulichen Gottesmutter Maria

Vor etwa 300 Jahren wurde einer spanischen Nonne, der Äbtissin Maria von Jesus zu Agreda das »Leben der Gottesmutter Maria« mit all seinen gnadenreichen Beziehungen zu ihrem Sohn geoffenbart. Es ist das grandioseste Werk der Weltliteratur über Maria, es wurde von Päpsten gelobt und von großen Geistesmännern bewundert und gewürdigt. Es gibt wohl kein Werk, das die Geheimnisse Gottes und die Heilswahrheiten der kath. Kirche so eingehend beleuchtet.

Viele Jahrzehnte war das Werk vergriffen und geradezu vergessen. Da erhielt Prof. Albert Drexel in seinen Freitags-Visionen vom Herrn die Bitte, das Werk neu herauszubringen, da es gerade in dieser Zeit große Bedeutung bekommen werde. Denn es sei dazu bestimmt, die großen Apostel Mariens für die Endzeit heranzubilden.

Weil das Werk **einzigartig in seiner geistigen Größe** ist, wurde auch zur Ausschmückung der Bildbände alles getan, um dem Werk einen würdigen Rahmen zu geben. Man muß in der geistigen Literatur weit suchen, um ein so harmonisches Gesamtwerk sowohl vom Inhalt wie von der Aufmachung her zu finden. In dieser vollendeten, geradezu unüberbietbaren Ausführung ist das Werk erstmals im Jahre 1954 erschienen, herausgegeben von H.H.Prof. Albert Drexel im Albertus-Verlag, Egg bei Zürich. Spätere Auflagen wurden dann aus Kostengründen nur noch mit 16 Bildern herausgegeben, was von vielen Lesern bedauert wurde. Erst jetzt im Jahre 1982 ist der Miriam-Verlag in Zusammenarbeit mit dem Albertus-Verlag von Prof. Drexel zu einer Neuauflage übergegangen. Das Werk erscheint in der ursprünglichen Aufmachung in blauem Leinen und mit 46 Bildern und 210 Federzeichnungen. Der Preis wurde entsprechend der früheren Auflage beibehalten. Die Bände können auch einzeln bezogen werden (Band 1-4).

Preis pro Band DM 30.—, alle 4 Bände kosten DM 120.—.